AF748324

विश्व शान्ति
अन्तिम सत्य दिशा

notionpress.com

विश्व शान्ति
अन्तिम सत्य दिशा

लव कुश सिंह "विश्वमानव"

सत्यकाशी पीठ
पांचवां और अन्तिम शंकराचार्य पीठ

Notion Press

Old No. 38, New No. 6
McNichols Road, Chetpet
Chennai - 600 031

First Published by Notion Press 2020

ISBN 978-16-48995-43-9

समर्पण

यह पुस्तक समर्पित है -

उन सभी खोजी आत्माओं को,

जो सत्य की ज्योति को अपने भीतर

और संसार के हर कोने में जलाना चाहते हैं।

भारतीय संविधान के धारा-51 (ए)

नागरिक का मौलिक कर्तव्य के अनुसार

01. संविधान के प्रति प्रतिबद्धता, इसके आदर्शों, धाराओं, राष्ट्रीय ध्वज व राष्ट्रीय गान का आदर करना।
02. स्वतंत्रता के लिए संघर्ष हेतु प्रेरित करने वाले सुआदर्शों का अनुकरण करना व उन्हें चिरस्थायी बनाना।
03. भारत की सर्वोच्चता, एकता और अखण्डता की रक्षा करना तथा समर्थन करना।
04. जब भी आवश्यकता पड़े देश की रक्षा करना व राष्ट्रीय सेवाओं हेतु समर्पित होना।
05. समाज में भाई-चारें की भावना का विस्तार करना, मातृत्व भाव, धार्मिक, भाषायिक, क्षेत्रीय विभिन्नताओं में एकता कायम करना तथा नारी सम्मान आदि का ध्यान देना।
06. अपने मिश्रित संस्कृति का मूल्यांकन करना उसको स्थायित्व देना और इसकी परम्परा को कायम रखना।
07. प्राकृतिक सम्पदा की रक्षा करना जिसमें जलवायु, जंगल, झील, नदियां, जंगली जीवों व समस्त जीवों के प्रति दया का भाव सम्मिलित है।
08. वैज्ञानिक भावना को प्रोत्साहित करना, मानवीय भावनाओं के स्वरूप की परख करते रहना।
09. जन सम्पत्ति की सुरक्षा करना और हिंसा आदि का परित्याग करना।
10. व्यक्तिगत, सामूहिक गतिविधियों के प्रत्येक क्षेत्र में सर्वोच्चता हासिल करना, जिससे राष्ट्र शतत उत्थान, प्रयत्न व प्राप्ति की ओर अग्रसर होता रहे।
11. जो कि माता-पिता या अभिभावक हो, वे अपने 6 साल से 14 साल के बच्चों को शिक्षा या अन्य ऐसे सुअवसरों का लाभ उन्हें मुहैया करावें।

मूल जीवन मंत्र

"हे प्रभु, तेरे प्यार में बस दो ही बातें है। एक तो अपना कल्याण करूँ, दूसरा तुझ जैसा बन सबका कल्याण करूँ"

विषय- सूची

मुख पृष्ठ की व्याख्या
भूमिका

विश्व शान्ति

भाग-1: विश्व धर्म संसद

विश्व धर्म संसद
01. विश्व धर्म संसद-सन् 1893 ई0 परिचय
स्वामी विवेकानन्द के व्याख्यान
01. धर्म महासभा स्वागत भाषण का उत्तर, दिनांक 11 सितम्बर, 1893
02. हमारे मतभेद का कारण, 15 सितम्बर, 1893
03. हिन्दू धर्म, 19 सितम्बर, 1893
04. धर्म भारत की प्रधान आवश्यकता नहीं, 20 सितम्बर, 1893
05. बौद्ध धर्म, 26 सितम्बर, 1893
06. धन्यवाद भाषण, 27 सितम्बर, 1893
02. विश्व धर्म संसद-सन् 1993 ई0 परिचय
03. विश्व धर्म संसद-सन् 1999 ई0 परिचय
04. विश्व धर्म संसद-सन् 2004 ई0 परिचय
05. विश्व धर्म संसद-सन् 2009 ई0 परिचय
संयुक्त राष्ट्र संघ द्वारा आयोजित सहस्त्राब्दि सम्मेलन-2000 ई0
01. राष्ट्राध्यक्षों का सम्मेलन
02. धार्मिक एवं आध्यात्मिक नेताओं का सम्मेलन

भाग-2: विश्व शान्ति का अन्तिम मार्ग

ईश्वर का मस्तिष्क, मानव का मस्तिष्क और कम्प्यूटर
एकात्मकर्मवाद और विश्व का भविष्य
विश्व का मूल मन्त्र- "जय जवान-जय किसान-जय विज्ञान-जय ज्ञान-जय कर्मज्ञान"
विश्वमानक-शून्य श्रृंखला (निर्माण का आध्यात्मिक न्यूटान बम)
भारत का संकट, हल, विश्वनेतृत्व की अहिंसक स्पष्ट दृश्य नीति, सर्वोच्च संकट और विवशता
गणराज्य-संघ को मार्गदर्शन
01. गणराज्यों के संघ-भारत को सत्य और अन्तिम मार्गदर्शन
02. राष्ट्रो के संघ - संयुक्त राष्ट्र संघ को सत्य और अन्तिम मार्गदर्शन
03. अवतारी संविधान से मिलकर भारतीय संविधान बनायेगा विश्व सरकार का संविधान
04. "भारत" के विश्वरूप का नाम है-"इण्डिया (INDIA)"
05. विश्व सरकार के लिए पुनः भारत द्वारा शून्य आधारित अन्तिम आविष्कार
- शून्य का प्रथम आविष्कार का परिचय
- शून्य आधारित अन्तिम आविष्कार का परिचय

भाग-3: समष्टि धर्म दृष्टि

अनिर्वचनीय कल्कि महाअवतार भोगेश्वर श्री लव कुश सिंह"विश्वमानव" का मानवों के नाम खुला चुनौती पत्र
अनिर्वचनीय कल्कि महाअवतार का काशी-सत्यकाशी क्षेत्र से विश्व शान्ति का अन्तिम सत्य-सन्देश

भाग-4: परिवर्तन

सीधी समझ
नये भारत में, नये मनुष्य के उदय के लिए
व्यवस्था के परिवर्तन या सत्यीकरण का पहला प्रारूप और उसकी कार्य विधि
वे शब्द जिसके बिना युग परिवर्तन सम्भव नहीं

भाग-5: केन्द्र या मध्य (भारत) में पांचवां और अन्तिम सत्यकाशी पीठ

सत्यकाशी पीठ: स्थान
सत्यकाशी पीठ: इतिहास और उद्देश्य
पाँचवाँ और अंतिम शंकराचार्य पीठ: इसकी विशेषता

भाग-6: सत्यकाशी पीठ के कार्य

धारा-उद्धार: धर्म की पुनर्स्थापना
मनुष्य चेतना का रूपांतरण
साधना, दीक्षा और आध्यात्मिक अनुष्ठान
वैश्विक कार्य: मानवता के लिए संदेश
शिव-तत्व और कल्कि-तत्व का मिलन
"सार्वभौम सत्य-सिद्धान्त" पर आधारित "युग परिवर्तन श्रृंखला" के नवयुग के शास्त्र-साहित्य

मुख पृष्ठ की व्याख्या

इस पुस्तक का आवरण *विश्व शांति* के संदेश को अत्यंत सरल, सौम्य और आध्यात्मिक रूप में प्रस्तुत करता है। कवर की पृष्ठभूमि में उभरता हुआ सूर्य-क्षितिज को स्पर्श करता हुआ-एक नए युग, नई दृष्टि और नए सत्य के उदय का प्रतीक है। आकाश के ऊपर के हिस्से में गहरा नीला रंग और नीचे की ओर फैलता सुनहरा-केसरिया प्रकाश यह संकेत देता है कि अंधकार से प्रकाश की ओर, भ्रम से सत्य की ओर, और संघर्ष से शांति की ओर मानवता की यात्रा कभी रुकती नहीं।

ऊपरी भाग में बड़े, स्पष्ट और उज्ज्वल पीले अक्षरों में उकेरा गया शीर्षक "**विश्व शान्ति**" पाठक का ध्यान तुरंत आकर्षित करता है। इसके ठीक नीचे लिखा "**अन्तिम सत्य दिशा**" इस पुस्तक की वैचारिक दिशा को प्रकट करता है-यह केवल शांति की कल्पना नहीं, बल्कि शांति के अंतिम सत्य को समझने और अनुभव करने का आमंत्रण है।

आवरण के मध्य में सूर्य का प्रखर किन्तु शांत प्रकाश समुद्र की सतह पर एक स्वर्णिम पथ बनाता है-मानो सत्य का मार्ग स्वयं प्रकृति द्वारा प्रकाशित किया जा रहा हो। यह दृश्य मन में गहरी स्थिरता, शांति और विस्तार का अनुभव कराता है।

नीचे की ओर बड़े अक्षरों में अंकित "**सत्यकाशी पीठ**" इस ग्रंथ की आध्यात्मिक प्रामाणिकता, परंपरा और दार्शनिक गहराई का संकेत है। इसी के साथ लिखा गया "**पाँचवां और अंतिम शंकराचार्य पीठ**" इस कृति की आध्यात्मिक विरासत और महत्वपूर्ण स्थान को स्थापित करता है।

समग्र रूप से यह आवरण प्रकाश, शांति, सत्य और आध्यात्मिक उत्कर्ष का सुगठित संगम है। यह न केवल एक आकर्षक दृश्य प्रस्तुत करता है, बल्कि पाठक को भीतर और बाहर दोनों स्तरों पर गहन शांतिपथ की ओर प्रेरित करता है-जहाँ "विश्व शांति" केवल एक स्वप्न नहीं, बल्कि एक जीवित यथार्थ बनकर उभरती है।

भूमिका

"विश्व शान्ति – अन्तिम सत्य दिशा" एक ऐसा व्यापक और गहन ग्रंथ है जो मानव सभ्यता को उसकी जड़ों तक ले जाकर यह समझाने का प्रयास करता है कि शान्ति कोई बाहरी उपलब्धि नहीं, बल्कि *सत्य-आधारित व्यवस्था* और *आंतरिक एकाग्रता* की सहज परिणति है। ग्रंथ की मूल दृष्टि यह है कि सम्पूर्ण ब्रह्माण्ड एक ही सत्य-सिद्धान्त पर संचालित होता है, और उसी सार्वभौमिक तत्त्व के अनुकूल जब व्यक्ति, समाज और राज्य अपने विचार और कार्य को स्थापित करते हैं, तभी वास्तविक और स्थायी शांति संभव होती है। ग्रंथ में प्रस्तुत WS-0 श्रृंखला यह दर्शाती है कि विश्व-मानक केवल विज्ञान या तकनीक का विषय नहीं, बल्कि विचार, मन, मानव-व्यवहार, ब्रह्माण्डीय क्रियाविधान और उपासना-सभी को एकसूत्र में जोड़ने वाली आधारभूत प्रणाली है। लेखक स्पष्ट करते हैं कि आज के समय में "निर्माण" शब्द वैश्विक स्तर पर प्रचलित है, इसलिए मानव-निर्माण की तकनीक भी *विश्वस्तरीय, सत्य-प्रमाणित और विवाद-मुक्त मानक प्रक्रिया* पर आधारित होनी चाहिए; इसी हेतु WCM–TLM–SHYAM.C जैसी समन्वित विधि का प्रतिपादन किया गया है, जो शरीर, मन, प्राण, धर्म, योग, ध्यान और चेतना को एकीकृत करती है।

ग्रंथ का एक महत्वपूर्ण पहलू यह विचार है कि लोकतन्त्र केवल मतदान की प्रक्रिया से स्वस्थ नहीं होता; बल्कि उसके "सत्यीकरण" की आवश्यकता है-एक ऐसी प्रक्रिया जिसमें शासन, नीति, निर्णय और जनचेतना सभी सत्य-आधारित मानकों पर परखे जाएँ। इसलिए लेखक "विश्वशास्त्र" को आधुनिक युग के नागरिक और नेता-दोनों के लिए अनिवार्य ज्ञान के रूप में प्रस्तुत करते हैं। यह विश्वशास्त्र न केवल सामाजिक, नैतिक और वैज्ञानिक मानकों को स्पष्ट करता है, बल्कि यह भी बताता है कि व्यक्ति को किस प्रकार अपने मन के अस्थिर, इलेक्ट्रॉन-समान उतार-चढ़ाव से ऊपर उठकर *केन्द्र, आत्मा और एकता-दृष्टि* तक पहुँचना चाहिए।

ग्रंथ सांख्य-दर्शन और अद्वैत परंपरा के आधार पर प्रकृति के तीन गुण-सत्त्व, रज और तम-के विकासक्रम की व्याख्या करते हुए यह संकेत करता है कि सृष्टि और मनुष्य दोनों में एक ही क्रमगत विज्ञान सक्रिय है। स्वामी विवेकानन्द द्वारा वर्णित महत्, अहंकार, तन्मात्रा, इन्द्रियाँ, मन और स्थूल-भूत-इन सभी की विस्तृत विवेचना बताती है कि मनुष्य का बाहरी संसार उसकी आंतरिक संरचना का ही प्रतिरूप है। इसी कारण, शांति का मार्ग बाहरी व्यवस्थाओं को सुधारने से पहले *आंतरिक संरचना के सत्यीकरण* से होकर गुजरता है।

इसके अतिरिक्त, ग्रंथ त्याग–भोग, राजनीति–विश्वराजनीति, व्यक्ति–वैश्विक नागरिक, योग–कर्मयोग, ज्ञान–कर्मज्ञान, जाति–समाजनीति, शास्त्र–पुराण, मन–विश्वमानक, मानव–पूर्ण मानव जैसे सौ से अधिक विषयों पर गहन दृष्टि प्रस्तुत करता है। यह विविधता यह समझाती है कि विश्वशांति का प्रश्न किसी एक क्षेत्र का नहीं, बल्कि *मानव जीवन की संपूर्णता* का प्रश्न है। इसी के

आधार पर धर्मक्षेत्र और धर्मनिरपेक्ष क्षेत्र के लगभग दो सौ नाम और मानक निर्धारित किए गए हैं, जो दर्शाते हैं कि विश्वशास्त्र केवल सिद्धांत नहीं, बल्कि एक कार्यान्वयन-योग्य मार्गदर्शन है।

समग्र रूप से यह ग्रंथ हमें यह आमंत्रण देता है कि हम शांति को कोई दार्शनिक कल्पना न समझें, बल्कि एक ऐसी वैज्ञानिक-सांस्कृतिक-सामाजिक प्रक्रिया के रूप में ग्रहण करें, जिसे मानकशास्त्र और सत्य-दृष्टि से स्थापित किया जा सकता है। "विश्व शान्ति – अन्तिम सत्य दिशा" मनुष्य, समाज और राज्य-सभी के लिए अंतिम लक्ष्य को स्पष्ट करती है: **वह स्थिति जहाँ मन एकमुखी हो, व्यवस्था सत्य आधारित हो, और मानव अपनी पूर्ण क्षमता को प्राप्त कर सके।**

✍ ***लव कुश सिंह "विश्वमानव"***

एक शोधक, चिंतक और मार्गदर्शक, जिन्होंने अपना जीवन *मानवता, आत्मा और नव-सृष्टि* के अध्ययन एवं लेखन को समर्पित किया है।

- प्रमुख ग्रंथ: *विश्वशास्त्र*
- दृष्टि: *नव-मनुष्य और नव-संसार का निर्माण*

विश्व शान्ति

विश्व शांति सभी देशों और/या लोगों के बीच और उनके भीतर स्वतंत्रता, शांति और खुशी का एक आदर्श है। विश्व शांति पूरी पृथ्वी में अहिंसा स्थापित करने का एक विचार है, जिसके तहत देश या तो स्वेच्छा से या शासन की एक प्रणाली के जरिये इच्छा से सहयोग करते हैं, ताकि युद्ध को रोका जा सके। हालांकि कभी-कभी इस शब्द का प्रयोग विश्व शांति के लिए सभी व्यक्तियों के बीच सभी तरह की दुश्मनी के खात्मे के संदर्भ में किया जाता है।

विश्व शांति के सिद्धान्त

विश्व शांति कैसे प्राप्त की जा सकती है, इसके लिए कई सिद्धांतों का प्रस्ताव किया गया है। इनमें से कई नीचे सूचीबद्ध हैं। विश्व शांति हासिल की जा सकती है, जब संसाधनों को लेकर संघर्ष नहीं हो। उदाहरण के लिए, तेल एक ऐसा ही संसाधन है और तेल की आपूर्ति को लेकर संघर्ष जाना पहचाना है। इसलिए, पुन:-प्रयोज्य ईंधन स्रोत का उपयोग करने वाली प्रौद्योगिकी विकसित करना विश्व शांति हासिल करने का एक तरीका हो सकता है।

संभावना

जबकि विश्व शांति सैद्धांतिक रूप से संभव है, कुछ का मानना है कि मानव प्रकृति स्वाभाविक तौर पर इसे रोकती है। यह विश्वास इस विचार से उपजा है कि मनुष्य प्राकृतिक रूप से हिंसक है या कुछ परिस्थितियों में तर्कसंगत कारण हिंसक कार्य करने के लिए प्रेरित करती है। तथापि दूसरों का मानना है कि युद्ध मानव प्रकृति का एक सहज हिस्सा नहीं हैं, और यह मिथक वास्तव में लोगों को विश्व शांति के लिए प्रेरित होने से रोकता है।

विभिन्न राजनीतिक विचारधाराएं

दावा किया जाता है कि कभी-कभी विश्व शांति किसी खास राजनीतिक विचारधारा का एक अपरिहार्य परिणाम होती है। पूर्व अमेरिकी राष्ट्रपति जॉर्ज डब्ल्यू बुश के मुताबिक "लोकतंत्र का प्रयाण (विकास क्रम) विश्व शांति का नेतृत्व करेगा।" एक मार्क्सवादी विचारक लियोन त्रोत्स्की का मानना है कि विश्व क्रांति कम्युनिस्ट विश्व शांति का नेतृत्व करेगी।

लोकतांत्रिक शांति सिद्धांत

विवादास्पद डेमोक्रेटिक शांति सिद्धांत के समर्थकों का दावा है कि इस बात के मजबूत अनुभवजन्य साक्ष्य मौजूद हैं कि लोकतांत्रिक देश कभी नहीं या मुश्किल से ही एक-दूसरे के खिलाफ युद्ध छेड़ते हैं। (केवल अपवाद हैं कोड युद्ध, टर्बोट युद्ध और ऑपरेशन फोर्क)। जैक लेवी (1988) बार-बार जोर दे कर यह सिद्धांत बताते हैं कि "चाहे कुछ भी हो, अंतर्राष्ट्रीय संबंधों में हमें एक व्यवहारिक कानून की आवश्यकता है"। औद्योगिक क्रांति के बाद से लोकतांत्रिक बनने वाले देशों में वृद्धि हो रही है। एक विश्व शांति इस प्रकार संभव है, अगर यह रुझान जारी रहे और अगर लोकतांत्रिक शांति सिद्धांत सही हो हालांकि इस सिद्धांत के कई संभव अपवाद है।

पूंजीवादी शांति सिद्धांत

अपनी "कैपिटलिज्म पीस थ्योरी" पुस्तक में आयन रैंड मानती है कि इतिहास के बड़े युद्ध उस समय के अपेक्षाकृत अधिक नियंत्रित अर्थव्यवस्थाओं वाले देशों द्वारा मुक्त (अर्थव्यवस्थाओं) के खिलाफ लड़े गये और उस

पूंजीवाद ने मानव जाति को इतिहास में सबसे लंबे समय तक शांति प्रदान की और जिस अवधि में पूरी सभ्य दुनिया की भागीदारी में 1815 में नेपोलियन युद्ध के अंत से 1914 में प्रथम विश्व युद्ध के छिड़ने तक युद्ध नहीं हुए। यह याद रखा जाना चाहिए कि उन्नीसवीं सदी की राजनीतिक प्रणालियां शुद्ध पूंजीवादी नहीं थीं, बल्कि मिश्रित अर्थव्यवस्थाओं वाली थीं। हालांकि पूंजीवाद के तत्व का प्रभुत्व था, पर यह पूंजीवाद की एक सदी के उतने ही करीब था, जितना मानव जाति के आने तक था। लेकिन पूरी उन्नीसवीं सदी के दौरान राज्यवाद के तत्व फलते-फूलते रहे और 1914 में पूरी दुनिया में इसके विस्फोट के समय तक शामिल सरकारों पर राज्यवाद की नीतियों का बोलबाला रहा हालांकि, इस सिद्धांत ने यूरोप के बाहर के देशों, साथ ही साथ एकीकरण के लिए जर्मनी और इटली में हुए युद्धों, फ्रांको-पर्सियन युद्ध और यूरोप के अन्य संघर्षों के खिलाफ पश्चिमी देशों द्वारा छेड़े गये क्रूर औपनिवेशिक युद्धों की अनदेखी की। यह युद्ध के अभाव को शांति के पैमाने के रूप में पेश करता है, जब वास्तविक रूप में वर्ग संघर्ष मौजूद रहा।

कोब्डेनिज्म

कोब्डेनिज्म के कुछ समर्थकों का दावा है कि टैरिफ हटाने और अंतर्राष्ट्रीय मुक्त व्यापार शुरू करने से युद्ध असंभव हो जायेंगे, क्योंकि मुक्त व्यापार एक राष्ट्र को आत्मनिर्भर बनने से रोकता है, जो लंबे युद्धों की एक आवश्यकता है। उदाहरण के लिए, यदि एक देश आग्नेयास्त्रों का उत्पादन और दूसरा गोला-बारूद का उत्पादन करता है, तो दोनों एक-दूसरे से ही लड़ेंगे, क्योंकि पहला गोला-बारूद हासिल करने में असमर्थ होगा और दूसरा हथियार हासिल करने में।

आलोचकों का तर्क है कि मुक्त व्यापार एक देश को युद्ध के मामले में अस्थायी रूप से आत्मनिर्भर बनने की आपात योजना बनाने से नहीं रोक सकता या एक देश साधारण तौर पर अपनी जरूरत एक दूसरे देश से पूरी कर सकता है। इसका एक अच्छा उदाहरण पहला विश्व युद्ध है। ब्रिटेन और जर्मनी दोनों युद्ध के दौरान आंशिक रूप से आत्मनिर्भर बनने में कामयाब हो गये। यह विशेष रूप से इस तथ्य की वजह से अहम था कि जर्मनी के पास एक युद्ध अर्थव्यवस्था बनाने की कोई योजना नहीं थी।

अधिक आम तौर पर, इसके अन्य समर्थकों का तर्क है कि मुक्त व्यापार, भले ही युद्ध को असंभव नहीं बनायें, पर वह युद्ध करा सकता है और युद्धों के कारण व्यापार पर प्रतिबंध कई विभिन्न देशों में उत्पादन, अनुसंधान और बिक्री में लगी अंतर्राष्ट्रीय कंपनियों के लिए महंगे साबित हो सकते हैं। इस तरह, एक शक्तिशाली लॉबी-जो केवल राष्ट्रीय कंपनियों के कारण उपस्थित नहीं होती तो वह युद्ध के खिलाफ तर्क दे सकती है।

द्विपक्षीय आश्वस्त विनाश

द्विपक्षीय आश्वस्त विनाश (कभी-कभी इसे एम.ए.डी (MAD) कहा जाता है) सैन्य रणनीति का एक सिद्धांत है, जिसमें दो प्रतिद्वंद्वी पक्षों द्वारा पूर्ण पैमाने पर परमाणु हथियारों के उपयोग से हमलावर और रक्षक दोनों के विनाश का प्रभावी परिणाम निकलता है। शीत युद्ध के दौरान द्विपक्षीय आश्वस्त विनाश की नीति के समर्थकों की वजह से युद्ध की घातकता इस कदर बढ़ी कि किसी भी पक्ष के लिए किसी शुद्ध लाभ की संभावना नहीं बनी और इस तरह युद्ध व्यर्थ साबित हुए।

वैश्वीकरण

कुछ लोग राष्ट्रीय राजनीति में एक प्रवृत्ति देखते हैं, जिसके तहत नगर-राज्य और राष्ट्र-राज्य एकीकृत हो गये और सुझाव दिया कि अंतर्राष्ट्रीय मंच इसका पालन करेगा। चीन, इटली, संयुक्त राज्य अमेरिका, जर्मनी, भारत और ब्रिटेन जैसे कई देश एकीकृत हो गये, जबकि यूरोपीय यूनियन ने बाद में इसका अनुपालन किया और इससे संकेत मिलता है कि और अधिक भूमंडलीकरण एक एकीकृत विश्व व्यवस्था बनाने में मदद करेगा।

पृथकतावाद और गैर-हस्तक्षेपवाद

पृथकतावाद और गैर-हस्तक्षेपवाद के समर्थकों का दावा है कि कई राष्ट्रों से बनी एक दुनिया उस समय तक शांतिपूर्वक सह-अस्तित्व के साथ रह सकती है, जब तक वह घरेलू मामलों की तरफ मजबूती से ध्यान केंद्रित रखे और दूसरे देशों पर अपनी इच्छा थोपने की कोशिश नहीं करे। गैर-हस्तक्षेपवाद के संबंध में पृथकतावाद को लेकर भ्रमित नहीं होना चाहिए। गैर-हस्तक्षेपवाद की तरह पृथकतावाद दूसरे राष्ट्रों के आंतरिक मामलों में हस्तक्षेप से बचने की सलाह देता है, लेकिन संरक्षणवाद और अंतर्राष्ट्रीय व्यापार और पर्यटन पर प्रतिबंध पर जोर देता है। दूसरी तरफ गैर-हस्तक्षेपवाद मुक्त व्यापार (कोब्डेनिज्म की तरह) के राजनीतिक व सैन्य अ-हस्तक्षेप के संयोजन की वकालत करता है। जापान जैसे राष्ट्र शायद अतीत में पृथकतावादी नीतियों की स्थापना के लिए सबसे ज्यादा जाने जाते हैं। जापानी ईदो, तोकुगावा ने एक पृथकतावादी अवधि ईदो अवधि शुरू की, जिसके तहत जापान ने पूरी दुनिया से अपने को अलग कर दिया। यह एक प्रसिद्ध अलगाव अवधि थी और कई क्षेत्रों में अच्छी तरह प्रलेखित की गई।

स्व-संगठित शांति

विश्व शांति को स्थानीय, स्व-निर्धारित व्यवहार के एक परिणाम के रूप में दर्शाया गया है, जो शक्ति के संस्थानीकरण को रोकता है और हिंसा को बढ़ावा देता है। समाधान बहुत कुछ सहमति वाले एजेंडे या उच्च प्राधिकार, चाहे वह दैवीय हो या राजनीतिक, में निवेश पर उतना आधारित नहीं है, जितना आपसी सहमित वाले तंत्रों का स्व-संगठित नेटवर्क, जिसका परिणाम एक व्यवहार्य राजनीतिक-आर्थिक सामाजिक तानेबाने के रूप में निकलता है। अभिसरण के उत्प्रेरण के लिए प्रमुख तकनीक विचारों का प्रयोग है, जिसे बैककास्टिंग कहते है, और इससे कोई भागीदारी में सक्षम हो सकता है, भले ही वह किसी सांस्कृतिक पृष्ठभूमि, धार्मिक सिद्धांत, राजनीतिक संबद्धता या जनसांख्यिकीय उम्र का हो। समान सहयोगी तंत्र खुली स्रोत वाली परियोजनाओं के आसपास इंटरनेट के जरिये उभर रहे हैं और सामाजिक मीडिया का विकास हो रहा है।

आर्थिक मानदंडों का सिद्धांत

आर्थिक मानदंडों का सिद्धांत आर्थिक स्थितियों को प्रशासन के संस्थानों और संघर्ष से संबद्ध करता है, व्यक्तिगत ग्राहकवर्गीय अर्थव्यवस्थाओं को अवैयक्तिक बाजारोन्मुख अर्थव्यवस्थाओं से अलग करता है और बाद वाली अर्थव्यवस्थाओं को राष्ट्रों के भीतर और उनके बीच स्थायी शांति की पहचान देता है। हालांकि मानव इतिहास के ज्यादातर समाज व्यक्तिगत संबंधों पर आधारित है। समूहों के व्यक्ति एक दूसरे को जानते हैं और पक्ष का विनिमय करते हैं। आज समूहों के कम आय वाले समाज पदानुक्रम समूह के नेताओं के बीच व्यक्तिगत संबंधों के आधार पर धन वितरित करते हैं, जो अक्सर ग्राहकवर्गवाद और भ्रष्टाचार के साथ जुड़ी हुई एक प्रक्रिया मानी जाती है। माइकल मोउसेयू का तर्क है कि इस प्रकार की सामाजिक-अर्थव्यवस्था में संघर्ष हमेशा से मौजूद रहा है, भले ही वह प्रच्छन्न या खुला रहा हो, क्योंकि व्यक्ति शारीरिक और आर्थिक सुरक्षा के लिए अपने समूहों पर निर्भर रहते हैं और इस तरह अपने राज्यों के बजाय अपने समूहों के प्रति वफादार रहते है, और क्योंकि समूह राज्य के खजाने तक पहुँच के लिए सतत संघर्ष की स्थिति में होते हैं। आबद्ध समझदारी की प्रक्रियाओं के माध्यम से लोग मजबूत सामूहिक पहचान के प्रति अभ्यस्त होते हैं और बाहरी ताकतों के डर व मनोवैज्ञानिक पूर्वानुकूलता के कारण उसी दिशा में बह जाते हैं, जिससे सांप्रदायिक हिंसा, नरसंहार और आतंकवाद संभव हो पाता है।

बाजारोन्मुख सामाजिक अर्थव्यवस्थाएं व्यक्तिगत संबंधों से नहीं, बाजार के अवैयक्तिक बल से एकीकृत होती है, जहाँ ज्यादातर व्यक्ति राज्य द्वारा लागू अनुबंधों के तहत अजनबियों पर विश्वास करने के लिए आर्थिक रूप से निर्भर होते हैं। यह राज्य के प्रति वफादारी पैदा करती है, जो कानून का शासन और अनुबंध निष्पक्ष और विश्वस्त रूप से लागू करती है और अनुबंध करने की स्वतंत्रता में समान संरक्षण प्रदान करती है, जिसे उदारवादी लोकतंत्र कहा जाता है। युद्ध बाजार एकीकृत अर्थव्यवस्थाओं वाले देशों के भीतर और उनके बीच नहीं

हो सकते, क्योंकि युद्ध में एक-दूसरे को नुकसान पहुंचाने की आवश्यकता होती है और इस तरह की अर्थव्यवस्थाओं में हर कोई तभी आर्थिक रूप से बेहतर रह सकता है, जब बाजार में दूसरे भी बेहतर रहें, बदतर नहीं। लड़ने के बजाय, बाजारोन्मुख सामाजिक अर्थव्यवस्थाओं में नागरिक हर किसी के अधिकारों और कल्याण के बारे में गहरी चिंता करते हैं, इसलिए वे घर में आर्थिक विकास और विदेश में आर्थिक सहयोग और मानवाधिकारों की मांग करते हैं। वास्तव में, बाजारोन्मुख सामाजिक अर्थव्यवस्थाओं वाले देशों में वैश्विक मुद्दों, पर सहमति होती है और उन दोनों के बीच किसी विवाद में एक भी मौत नहीं हुई है।

आर्थिक मानदंडों के सिद्धांत को शास्त्रीय उदार सिद्धांत के रूप में भ्रमित नहीं होने देना चाहिए। बाद वाला मानता है कि बाजार प्राकृतिक होते हैं और मुक्त बाजार धन को बढ़ावा देता है। इसके विपरीत, आर्थिक मानदंडों का सिद्धांत बताता है कि कैसे बाजार-अनुबंध एक गहन अध्ययन वाला तरीका है और राज्य का खर्च, विनियमन और पुनर्वितरण यह सुनिश्चित करने के लिए जरूरी है कि हर कोई "सामाजिक बाजार" अर्थव्यवस्था में भागीदारी कर सके, जो हर किसी के हित में है।

विश्व शांति के धार्मिक सिद्धान्त

कई धर्मों और धार्मिक नेताओं हिंसा खत्म करने और/या विश्व शांति की इच्छा व्यक्त की है।

बहाई धर्म

विश्व शांति के लक्ष्य के विशिष्ट संबंध में, बहाई विश्वास के बहाउल्ला ने स्थाई शांति की स्थापना के लिए पूरी दुनिया की ओर से समर्थित सामूहिक सुरक्षा व्यवस्था का सुझाव देता है। यूनिवर्सल हाउस ऑफ जस्टिस ले द प्रोमिज ऑफ वर्ल्ड पीस में इस प्रक्रिया के बारे में लिखा है।, ऐसा करीब-करीब हर धर्म मे कहा गया है।

बौद्ध धर्म

कई बौद्ध धर्मावलंबी मानते हैं कि विश्व शांति तभी हो सकती है, जब हम अपने मन के भीतर पहले शांति स्थापित करें। बौद्ध धर्म के संस्थापक सिद्धार्थ गौतम ने कहा, "शांति भीतर से आती है.इसे इसके बिना न तलाशें", विचार यह है कि गुस्सा और मन की अन्य नकारात्मक अवस्थाएं युद्ध और लड़ाई के कारण हैं। बौद्धों का विश्वास है कि लोग केवल तभी शांति और सद्भाव के साथ जी सकते हैं, जब हम अपने मन से क्रोध जैसी नकारात्मक भावनाओं को त्याग दें और प्यार और करुणा जैसी सकारात्मक भावनाएं पैदा करें।

ईसाई धर्म

बुनियादी ईसाई आदर्श सद्भाव और विश्वास को दूसरों से साझा करने के जरिये शांति को बढ़ावा देता है, साथ ही साथ उन्हें भी माफ कर देने, जो शांति भंग करने की कोशिश करते हैं। नीचे दो चुने हुए उपदेश दिये जा रहे हैं-

"लेकिन मैं तुम्हें कहता हूँ, अपने दुश्मनों से प्यार करो, जो तुम्हें शाप देते हैं, उन्हें आशीर्वाद दो, उनका भला करो, जो तुमसे नफरत करते हैं और उनके लिए प्रार्थना करो, जो तुमसे द्वेषपूर्ण सलूक करते हैं और उत्पीड़न करते हैं, क्योंकि वे तुम्हारे परम पिता की संतान हो सकते हैं, जो स्वर्ग में है क्योंकि उसने जो सूर्य बनाया है, वह दुष्ट और भला दोनों पर उगता है और उचित और अनुचित दोनों पर वर्षा बरसाता है।"

(मैथ्यू 05:44-45)

"मैं तुम्हें एक नया आदेश देता हूं, कि तुम एक दूसरे को प्यार करो, जैसा कि मैंने तुमसे प्यार किया है, क्योंकि तुम एक दूसरे से प्यार करते हो। इसके द्वारा सभी लोग जानेंगे कि तुम सब मेरे शिष्य हो, अगर तुम्हें दूसरे के लिए प्यार है।"

(जॉन 13:34-35)

जॉन 14:06 में यीशु मसीह के शब्दों के कारण, जो कहते हैं, "मैं मार्ग हूँ, सत्य हूँ और जीवन हूँ और मेरे माध्यम के बिना कोई भी परम पिता के पास नहीं आता। कई ईसाई यीशु मसीह के अलावा ईश्वर तक पहुंचने का कोई अन्य तरीका स्वीकार करने में असमर्थ हैं। इसलिए, ईसाई प्यार का एक सच्चा कार्य होगा, इस बात का प्रचार करना कि केवल एक भगवान है और एक ही परित्राता है। ईसाइयों को अपने शत्रुओं से प्यार करने और उपदेशों के सुसमाचार प्रचारित करने को कहा जाता है।

सदी से पहले ईश्वर के प्राकट्य वाले विचार के अनुयाइयों का विश्वास है कि विश्व शांति यीशू मसीह के दूसरी बार अवतरित होने और महाकष्ट के बाद मसीह के 1000 साल का शासन शुरू होने तक विश्व शांति प्राप्त नहीं की जा सकती। इसलिए, ईसाइयों को केवल ईसा मसीह के माध्यम से मुक्ति का संदेश फैलाना चाहिए, जबकि उनकी परलोक विद्या बताती है कि ईसा के हजार साल का शासन शुरू होने तक ईसा विरोधियों के शासन के सात सालों की महाकष्ट की अवधि के दौरान युद्ध और प्राकृतिक आपदाओं में काफी वृद्धि होगी।

हिंदू धर्म

परंपरागत रूप से हिंदू धर्म में वसुधैव कुटुंबकम की अवधारणा गृहीत की गई है, जिसका अनुवाद है, "पूरा विश्व एक परिवार है" इस कथन का सार यह बताता है कि केवल कलुषित मन ही द्विभाजन और विभेद देखता है। हम जितना अधिक ज्ञान की तलाश करेंगे, उतना ही समावेशी होंगे और हमें सांसारिक भ्रम या माया से अपने भीतर की आत्मा को मुक्त करना होगा। हिंदुओं के मुताबिक ऐसा सोचा जाता है कि विश्व शांति केवल आंतरिक साधनों के माध्यम से हासिल की जा सकती है। खुद को कृत्रिम सीमाओं से आजाद करके, जो हमें अलग करती है, लेकिन शांति हासिल करने के लिए अच्छी है।

इस्लाम धर्म

इस्लाम धर्म के अनुसार केवल एक खुदा में यकीन और एडम और ईव के रूप में समान माता-पिता का होना मनुष्यों का शांति और भाईचारे के साथ एक साथ रहने का सबसे बड़ा कारण है। विश्व शांति के इस्लामी विचार कुरान में वर्णित है, जहाँ पूरी मानवता को एक परिवार के रूप में मान्यता प्राप्त है। सभी लोग एडम के बच्चे हैं। इस्लामी आस्था का उद्देश्य लोगों को अपनी बिरादरी की ओर अपने स्वयं के प्राकृतिक झुकाव की पहचान कराना है। इस्लामी परलोकशास्त्र के अनुसार पैगंबर जीसस के नेतृत्व में उनके दूसरे अवतरण में पूरा विश्व एकजुट हो जायेगा, उस समय इतना ज्यादा प्रेम, न्याय और शांति होगी कि दुनिया स्वर्ग जैसी हो जाएगी।

आई.ई.सी.आर.सी द्वारा 5 अक्टूबर 2009 को शामिल किया गया-विश्व शांति में धार्मिक भागीदारी पर इस्लामिक एजुकेशनल एंड कल्चरल रिसर्च सेंटर (आई.ई.सी.आर.सी) के अनुसंधान और विश्व शांति व्यवस्था की अवधारणा का विस्तारित वर्णन नवीनतम प्रकाशन "वर्ल्ड पीस आर्डर-टुआर्ड्स एन इंटरनेशनल स्टेट" में किया गया है।

यहूदी धर्म

यहूदी धर्म पारंपरिक रूप से सिखाता है कि भविष्य में किसी समय एक महान नेता का उदय होगा और वह इजराइल के लोगों को एकजुट करेगा, जिसके परिणामस्वरूप विश्व में शांति और समृद्धि आयेगी। ये विचार मूलत-तनाख और रब्बानी व्याख्याओं के उद्धरणों के हैं।

मसीहा के प्रसिद्ध विचार के अलावा टिक्कुन ओलम (विश्व के संस्कार) का विचार भी मौजूद है। टिक्कुन ओलम की उपलब्धि विभिन्न साधनों के माध्यम से होती है, जैसे ईश्वर के दैवी आदेशों (सब्बात, कश्रुत कानूनों, आदि का पालन करते हुए) को आनुष्ठानिक रूप से पालन करने, साथ ही साथ उदाहरण के द्वारा बाकी दुनिया को राजी करने से होती है। टिक्कुन ओलम की उपलब्धि दान और सामाजिक न्याय के माध्यम से भी होती

है। कई यहूदियों का मानना है कि जब टिक्कुन ओलम की उपलब्धि हो जायेगी या जब दुनिया का संस्कार हो जायेगा है, तब मुक्तिदाता युग की शुरुआत होगी।

जैन धर्म

सभी तरह के जीवन, मानवीय या गैर-मानवीय, में करुणा जैन धर्म का केंद्र है। मानव जीवन एक अद्वितीय, ज्ञान तक पहुंचने के एक दुर्लभ अवसर, किसी भी व्यक्ति की हत्या नहीं करने, इससे मतलब नहीं कि उसने क्या अपराध किया है, के अवसर के रूप में मूल्यवान है, जिसे अकल्पनीय घृणित माना जाता है। यह एक ऐसा धर्म है, जिसमें अपने सभी संप्रदायों और परंपराओं के भिक्षुओं और गैर-पादरी वर्ग की जरूरत होती है, उन्हें शाकाहारी होने की आवश्यकता होती है। भारत के कुछ क्षेत्र, जैसे गुजराती जैनियों से बहुत प्रभावित होते है और अक्सर पंथ के स्थानीय हिंदुओं का बहुमत शाकाहारी बन जाता है।

सिख धर्म

"सभी जीव-जंतु उनके हैं, वह सभी के लिए है" (गुरु ग्रंथ साहिब, 425)। इसके अलावा गुरुओं ने आगे उपदेश दिया है कि "एक बेदाग ईश्वर की स्तुति गाओ, वह सब के भीतर निहित है" (गुरु ग्रंथ साहिब, 706) । "सिख के गुरु की खास विशेषता यह है कि वह जाति-वर्गीकरण के ढांचे से परे जाता है और विनम्रता की ओर प्रेरित होता है, तब उसका श्रम ईश्वर के दरवाजे पर स्वीकार्य हो जाता है" (भाई गुरदास जी, 1)।

भाग-1
विश्व धर्म संसद

01. विश्व धर्म संसद-सन् 1893 ई0 परिचय

स्वामी विवेकानन्द के व्याख्यान

01. धर्म महासभा स्वागत भाषण का उत्तर, दिनांक 11 सितम्बर, 1893

02. हमारे मतभेद का कारण, 15 सितम्बर, 1893

03. हिन्दू धर्म, 19 सितम्बर, 1893

04. धर्म भारत की प्रधान आवश्यकता नहीं, 20 सितम्बर, 1893

05. बौद्ध धर्म, 26 सितम्बर, 1893

06. धन्यवाद भाषण, 27 सितम्बर, 1893

02. विश्व धर्म संसद-सन् 1993 ई0 परिचय

03. विश्व धर्म संसद-सन् 1999 ई0 परिचय

04. विश्व धर्म संसद-सन् 2004 ई0 परिचय

05. विश्व धर्म संसद-सन् 2009 ई0 परिचय

संयुक्त राष्ट्र संघ द्वारा आयोजित सहस्त्राब्दि सम्मेलन-2000 ई0

01. राष्ट्राध्यक्षों का सम्मेलन

02. धार्मिक एवं आध्यात्मिक नेताओं का सम्मेलन

विश्व धर्म संसद

हाग्टन द्वारा सम्पादित "नीली का विश्व धर्म महासभा का इतिहास" नामक पुस्तक हमें दर्शाती है कि "जिनकी धरती के कोने कोने से आए प्रतिनिधियों का समावेश होगा। ऐसी अनेक सभाओं के आयोजन द्वारा मानवता के कल्याणार्थ महानतम तथ्य उजागर करने की वह कल्पना सर्वप्रथम श्री चार्ल्स करल बानी ने 1989 के ग्रीष्मकाल में की थी।" श्री बानी उस समय सुविख्यात वकील थे।1890 ई0 से वे "इण्टरनेशनल ला एण्ड आर्डर लीग" के अध्यक्ष पद पर सुशोभित थे एवं कई महत्वपूर्ण संवैधानिक एवं आर्थिक सुधार के सृजक थे। उनकी बात आदर से मानी जाती थी और उन्हें जनसाधारण सदैव अनुमोदित करता था। 30 अक्टुबर 1890 को अमेरिकन प्रदर्शनी की एक विश्व सहायक सभा की संगठन हुआ जिसके अध्यक्ष श्री बानी थे। विस्तृत एवं जटिल योजनाएँ बनायी गईं जिसके अन्तर्गत अकथनीय संख्या में पत्रों का आदान-प्रदान पृथ्वी के सभी कोनों से होता रहा। अन्ततः- 15 मई एवं 28 अक्टुबर 1893 के बीच 20 सभाएँ हुईं थीं। इनमें विस्तारपूर्वक विभिन्न मुद्दों पर विचार विनिमय हुआ जैसे नारी जाति की प्रगति, सार्वजनिक प्रेस, औषधि एवं शल्य चिकित्सा, संयम, सुधार, अर्थ विज्ञान, संगीत, रविवासरीय अवकाश तथा धर्म, चूँकि अलौकिक शक्ति में विश्वास, सूर्य के सदृश ज्वलन्त, मनुष्य की बुद्धि एवं नैतिक उन्नति के पाश्र्व में ज्ञान प्रदायिनी शक्ति एवं फलोत्पादन में समर्थ तत्व हुआ करता है। हाग्टन कहते है- इनकी सभाएँ और क्रियाकलाप इतनी बहुसंख्यक और विस्तृत हुआ करती थी कि इनके कार्यक्रमों की 160 पृष्ठों वाली एक मनोरंजक पुस्तक छपी थी। 1893 ई0 की "विश्व अमेरिकन प्रदर्शनी" का मुख्य उद्देश्य मानव की भौतिक प्रगति को एकत्रित करना था। कल्पना करने योग्य प्रत्येक वस्तु वहाँ प्रदर्शित थी, न केवल पाश्चात्य सभ्यता की उपलब्धियों को वरन् विश्व की अधिक पिछड़ी संस्कृतियों को भी आदमकद नमूनों आदि के द्वारा बेहतर ढंग से प्रस्तुत किया गया था। यह प्रदर्शिनी हालांकि तब तक पूर्णता को प्राप्त नहीं होती जब तक उसे विश्व-चिन्तन का प्रतिनिधित्व प्राप्त नहीं होता।

01.विश्व धर्म संसद-सन् 1893 ई0 परिचय

इन सभाओं में से धर्म सभा ने ही सबसे अधिक प्रसिद्धि प्राप्त की एवं वही सबसे विस्तृत मात्रा में उद्‌घोषित हुई। श्री बैरोज "विश्व धर्म महासभा" में लिखते है-इसके पूर्व ऐसी जनसभा कभी एकत्रित नहीं हुई थी जिसकी प्रतीक्षा इतनी उत्सुकता से विश्वव्यापी स्तर पर की गई। धर्म जगत के इतिहास में निश्चय ही यह एक अनुपम एवं अद्‌भुत घटना थी। यह सत्य है कि भारतीय इतिहास में सर्वत्र विभिन्न धर्मो की सभाएँ हुई हैं तथा यह भी सत्य है कि 1893 ई0 के पूर्व भी समय-समय पर ईसाई एवं मुसलमानों की धार्मिक सभाएँ हुई थी परन्तु यथार्थत-यह कहा जा सकता है कि पूर्वकाल में कभी भी दुनिया के महानतम धर्मो के प्रतिनिधियों को ऐसे किसी एक स्थान पर एकत्रित नहीं किया जा सका था जहाँ वे अपने-अपने धार्मिक विश्वासों पर निर्भय होकर हजारों मनुष्यों के समक्ष कह सकें। वह एक अतुलनीय सभा थी तथा उन असहिष्णुता एवं भौतिकवाद के दिनों में जब सर्वप्रथम इसका प्रस्ताव रखा गया तो बहुतेरों को यह मानवों के लिए असाध्य सा प्रतीत हुआ। किसी आकस्मिक निरीक्षक को भी वस्तुत-यह भान होता कि अतिमानवी शक्ति से गतिमान कर रही है एवं यह जानकर किसी को भी आश्चर्य न होगा कि स्वामी विवेकानन्द जी ने अमेरिका प्रस्थान से पूर्व ही स्वामी तुरीयानन्द से कहा था-"धर्म महासभा का संगठन इसके लिए (अपनी ओर इशारा कर) हो रहा है। मेरा मन मुझसे ऐसा कहता है। सत्य सिद्ध होने में अधिक समय नहीं लगेगा।"

मधुर विद्वान सहिष्णु श्री बानी जिनकी आत्मा उनकी उज्जवल आँखों के माध्यम से बोलती थी। बानी ने स्वयं धर्म सभा द्वारा क्या उपलब्धि होगी, इस विषय में अपने स्वप्न का वर्णन किया है-"मैं अपनी युवावस्था में ही विश्व की महानतम धार्मिक व्यवस्थाओं से परिचित हुआ था एवं परिपक्वावस्था में ही अनेक गिरिजाघरों के वरिष्ठतम लोगों का आनन्ददायक सान्निध्य लाभ किया था। इस तरह मैं विश्वास करने पर बाध्य हुआ कि यदि सभी महान धार्मिक विश्वासों को समीप लाकर उनमें सामंजस्य स्थापित किया जाय तो अनेक स्थलों पर उनमें सद्भाव एवं सामजंस्य

स्थापित किया जा सकता है जिसके फलस्वरूप आने वाली मानवीय एकता प्रभु के प्रेम में मानव की सेवा में तत्पर एवं अधिक उन्नत होगी।" यद्यपि धर्मसभा के पीछे श्री बानी की ही प्रेरणा थी तथापि यथार्थत-वे नहीं अपितु शिकागो के प्रथम गिरिजाघर के वरिष्ठ पादरी माननीय जान हेनरी बैरोज जो साधारण सभा के सभापति भी थे, वे ही विस्तृत पूर्वयोजना कार्यरूप में परिणत करने हेतु उत्तरदायी थे।

समिति का कार्य क्षेत्र बड़ा विशाल था। लगभग 10 हजार पत्र एवं 40 हजार से भी अधिक प्रलेख बाहर प्रेषित किए गये एवं पृथ्वी के हर भागों से बृहत् पैमाने पर उत्तर प्राप्त किए गये। बैरोज अभिमानपूर्वक लिखते हैं- "करीब 30 महीनों तक संसार की सभी रेल पटरियाँ एवं जहाज मार्ग अनजाने में ही इस धर्मसभा के लिए कार्य करते रहें हैं। शिकागो डाकघर के क्लर्क उन पत्रों के बड़े गठ्ठरों से जूझते रहे जो पहले ही मद्रास, बम्बई एवं टोकियो के डाक कर्मियों की नीली अँगुलियों के बीच से निकल आईं थी।" सलाहकार परिषद् के सदस्य सारी दुनिया से चुने गये जिनकी संख्या 3 हजार तक पहुँच गयी। भारत के चुने गए परिषद् के सदस्यों मे थे-जी.एस.अय्यर (हिन्दू पत्र के सम्पादक), बम्बई के बी.बी.नगरकर तथा कलकत्ता के पी.सी.मजुमदार। अन्त के दोनों व्यक्तियों ने ब्रह्म समाज का प्रतिनिधित्व किया था।

हालांकि धर्म सभा को संगठित करने वाले जो लोग विश्व के धर्मों को एकत्रित करने में मात्र यंत्र स्वरूप थे उनके मस्तिष्क में कभी भी यह बात नहीं उभरी, चाहे ईश्वरीय विधान कुछ भी क्यों न हो परन्तु इस संगठन के पीछे जो मानवीय उद्देश्य थे वे मिश्रित थे। स्वामी विवेकानन्द जी ने बाद के अपने पत्र में लिखा है-"ईसाई धर्म का अन्य सभी धार्मिक विश्वासों के ऊपर वर्चस्व साबित करने हेतु ही विश्व धर्म महासभा का संगठन किया गया था" तथा पुन-एक साक्षात्कार के दौरान वे बोले थे-"मुझे ऐसा प्रतीत होता है कि विश्व धर्म महासभा का संगठन जगत के समक्ष अक्रिस्तियों (गैर ईसाईयों) का मजाक उड़ाने हेतु हुआ है।" जिस सर्वधर्मसभा ने स्वामी विवेकानन्द का पश्चिमी जगत से परिचय कराया उसके बारे में उनकी यह धारणा किसी के विचार में न्यायोचित नहीं है, परन्तु सभा की तैयारियों एवं क्रियाकलापों का यदि अध्ययन किया जाए तो किसी को इसमें लेशमात्र भी शंका नहीं रह जायेगी कि यह आयोजन सर्वत्र ईसाई अभिमान से ही व्याप्त था। ईसाई धर्म गौरवपूर्वक एवं निरपवाद रूप से अपनी श्रेष्ठता सिद्ध करेगा यह निश्चित पूर्व धारणा इसके संस्थापकों में से अनेकों की बन गई थी जिसपर उनकी उम्मीद के विपरीत स्वामी विवेकानन्द जी ने अपना वर्चस्व स्थापित कर दिया।

दूसरी ओर, सभा से सम्बन्धित कुछ ऐसे भी लोग थे जो कोई धार्मिक मत से बद्ध नहीं थे जिन्हें किसी भी तरह कोई मतलब नहीं साधना था। जिन्हें धर्मसभा का व्यापक एवं यथार्थ रूप ही दिख रहा था। ऐसे लोगों के लिए तो यह सत्यान्वेषी लोगों से आपसी समझ एवं सद्भाव को बढ़ावा देने का एक अभूतपूर्व अवसर था। इनमें से एक थे अध्यक्ष बानी जिन्होंने कार्य की योजना बनाई एवं उसे अत्यन्त सरलतापूर्वक सम्पन्न किया और वे कोई पादरी नहीं थे। वे एक अधिवक्ता थे जिन्होंने गिरिजाघरों के सभी प्रतिष्ठित व्यक्तियों का सभापतित्व किया।

विश्व धर्म महासभा (Parliament of the World's Religion's) के नाम से कई सभाएँ हुई है जिनमें सन् 1893 की विश्व धर्म महासभा सर्वाधिक उल्लेखनीय है जिसमें विश्व के सभी धर्मों के बीच में संवाद बनाने की कोशिश की गयी।

स्वामी विवेकानन्द के व्याख्यान

01.धर्म महासभा स्वागत भाषण का उत्तर-दिनांक 11 सितम्बर, 1893

अमेरिकावासी बहनों तथा भाइयों,

आपने जिस सौहार्द और स्नेह के साथ हम लोगों का स्वागत किया है, उसके प्रति आभार प्रकट करने के निमित्त खड़े होते समय मेरा हृदय अवर्णनीय हर्ष से पूर्ण हो रहा है। संसार में संन्यासियों की सब से प्राचीन परम्परा की ओर से मैं आपको धन्यवाद देता हूँ। धर्मों की माता की ओर से धन्यवाद देता हूँ और सभी सम्प्रदायों एवं मतों के कोटि-कोटि हिन्दुओं की ओर से भी धन्यवाद देता हूँ।

मैं इस मंच पर से बोलने वाले उन कतिपय वक्ताओं के प्रति भी धन्यवाद ज्ञापित करता हूँ, जिन्होंने प्राच्य के प्रतिनिधियों का उल्लेख करते समय आपको यह बतलाया है कि सुदूर देश के ये लोग सहिष्णुता का भाव विविध देशों में प्रचारित करने के गौरव का दावा कर सकते हैं। मैं एक ऐसे धर्म का अनुयायी होने में गर्व का अनुभव करता हूँ जिसने संसार को सहिष्णुता तथा सार्वभौम स्वीकृति, दोनों की ही शिक्षा दी है। हम लोग सब धर्मों के प्रति केवल सहिष्णुता में ही विश्वास नहीं करते, वरन् समस्त धर्मों को सच्चा मान कर स्वीकार करते हैं। मुझे ऐसे देश का व्यक्ति होने का अभिमान है जिसने इस पृथ्वी के समस्त धर्मों और देशों के उत्पीड़ितों और शरणार्थीयों को आश्रय दिया है। मुझे आपको यह बतलाते हुए गर्व होता है कि हमने अपने वक्ष में यहूदियों के विशुद्धतम शेष अंश को स्थान दिया था जिन्होंने दक्षिण भारत आकर उसी वर्ष शरण ली थी जिस वर्ष उनका पवित्र मन्दिर रोमन जाति के अत्याचार से धूल में मिला दिया गया था। ऐसे धर्म का अनुयायी होने में मैं गर्व का अनुभव करता हूँ जिसने महान जरथुष्ट्र जाति के शेष अंश को शरण दी और जिसका पालन वह अब तक कर रहा है। भाईयों, मैं आप लोगों को एक स्त्रोत की कुछ पंक्तियाँ सुनाता हूँ जिसकी आवृत्ति मैं बचपन से कर रहा हूँ और जिसकी आवृत्ति प्रतिदिन लाखों मनुष्य किया करते हैं-

रूचिनां वैचित्र्याद्दजुकुटिलनानापथजुषाम्।
नृणामेको गम्यस्त्वमसि पयसामर्णव इवं।।

अर्थात्-जैसे विभिन्न नदियाँ भिन्न-भिन्न स्रोतों से निकलकर समुद्र में मिल जाती हैं उसी प्रकार हे प्रभो! भिन्न-भिन्न रूचि के अनुसार विभिन्न टेढ़े-मेढ़े अथवा सीधे रास्ते से जाने वाले लोग अंत में मुझमें ही आकर मिल जाते हैं।

यह सभा, जो अभी तक आयोजित सर्वश्रेष्ठ पवित्र सम्मेलनों में से एक है, स्वतः-ही गीता के इस अद्‌भुत उपदेश का प्रतिपादन एवं जगत के प्रति उसकी घोषणा है।

ये यथा मां प्रपद्यन्ते तांस्तथैव भजाम्यहम् ।
मम वत्र्मानुवर्तन्ते मनुष्या-पार्थ सर्वशः।।

अर्थात्-जो कोई मेरी ओर आता है, चाहे किसी प्रकार से हो, मैं उसको प्राप्त होता हूँ। लोग भिन्न-भिन्न मार्ग द्वारा प्रयत्न करते हुए अंत में मेरी ओर ही आते हैं।

साम्प्रदायिकता, हठधर्मिता और उनकी बीभत्स वंशधर धर्मान्धिता इस सुन्दर पृथ्वी पर बहुत समय तक राज्य कर चुकी हैं। वे पृथ्वी को हिंसा से भरती रही हैं, उसको बारम्बार मानवता के रक्त से नहलाती रही हैं, सभ्यताओं को विध्वंस करती और पूरे-पूरे देश को निराशा के गर्त में डालती रही है। यदि ये वीभत्स दानवी न होती, तो मानव समाज आज की अवस्था से कहीं अधिक उन्नत हो गया होता, पर अब उनका समय आ गया है, और मैं आन्तरिक रूप से आशा करता हूँ कि आज सुबह इस सभा के सम्मान में घंटाध्वनि हुई है, वह समस्त धर्मान्धिता का, तलवार या लेखनी के द्वारा होने वाले सभी उत्पीड़नों का, तथा एक ही लक्ष्य की ओर अग्रसर होने वाले मानवों की पारस्परिक कटुता का मृत्युनिनाद सिद्ध हो।

स्वामी विवेकानन्द के व्याख्यान

02.हमारे मतभेद का कारण-15 सितम्बर, 1893

मैं आप लोगों को एक छोटी सी कहानी सुनाता हूँ। अभी जिन वाग्मी वक्ता महोदय ने व्याख्यान समाप्त किया है, उनके इस वचन को आप ने सुना है कि-आओ, हम लोग एक दूसरे को बुरा कहना बंद कर दें, और उन्हें इस बात का बड़ा खेद है कि लोगों में सदा इतना मतभेद क्यों रहता है। परन्तु मैं समझता हूँ कि जो कहानी मैं सुनाने वाला हूँ, उससे आप लोगों को इस मतभेद का कारण स्पष्ट हो जायेगा। एक कुएँ में बहुत समय से एक मेढ़क रहता था। वह वहीं पैदा हुआ था और वहीं उसका पालन-पोषण हुआ, पर फिर भी वह मेढ़क छोटा ही था। धीरे-धीरे यह मेढ़क उसी कुएँ में रहते-रहते मोटा और चिकना हो गया। अब एक दिन एक दूसरा मेढ़क, जो समुद्र में रहता था, वहाँ आया और कुएँ में गिर पड़ा। "तुम कहाँ से आये हो?", मैं समुद्र से आया हूँ। "समुद्र!" भला कितना बड़ा है वह? क्या वह इतना ही बड़ा है जितना मेरा यह कुआँ? और यह कहते हुए उसने कुएँ में एक किनारे से दूसरे किनारे तक छलाँग मारी। समुद्र वाले मेढ़क ने कहा-"मेरे मित्र! भला, समुद्र की तुलना इस छोटे से कुँए से किस प्रकार कर सकते हो?" तब उस कुँए वाले मेढ़क ने दूसरी छलाँग मारी और पूछा, "तो क्या तुम्हारा समुद्र इतना बड़ा है?" समुद्र वाले मेढ़क ने कहा, "तुम कैसी बेवकूफी की बात कर रहे हो! क्या समुद्र की तुलना तुम्हारे कुँए से हो सकती है?" अब तो कुएँ वाले मेढ़क ने कहा, "जा जा! मेरे कुँए से बढ़कर और कुछ हो ही नहीं सकता। संसार में इससे बड़ा और कुछ नहीं हैं! झूठा कहीं का? अरे, इसे बाहर निकाल दो।"

यही कठिनाई सदैव रही है। मैं हिन्दू हूँ। मैं अपने कुँए में बैठा यही समझता हूँ कि मेरा कुआँ ही सम्पूर्ण संसार है। ईसाई भी अपने क्षुद्र कुएँ में बैठे हुए यही समझता है कि सारा संसार उसी के कुएँ में है। और मुसलमान भी अपने क्षुद्र कुँए में बैठा हुए उसी को सारा ब्रह्माण्ड मानता है। मैं आप अमेरिका वालों को धन्य कहता हूँ क्योंकि आप हम लोगों के इन छोटे छोटे संसारों की क्षुद्र सीमाओं को तोड़ने का महान प्रयत्न कर रहे हैं और मैं आशा करता हूँ कि भविष्य में परमात्मा आपके इस उद्योग में सहायता देकर आपका मनोरथ पूर्ण करेंगे

स्वामी विवेकानन्द के व्याख्यान

03.हिन्दू धर्म-19 सितम्बर, 1893

प्रागैतिहासिक युग से चले आने वाले केवल तीन ही धर्म आज संसार में विद्यमान हैं-हिन्दू धर्म, पारसी धर्म और यहूदी धर्म। उनको अनेकानेक प्रचण्ड आघात सहने पड़े हैं किन्तु फिर भी जीवित बने रहकर वे अपनी आन्तरिक शक्ति का प्रमाण प्रस्तुत करते हैं। पर जहाँ हम यह देखते हैं कि यहूदी धर्म, ईसाई धर्म को आत्मसात् नहीं कर सका, वरन् अपनी सर्वविजयिनी दुहिता-ईसाई धर्म द्वारा अपने जन्म स्थान से निर्वासित कर दिया गया, और केवल मुट्ठीभर पारसी ही अपने महान धर्म की गाथा गाने के लिए अब अवशिष्ट हैं। वहाँ भारत में एक के बाद एक, न जाने कितने सम्प्रदायों का उदय हुआ और उन्होंने वैदिक धर्म को जड़ से हिला दिया, किन्तु भयंकर भूकम्प के समय समुद्रतट के जल के समान वह कुछ समय पश्चात् हजारगुना बलशाली होकर सर्वग्रासी आप्लावन के रूप में पुन-लौटने के लिए पीछे हट गया, और जब यह सारा कोलाहल शान्त हो गया, तब इन समस्त धर्म-सम्प्रदायों को उनकी धर्ममाता (हिन्दू धर्म) की विराट काया ने चूस लिया, आत्मसात् कर लिया और अपने में पचा डाला।

वेदान्त दर्शन की अत्युच्च आध्यात्मिक उड़ानों को लेकर, आधुनिक विज्ञान के नवीनतम आविष्कार जिसकी केवल प्रतिध्वनि मात्र प्रतीत होते हैं, मूर्तिपूजा के निम्नस्तरीय विचारों एवं तदानुषंगिक अनेकानेक पौराणिक दन्तकथाओं तक, और बौद्धों के अज्ञेयवाद तथा जैनों के निरीश्वरवाद, इनमें से प्रत्येक के लिए हिन्दू धर्म में स्थान है। तब यह प्रश्न उठता है कि वह कौन सा सामान्य बिन्दु है, जहाँ पर इतनी विभिन्न दिशाओं में जानेवाली त्रिज्यायें केन्द्रस्थ होती हैं? वह कौन सा एक सामान्य आधार है जिस पर ये प्रचण्ड विरोधाभास आश्रित है? इसी प्रश्न का उत्तर देने का अब मैं प्रयत्न करूँगा।

हिन्दू जाति ने अपना धर्म श्रुति वेदों से प्राप्त किया है। उसकी धारणा है कि वेद अनादि और अनन्त है। श्रोताओं को सम्भव है, यह बात हास्यास्पद लगे कि कोई पुस्तक अनादि और अनन्त कैसे हो सकती है। किन्तु वेदों का अर्थ कोई पुस्तक है ही नहीं। वेदों का अर्थ है-भिन्न-भिन्न कालों में भिन्न-भिन्न व्यक्तियों द्वारा आविष्कृत आध्यात्मिक सत्यों का संचित कोष। जिस प्रकार गुरूत्वाकर्षण का सिद्धान्त मनुष्यों के पता लगने के पूर्व भी अपना काम करता चला आया था और आज यदि मनुष्यजाति उसे भूल जाए, तो भी वह नियम अपना काम करता रहेगा, ठीक यही बात आध्यात्मिक जगत का पालन करने पाले नियमों के सम्बन्ध में भी है। एक आत्मा का दूसरी आत्मा के साथ और जीवात्मा का आत्माओं के परमपिता के साथ जो नैतिक सम्बन्ध हैं, वे उनके आविष्कार के पूर्व भी थे और हम यदि उन्हें भूल भी जाएँ, तो बने रहेंगे। इन नियमों या सत्यों का आविष्कार करने वाले ऋषि कहलाते हैं और हम उनको पूर्णत्व तक पहुँची हुई आत्मा मानकर सम्मान देते हैं। श्रोताओं को यह बतलाते हुए मुझे हर्ष होता है कि इन महानतम ऋषियों में कुछ स्त्रियाँ भी थीं।

यहाँ यह कहा जा सकता है कि ये नियम, नियम के रूप में अनन्त भले ही हैं, पर इनका आदि तो अवश्य ही होना चाहिए। वेद हमें यह सिखाते हैं कि सृष्टि का न आदि है न अन्त। विज्ञान ने हमें सिद्ध कर दिखाया हैं कि समग्र विश्व की सारी ऊर्जा-समष्टि का परिमाण सदा एक सा रहता है। तो फिर, यदि कोई ऐसा समय था, जब

किसी वस्तु का अस्तित्व ही नहीं था, उस समय यह सम्पूर्ण ऊर्जा कहाँ थी? कोई-कोई कहता है कि ईश्वर में ही वह सब अव्यक्त रूप में निहीत थी। तब तो ईश्वर कभी अव्यक्त और कभी व्यक्त हैं, इससे तो वह विकारशील हो जायेगा। प्रत्येक विकारशील पदार्थ यौगिक होता है और हर यौगिक पदार्थ में वह परिवर्तन अवश्य सम्भावी है, जिसे हम विनाश कहते हैं। इस तरह तो ईश्वर की मृत्यु हो जायेगी, जो अनर्गल है। अत:-ऐसा समय कभी नहीं था, जब यह सृष्टि नहीं थी।

मैं एक उपमा दूँ, स्रष्टा और सृष्टि मानो दो रेखाएँ है जिनका न आदि है, न अन्त, और जो समानान्तर चलती हैं। ईश्वर नित्य क्रियाशील विधाता है जिसकी शक्ति से प्रलयपयोधि में से नित्यश:-एक के बाद एक ब्रह्माण्ड का सृजन होता है, वे कुछ काल तक गतिमान रहते हैं, और तत्पश्चात् वे पुन-विनिष्ट कर दिये जाते हैं। "सूर्याचन्द्रमसौ धाता यथापूर्वकल्पयत्" अर्थात् इस समय और इस चन्द्रमा को विधाता ने पूर्व कल्पों के सूर्य और चन्द्रमा के समान निर्मित किया है। इस वाक्य का पाठ हिन्दू बालक प्रतिदिन करता है।

यहाँ पर मैं खड़ा हूँ और अपनी आँखें बन्द करके यदि अपने अस्तित्व "मैं", "मैं", "मैं" को समझने का प्रयत्न करूँ, तो मुझमें किस भाव का उदय होता है? इस भाव का कि मैं शरीर हूँ, तो क्या मैं भौतिक पदार्थों के संघात के सिवा और कुछ नहीं हूँ? वेदों की घोषणा है-"नहीं मैं शरीर में रहने वाली आत्मा हूँ, मैं शरीर नहीं हूँ। शरीर मर जायेगा, पर मैं नहीं मरूँगा। मैं इस शरीर में विद्यमान हूँ और इस शरीर का पतन होगा, तब भी मैं विद्यमान रहूँगा ही। मेरा एक अतीत भी है।" आत्मा की सृष्टि नहीं हुई है, क्योंकि सृष्टि का अर्थ है-भिन्न-भिन्न द्रव्यों का संघात और इस संघात का भविष्य में विघटन अवश्यम्भावी है। अतएव यदि आत्मा का सृजन हुआ, तो उसकी मृत्यु भी होना चाहिए। कुछ लोग जन्म से ही सुखी होते हैं और पूर्ण स्वास्थ्य का आनन्द भोगते हैं, उन्हें सुन्दर शरीर, उत्साहपूर्ण मन और सभी आवश्यक सामग्रीयाँ प्राप्त रहती है। दूसरे कुछ लोग जन्म से ही दु:खी होते हैं, किसी के हाथ या पाँव नहीं होते, तो कोई मूर्ख होते हैं, और येन-केन प्रकारेण अपने दु:खमय जीवन के दिन काटते हैं। ऐसा क्यों? यदि सभी को एक ही न्यायी और दयालु ईश्वर ने उत्पन्न किया है, तो फिर उसने एक को सुखी और दुसरे को दु:खी क्यों बनाया? ईश्वर ऐसा पक्षपाती क्यों? फिर ऐसा मानने से बात नहीं सुधर सकती कि जो वर्तमान जीवन में दु:खी है, भावी जीवन में पूर्ण सुखी रहेंगे। न्यायी और दयालु ईश्वर के राज्य में मनुष्य इस जीवन में भी दु:खी क्यों रहे?

दूसरी बात यह है कि सृष्टि उत्पादक ईश्वर को मान्यता देने वाला सिद्धान्त वैषम्य की कोई व्याख्या नहीं करता, बल्कि वह तो केवल एक सर्वशक्तिमान पुरूष का निष्ठुर आदेश ही प्रकट करता है। अतएव इस जन्म के पूर्व ऐसे कारण होने ही चाहिए, जिनके फलस्वरूप मनुष्य इस जन्म में सुखी या दु:खी हुआ करते हैं, और ये कारण है, उसके ही पूर्वनुष्ठित कर्म।

क्या मनुष्य के शरीर और मन की सारी प्रवृत्तियों की व्याख्या उत्तराधिकारी से प्राप्त क्षमता द्वारा नहीं हो सकती? यहाँ जड़ और चैतन्य (मन), सत्ता की दो समानान्तर रेखाएँ हैं। यदि जड़ और जड़ के समस्त रूपान्तर ही, जो कुछ यहाँ उसके कारण सिद्ध हो सकते हैं, तो फिर आत्मा के अस्तित्व को मानने की कोई आवश्यकता ही न रह जाती। पर यह सिद्ध नहीं किया जा सकता कि चैतन्य (विचार) का विकास जड़ से हुआ है, और यदि कोई दार्शनिक अद्वैतवाद अनिवार्य है, तो आध्यात्मिक अद्वैतवाद निश्चय ही तर्कसंगत हैं और भौतिक अद्वैतवाद से किसी भी प्रकार कम वाँछनीय नहीं, परन्तु यहाँ इन दोनों की आवश्यकता नहीं है।

हम यह अस्वीकार नहीं कर सकते कि शरीर कुछ प्रवृत्तियों को आनुवंशिकता से प्राप्त करता है, किन्तु ऐसी प्रवृत्तियों का अर्थ केवल शारीरिक रूपाकृति से है जिसके माध्यम से केवल एक विशेष मन, एक विशेष प्रकार से काम कर सकता है। आत्मा को कुछ ऐसी विशेष प्रकृत्तियाँ होती हैं, जिसकी उत्पत्ति अतीत से होती है। एक विशेष प्रवृत्तिवाला जीवात्मा "योग्य योग्येन युज्यते" इस नियमानुसार उसी शरीर में जन्म ग्रहण करती है, जो उस प्रवृत्ति के प्रकट करने के लिए सब से उपयुक्त आधार हो। यह विज्ञानसंगत है, क्योंकि विज्ञान हर प्रवृत्ति की व्याख्या आदत से करना चाहता है, और आदत आवृत्तियों से बनती है। अतएव नवजात जीवात्मा की नैसर्गिक आदतों की

व्याख्या के लिए आवृत्तियाँ अनिवार्य हो जाती है। और चूँकि वे प्रस्तुत जीवन में प्राप्त नहीं होती, अत-वे पिछले जीवन से ही आयी होंगी।

एक और दृष्टिकोण है। ये सभी बातें यदि स्वयंसिद्ध भी मान लें, तो मैं अपने पूर्व जन्म की कोई बात स्मरण क्यों नहीं रख पाता? इसका समाधान सरल है। मैं अभी अंग्रेजी बोल रहा हूँ। वह मेरी मातृ भाषा नहीं हैं। वस्तुत-इस समय मेरी मातृभाषा का कोई भी शब्द मेरे चित्त में उपस्थित नहीं है, पर उन शब्दों को सामने लाने का थोड़ा प्रयत्न करते ही वे मन में उमड़ आते हैं। इससे यही सिद्ध होता है कि चेतना मनसागर की सतह मात्र है और भीतर, उसकी गहराई में, हमारी समस्त अनुभवराशि संचित है। केवल प्रयत्न और उद्यम किजिए, वे सब ऊपर उठ आएँगे, और आप अपने पूर्व जन्मों का भी ज्ञान प्राप्त कर सकेंगे। यह प्रत्यक्ष एवं प्रतिपाद्य प्रमाण है। सत्यसाध नहीं किसी परिकल्पना का पूर्ण प्रमाण होता है और ऋषिगण यहाँ समस्त संसार को एक चुनौति दे रहे हैं। हमने उस रहस्य का पता लगा लिया है, जिससे स्मृतिसागर की गम्भीरतम गहराई तक मन्थन किया जा सकता है। उसका प्रयोग किजिए और आप अपने पूर्व जन्मों का सम्पूर्ण संस्मृति प्राप्त कर लेंगे।

अतएव हिन्दू का यह विश्वास है कि वह आत्मा है। "उसको शस्त्र काट नहीं सकते, अग्नि जला नहीं सकती, जल भीगो नहीं सकता और वायु सुखा नहीं सकती (गीता, 2.23)।" हिन्दुओं की यह धारणा है कि आत्मा एक ऐसा वृत्त है जिसकी कोई परिधि नहीं है, किन्तु जिसका केन्द्र शरीर में अवस्थित है और मृत्यु का अर्थ है, इस केन्द्र का एक शरीर से दूसरे शरीर में स्थानान्तरित हो जाना। यह आत्मा जड़ की उपाधियों से बद्ध नहीं है। वह स्वरूपत-नित्य-शुद्ध-बुद्ध-मुक्त स्वभाव है। परन्तु किसी कारण से वह अपने को जड़ से बँधी हुई पाती है और अपने को जड़ ही समझती है।

अब दूसरा प्रश्न है कि यह विशुद्ध, पूर्ण और विमुक्त आत्मा इस प्रकार जड़ का दासत्व क्यों करती है? स्वयं पूर्ण होते हुए भी इस आत्मा को अपूर्ण होने का भ्रम कैसे हो जाता है? हमें यह बताया जाता है कि हिन्दू लोग इस प्रश्न से कतरा जाते हैं और यह कह देते हैं कि ऐसा प्रश्न हो ही नहीं सकता। कुछ विचारक पूर्णप्राय सत्ताओं की कल्पना कर लेते हैं और इस रिक्त को भरने के लिए बड़े-बड़े वैज्ञानिक नामों का प्रयोग करते हैं। परन्तु नाम दे देना व्याख्या नहीं है। प्रश्न ज्यों का त्यों ही बना रहता है। पूर्ण ब्रह्म पूर्णप्राय अथवा अपूर्ण कैसे हो सकता है, शुद्ध, निरपेक्ष ब्रह्म अपने स्वभाव को सूक्ष्मातिसूक्ष्म कण भर भी परिवर्तित कैसे कर सकता है? पर हिन्दू ईमानदार हैं। वह मिथ्या तर्क का सहारा नहीं लेना चाहता। पुरूषोचित रूप में इस प्रश्न का सामना करने का साहस वह रखता है और इस प्रश्न का उत्तर देता है। "मैं नहीं जानता। मैं नहीं जानता कि पूर्ण आत्मा अपने को अपूर्ण कैसे समझने लगी, जड़ पदार्थों के संयोग से अपने को जड़नियमाधीन कैसे मानने लगी।" पर इस सब के बावजूद तथ्य जो है, वही रहेगा। यह सभी की चेतना का एक तथ्य है कि प्रत्येक व्यक्ति अपने को शरीर मानता है। हिन्दू इस बात की व्याख्या करने का प्रयत्न नहीं करता कि मनुष्य अपने को शरीर क्यों समझता है। यह ईश्वर की इच्छा है। यह उत्तर का कोई समाधान नहीं है। यह उत्तर हिन्दू के "मैं नहीं जानता" के सिवा और कुछ नहीं है।

अतएव मनुष्य की आत्मा अनादि और अमर है, पूर्ण और अनन्त है और मृत्यु का अर्थ है-एक शरीर से दूसरे शरीर में केवल केन्द्र परिवर्तन। वर्तमान अवस्था हमारे पूर्वानुष्ठित कर्मों द्वारा निश्चित होती है और भविष्य, वर्तमान कर्मों द्वारा। आत्मा जन्म और मृत्यु के चक्र में लगातार घूमती हुई कभी ऊपर विकास करती है, कभी प्रत्यागमन करती है। पर यहाँ एक दूसरा प्रश्न उठता है-क्या मनुष्य प्रचण्ड तुफान में ग्रस्त वह छोटी सी नौका है, जो एक क्षण किसी वेगवान तरंग के फेनिल शिखर पर चढ़ जाती है, और दूसरे क्षण भयानक गर्त में नीचे धकेल दी जाती है। अपने शुभ और अशुभ कर्मों की दया पर केवल इधर-उधर भटकती फिरती है। क्या वह कार्य-कारण की सतत प्रवाही, निर्मम, भीषण तथा गर्जनशील धारा में पड़ा हुआ अशक्त, असहाय भग्न पोत है, क्या वह उस कारणता के चक्र के नीचे पड़ा हुआ एक क्षुद्र शलभ है, जो विधवा के आँसुओं तथा अनाथ बालक की आहों की तनिक भी चिन्ता न करते हुए, अपने मार्ग में आने वाली सभी वस्तुओं को कुचल डालता है? इस प्रकार के विचार से अन्तःकरण काँप उठता है, पर यही प्रकृति का नियम है। तो फिर क्या कोई आशा ही नहीं है? क्या इससे बचने का कोई मार्ग नहीं हैं? यही करूण पुकार निराशाविह्वल हृदय के अन्तःस्थल से ऊपर उठी और उस करूणामय के

सिंहासन तक जा पहुँची। वहाँ से आशा तथा सन्तावना की वाणी निकली और उसने एक वैदिक ऋषि को अन्तःस्फूर्ति प्रदान की, और उसने संसार के सामने खड़े होकर तूर्यस्वर में इस आनन्द सन्देश की घोषणा की-"हे अमृत के पुत्रों! सुनो! हे दिव्यधामवासी देवगण!! तुम भी सुनो! मैंने उस अनादि, पुरातन पुरूष को प्राप्त कर लिया है, जो समस्त अज्ञान-अन्धकार और माया से परे है। केवल उस पुरूष को जानकर ही तुम मृत्यु के चक्र से छूट सकते हो। दूसरा कोई पथ नहीं (श्वेताश्वतरोपनिषद्, 2.5,3-8)" अमृत के पुत्रों, कैसा मधुर और आशाजनक सम्बोधन है यह! बन्धुओं! इसी मधुर नाम-अमृत के अधिकारी से, आपकों सम्बोधित करूँ, आप इसकी आज्ञा मुझे दें। निश्चय ही हिन्दू आपको पापी कहना अस्वीकार करता है। आप ईश्वर की सन्तान है, अमर आनन्द के भागी हैं, पवित्र और पूर्ण आत्मा हैं। आप इस मत्र्यभूमि पर देवता हैं। आप भला पापी? मनुष्य को पापी कहना ही पाप है। वह मनुष्य स्वरूप पर घोर लांछन है। आप उठें! हे सिंहो! आएँ, और इस मिथ्या भ्रम को झटक कर दूर फेक दें की आप भेड़ हैं। आप हैं आत्मा अमर, आत्मा मुक्त, आनन्दमय और नित्य! आप जड़ नहीं हैं, आप शरीर नहीं हैं, जड़ तो आपका दास है, न कि आप जड़ के दास। अत-वेद ऐसी घोषणा नहीं करते कि यह सृष्टि-व्यापार कतिपय निर्मम विधानों का सघात है, और न यह कि वह कार्य-कारण की अनन्त कारा है, वरन् वे यह घोषित करते हैं कि इन सब प्राकृतिक नियमों के मूल में, जड़तत्व और शक्ति के प्रत्येक अणु-परमाणु में ओतप्रोत वही एक विराजमान है, जिसके आदेश से वायु चलती है, अग्नि दहकती है, बादल बरसते है और मृत्यु पृथ्वी पर नाचती है। (कठोपनिषद्, 2.3.3) और उस पुरूष का स्वरूप क्या है? वह सर्वत्र है, शुद्ध, निराकार, सर्वशक्तिमान है सब पर उसकी पूर्ण दया है। तू हमारा पिता है, तू हमारी माता है, तू हमारा परम प्रेमास्पद सखा है, तू ही सभी शक्तियों का मूल है, हमें शक्ति दे। तू ही इन अखिल भुवनों का भार वहन करने वाला है। तू मुझे इस जीवन के क्षुद्र भार को वहन करने में सहायता दे। वैदिक ऋषियों ने यही गाया है। हम उसकी पूजा किस प्रकार करें? प्रेम के द्वारा। ऐहिक तथा पारत्रिक समस्त प्रिय वस्तुओं से भी अधिक प्रिय जानकर उस परम प्रेमास्पद की पूजा करनी चाहिए।

वेद हमें प्रेम के सम्बन्ध में इसी प्रकार की शिक्षा देते हैं। अब देखें कि श्रीकृष्ण ने, जिन्हें हिन्दू लोग पृथ्वी पर ईश्वर का पूर्णावतार मानते हैं, इस प्रेम के सिद्धान्त का पूर्ण विकास किस प्रकार किया है और हमें क्या उपदेश दिया है। उन्होंने कहा है कि मनुष्य को इस संसार में पद्मपत्र की तरह रहना चाहिए। पद्मपत्र जैसे पानी में रहकर उससे नहीं भींगता, उसी प्रकार मनुष्य को भी संसार में रहना चाहिए-उसका हृदय ईश्वर में लगा रहे और हाथ कर्म में लगे रहे।

इहलोक या परलोक में पुरस्कार की प्रत्याशा से ईश्वर से प्रेम करना बुरी बात नहीं, पर केवल प्रेम के लिए ही ईश्वर से प्रेम करना सब से अच्छा है, और उसके निकट यही प्रार्थना करनी उचित है-हे भगवन, मुझे न तो सम्पत्ति चाहिए, न सन्तति, न विद्या। यदि दो तो सहस्रों बार जन्म-मृत्यु के चक्र में पड़ूँगा, पर हे प्रभो, केवल इतना ही दो कि मैं फल की आशा छोड़कर तेरी भक्ति करूँ, केवल प्रेम के लिए ही तुझ पर मेरा निःस्वार्थ प्रेम हो (शिक्षाष्टक, 4)। श्रीकृष्ण के एक शिष्य युधिष्ठिर उस समय सम्राट थे। उनके शत्रुओं ने उन्हें राजसिहांसन से च्युत कर दिया और उन्हें अपनी सम्राज्ञी के साथ हिमालय के जंगलों में आश्रय लेना पड़ा था। वहाँ एक दिन सम्राज्ञी ने उनसे प्रश्न किया-मनुष्यों में सर्वोपरि पुण्यवान होते हुए भी आपको इतना दुःख क्यों सहना पड़ता है? युधिष्ठिर ने उत्तर दिया-महारानी देखो, यह हिमालय कैसा भव्य और सुन्दर है। मैं इससे प्रेम करता हूँ। यह मुझे कुछ नहीं देता, पर मेरा स्वभाव ही ऐसा है कि मैं भव्य और सुन्दर वस्तु से प्रेम करता हूँ और इसी कारण मैं उससे प्रेम करता हूँ। उसी प्रकार मैं ईश्वर से प्रेम करता हूँ। उस अखिल सौन्दर्य, समस्त सुषमा का मूल है। वही एक ऐसा पात्र है, जिससे प्रेम करना चाहिए। उससे प्रेम करना मेरा स्वभाव है और इसीलिए मैं उससे प्रेम करता हूँ। मैं किसी बात के लिए उससे प्रार्थना नहीं करता, मैं उससे कोई वस्तु नहीं माँगता। उसकी जहाँ इच्छा हो, मुझे रखें। मैं तो सब अवस्थाओं में केवल प्रेम से ही उस पर प्रेम करना चाहता हूँ, मैं प्रेम में सौदा नहीं कर सकता (महाभारत, वनपर्व, 31.2.5)।

वेद कहते हैं कि आत्मा दिव्यस्वरूप है, वह केवल पंचभूतों के बन्धन में बँध गयी है और उन बन्धनों के टूटने पर वह अपने पूर्णत्व को प्राप्त कर लेंगी। इस अवस्था का नाम मुक्ति है जिसका अर्थ है-स्वाधीनता। अपूर्णता के बन्धन से छुटकारा, जन्म-मृत्यु से छुटकारा। और यह बन्धन केवल ईश्वर के दया से ही छूट सकता है और वह

दया पवित्र लोगों को ही प्राप्त होती है। अतएव पवित्रता ही उसके अनुग्रह की प्राप्ति का उपाय है। उसकी दया किस प्रकार काम करती है? वह पवित्र हृदय में अपने को प्रकाशित करता है। पवित्र और निर्मल मनुष्य इसी जीवन में ईश्वर दर्शन प्राप्त कर कृतार्थ हो जाता है। "तब उसकी समस्त कुटिलता नष्ट हो जाती है, सारे सन्देह दूर हो जाते हैं (मुण्डकोपनिषद्, 2.2.8)।" तब वह कार्य-कारण के भयावह नियम के हाथ खिलौना नहीं रह जाता। यही हिन्दू धर्म का मूलभूत सिद्धान्त है-यही उसका अत्यन्त मार्मिक भाव है। हिन्दू शब्दों और सिद्धान्तों के जाल में जीना नहीं चाहता। यदि इन साधारण इन्द्रिय-संवेद्य विषय के परे और भी कोई सत्ताएँ हैं, तो वह उनका प्रत्यक्ष अनुभव करना चाहता है। यदि उसमें कोई आत्मा है, जो जड़ वस्तु नहीं है, यदि कोई दयामय सर्वव्यापी विश्वात्मा है तो वह उसका साक्षात्कार करेगा। वह उसे अवश्य देखेगा और मात्र उसी से समस्त शंकाएँ दूर होंगी। अत-हिन्दू ऋषि आत्मा के विषय में, ईश्वर के विषय में यही सर्वोत्तम प्रमाण देता है। "मैंने आत्मा का दर्शन किया है, मैंने ईश्वर का दर्शन किया है।" और यही पूर्णत्व की एक मात्र शर्त है। हिन्दू धर्म भिन्न-भिन्न मत-मतान्तरों या सिद्धान्तों पर विश्वास करने के लिए संघर्ष और प्रयत्न में निहित नहीं हैं, वरन् वह साक्षात्कार है, वह केवल विश्वास कर लेना नहीं, वह होना और बनना है।

इस प्रकार हिन्दूओं की सारी साधना प्रणाली का लक्ष्य है-सतत अध्यवसाय द्वारा पूर्ण बन जाना, दिव्य बन जाना, ईश्वर को प्राप्त करना और उसके दर्शन कर लेना। उस स्वर्गस्थ पिता के समान पूर्ण हो जाना, हिन्दूओं का धर्म है। और जब मनुष्य पूर्णत्व को प्राप्त कर लेता है, तब क्या होता है? तब वह असीम परमानन्द का जीवन व्यतीत करता है। जिस प्रकार एकमात्र वस्तु में मनुष्य को सुख पाना चाहिए, उसे अर्थात् ईश्वर को पाकर वह परम तथा असीम आनन्द का उपभोग करता है और ईश्वर के साथ भी परमानन्द का आस्वादन करता है। यहाँ तक सभी हिन्दू एकमत हैं। भारत के विविध सम्प्रदायों का यह सामान्य धर्म है। परन्तु पूर्ण निरपेक्ष है, और निरपेक्ष दो या तीन नहीं हो सकता। उसमें कोई गुण नहीं हो सकता, वह व्यक्ति नहीं हो सकता। अत-जब आत्मा पूर्ण और निरपेक्ष हो जाती है, और ईश्वर के केवल अपने स्वरूप की पूर्णता, सत्यता और सत्ता के रूप में, परमसत्, परमचित्त, परम आनन्द के रूप में प्रत्यक्ष करती है। इसी साक्षात्कार के विषय में हम बारम्बार पढ़ा करते हैं कि उसमें मनुष्य अपने व्यक्तित्व को खोकर जड़ता प्राप्त करता है या पत्थर के समान बन जाता है। जिन्हें चोट कभी नहीं लगी है, वे चोट के दाग की ओर हँसी की दृष्टि से देखते हैं। मैं आपको बताता हूँ कि ऐसी कोई बात नहीं होती। यदि इस एक क्षुद्र शरीर की चेतना से इतना आनन्द होता है, तो दो शरीरों की चेतना का आनन्द अधिक होना चाहिए, और उसी प्रकार क्रमश-अनेका शरीरों की चेतना के साथ आनन्द की मात्रा भी अधिकाधिक बढ़नी चाहिए, और विश्वचेतना का बोध होने पर आनन्द की परम अवस्था प्राप्त हो जायेगी।

अत: उस असीम विश्वव्यक्तित्व की प्राप्ति के लिए इस कारास्वरूप दुःखमय क्षुद्र व्यक्तित्व का अन्त होना ही चाहिए। जब मैं प्राण स्वरूप से एक हो जाऊँगा, तभी मृत्यु के हाथ से मेरा छुटकारा हो सकता है। जब मैं आनन्दस्वरूप हो जाऊँगा, तभी दुःख का अन्त हो सकता है। जब मैं ज्ञानस्वरूप हो जाऊँगा, तभी सब अज्ञान का अन्त हो सकता है, और यह अनिवार्य वैज्ञानिक निष्कर्ष भी है। विज्ञान ने मेरे निकट यह सिद्ध कर दिया है कि हमारा यह भौतिक व्यक्तित्व भ्रम मात्र है, वास्तव में मेरा यह शरीर एक अविच्छिन्न जड़सागर में एक क्षुद्र सदा परिवर्तित होता रहने वाला पिण्ड है, और मेरे दूसरे पक्ष-आत्मा के सम्बन्ध में अद्वैत ही अनिवार्य निष्कर्ष है।

विज्ञान एकत्व की खोज के सिवा और कुछ नहीं है। ज्योंही कोई विज्ञान शास्त्र पूर्ण एकता तक पहुँच जायेगा, त्योंहीं उसका आगे बढ़ना रुक जायेगा क्योंकि तब तो वह अपने लक्ष्य को प्राप्त कर चुकेगा। उदाहरणार्थ रसायनशास्त्र यदि एक बार उस एक मूल द्रव्य का पता लगा ले, जिससे वह सब द्रव्य बन सकते हैं तो फिर वह और आगे नहीं बढ़ सकेगा। पदार्थ विज्ञान शास्त्र जब उस एक मूल शक्ति का पता लगा लेगा जिससे अन्य शक्तियां बाहर निकली हैं तब वह पूर्णता पर पहुँच जायेगा। वैसे ही धर्म शास्त्र भी उस समय पूर्णता को प्राप्त हो जायेगा जब वह उस मूल कारण को जान लेगा। जो इस मत्र्यलोक में एक मात्र अमृत स्वरुप है जो इस नित्य परिवर्तनशील जगत का एक मात्र अटल अचल आधार है जो एक मात्र परमात्मा है और अन्य सब आत्माएं जिसके प्रतिबिम्ब स्वरुप हैं। इस प्रकार अनेकेश्वरवाद, द्वैतवाद आदि में से होते हुए इस अद्वैतवाद की प्राप्ति होती है। धर्मशास्त्र इससे आगे नहीं जा

सकता। यहीं सारे विज्ञानों का चरम लक्ष्य है। समग्र विज्ञान अन्तत-इसी निष्कर्ष पर अनिवार्यतः पहुँचेंगे। आज विज्ञान का शब्द अभिव्यक्ति हैं, सृष्टि नहीं, और हिन्दू को यह देखकर बड़ी प्रसन्न है कि जिसको वह अपने अन्तःस्थल में इतने युगों से महत्व देता रहा है, अब उसी की शिक्षा अधिक सशक्त भाषा में विज्ञान के नूतनतम निष्कर्षों के अतिरिक्त प्रकाश में दी जा रही है।

अब हम दर्शन की अभीप्साओं से उतरकर ज्ञानरहित लोगों के धर्म की ओर आते हैं। यह मैं प्रारम्भ में ही आप को बता देना चाहता हूँ कि भारतवर्ष में अनेकेश्वरवाद नहीं है। प्रत्येक मन्दिर में यदि कोई खड़ा होकर सुने, तो यही पायेगा कि भक्तगण सर्वव्यापित्व आदि ईश्वर के सभी गुणों का आरोप उन मूर्तियों में करते हैं। यह अनेकेश्वरवाद नहीं है, और न एकदेववाद से ही इस स्थिति की व्याख्या हो सकती है। गुलाब को चाहे दूसरा कोई भी नाम क्यों न दे दिया जाए, पर वह सुगन्ध तो वैसी ही मधुर देता रहेगा। नाम ही व्याख्या नहीं होती। बचपन की एक बात मुझे यहाँ याद आती है। एक ईसाई पादरी कुछ मनुष्यों की भीड़ जमा करके धर्मोपदेश का रहा था। बहुतेरी मजेदार बातों के साथ वह पादरी यह भी कह गया कि-अगर मैं तुम्हारी देवमूर्ति को एक डंडा लगाऊँ, तो वह मेरा क्या कर सकती है? एक श्रोता ने चट चुभता सा जबाब दे डाला कि-अगर मैं तुम्हारे ईश्वर को गाली दे दूँ, तो वह मेरा क्या कर सकता है? पादरी बोला, मरने के बाद वह तुम्हें सजा देगा। हिन्दू भी तनकर बोल उठा-तुम मरोगे, तब ठीक उसी तरह हमारी देवमूर्ति भी तुम्हें दण्ड देगी। वृक्ष अपने फलों से जाना जाता है। जब मूर्तिपूजक कहे जानेवाले लोगों में ऐसे मनुष्य को पाता हूँ जिनकी नैतिकता, आध्यात्मिकता और प्रेम अपना सानी नहीं रखते, जब मैं रूक जाता हूँ और अपने से यही पूछता हूँ कि क्या पाप से भी पवित्रता की उत्पत्ति हो सकती है?

अन्धविश्वास मनुष्य का महान शत्रु है, पर धर्मान्धता तो उससे भी बढ़कर है। ईसाई गिरजारघर क्यों जाता है? क्रूस क्यों पवित्र है? प्रार्थना के समय आकाश की ओर मुँह क्यों किया जाता है? कैथोलिक ईसाईयों के गिरजाघरों में इतनी मूर्तियाँ क्यों रहा करती है? प्रोटेस्टेन्ट ईसाईयों के मन में प्रार्थना के समय इतनी मूर्तियाँ क्यों रहा करती है? मेरे भाईयों! मन में किसी मूर्ति के आए बिना कुछ सोच सकना उतना ही असम्भव है जितना श्वास लिये बिना जीवित रहना। साहचर्य के नियमानुसार भौतिक मूर्ति से मानसिक भावविशेष का उद्दीपन हो जाता है अथवा मन में भावविशेष का उद्दीपन हाने से तदनुरूप मूर्तिविशेष का भी आविर्भाव होता है। इसीलिए तो हिन्दू आराधना के समय बाह्य प्रतीक का उपयोग करता है। वह आपको बतलाएगा कि बाह्य प्रतीक उसके मन को ध्यान के विषय परमेश्वर में एकाग्रता से स्थिर रखने में सहायता देता है। वह भी यह बात उतनी ही अच्छी तरह से जानता है, जितना आप जानते हैं कि वह मूर्ति न तो ईश्वर ही है और न सर्वव्यापी ही। और सच पूछिए तो दुनिया के लोग "सर्वव्यापित्व" का अर्थ क्या समझते हैं? वह तो केवल एक शब्द या प्रतीक मात्र है। क्या परमेश्वर का भी कोई क्षेत्रफल है? यदि नहीं, तो जिस समय हम सर्वव्यापी शब्द का उच्चारण करते हैं, उस समय विस्तृत आकाश या देश की ही कल्पना करने के सिवा हम और क्या करते हैं? अपनी मानसिक संरचना के नियमानुसार, हमें किसी प्रकार अपनी अनन्तता की भावना को नीले आकाश या अपार समुद्र की कल्पना से सम्बद्ध करना पड़ता है। उसी तरह हम पवित्रता के भाव को अपने स्वभावानुसार गिरजाघर या मस्जिद या क्रूस से जोड़ लेते हैं। हिन्दू लोग पवित्रता, नियत्व, सर्वव्यापित्व आदि आदि भावों का सम्बन्ध विभिन्न मूर्तियों और रूपों से जोड़ते हैं। अन्तर यह है कि जहाँ अन्य लोग सारा जीवन किसी गिरजाघर की मूर्ति की भक्ति में ही बिता देते हैं और उससे आगे नहीं बढ़ते, क्योंकि उनके लिए तो धर्म का अर्थ ही यही है कि कुछ विशिष्ट सिद्धान्तों को वे अपनी बुद्धि द्वारा स्वीकृत करे लें और अपने मानवबन्धुओं की भलाई करते रहें। वहाँ एक हिन्दू की सारी धर्मभावना प्रत्यक्ष अनुभूति या आत्म साक्षात्कार में केन्द्रीभूत होती है। मनुष्य को ईश्वर का साक्षात्कार करके दिव्य बनाना है। मूर्तियाँ, मन्दिर, गिरजाघर या ग्रन्थ तो धर्म जीवन में केवल आधार या सहायक मात्र हैं, पर उससे उत्तरोत्तर उन्नति ही करनी चाहिए।

मनुष्य को कहीं पर रूकना नहीं चाहिए। शास्त्र का वाक्य है कि "बाह्य पूजा या मूर्तिपूजा सबसे नीचे की अवस्था है। आगे बढ़ने का प्रयास करते समय मानसिक प्रार्थना साधना की दूसरी अवस्था है और सबसे उच्च अवस्था तो वह है, जब परमेश्वर का साक्षात्कार हो जाए (महानिर्वाणतन्त्र, 4.12)।" देखिए, वही अनुरागी साधक, जो पहले मूर्ति के सामने प्रणत रहता था, अब क्या कह रहा है- "सूर्य उस परमात्मा को प्रकाशित नहीं कर सकता, न

चन्द्रमा या तारागण ही, तब विद्‌युत प्रभा भी परमेश्वर को उद्भासित नहीं कर सकती, तब इस समान्य अग्नि की बात क्या! ये सभी इसी परमेश्वर के कारण प्रकाशित होते हैं (कठोपनिषद्, 2.2.15)।" पर वह किसी की मूर्ति को गाली नहीं देता और न उसकी पूजा को पाप ही बताता है। वह तो उसे जीवन की एक आवश्यक अवस्था जानकर उसको स्वीकार करता है। बालक ही मनुष्य का जनक है। तो क्या किसी वृद्ध पुरूष का बचपन या युवावस्था को पाप या बुरा कहना उचित होगा?

यदि कोई मनुष्य अपने दिव्य स्वरूप को मूर्ति की सहायता से अनुभव कर सकता है, तो क्या उसे पाप कहना ठीक होगा? और जब वह उस अवस्था से परे पहुँच गया, तब भी उसके लिए मूर्ति पूजा को भ्रमात्मक कहना उचित नहीं हैं। हिन्दू की दृष्टि में मनुष्य भ्रम से सत्य की ओर नहीं जा रहा है, वह तो सत्य से सत्य की ओर, निम्न श्रेणी के सत्य से उच्च श्रेणी के सत्य की ओर अग्रसर हो रहा है। हिन्दू के मतानुसार निम्न जड़-पूजावाद से लेकर सर्वोच्च अद्वैतवाद तक जितने धर्म हैं, वे सभी अपने जन्म तथा साहचर्य की अवस्था द्वारा निर्धारित होकर उस असीम के ज्ञान तथा उपलब्धि के निमित्त मानवात्मा के विविध प्रयत्न हैं। और यह प्रत्येक उन्नति की एक अवस्था को सूचित करता है। प्रत्येक जीव उस गरूड़ पक्षी के समान है जो धीरे-धीरे ऊँचा उड़ता हुआ तथा अधिकाधिक शक्तिसंपादन करता हुआ अन्त में उस भास्कर सूर्य तक पहुँच जाता है।

अनेकता में एकता प्रकृति का विधान है और हिन्दुओं ने इसे स्वीकार किया है। अन्य प्रत्येक धर्म में कुछ निर्दिष्ट मतवाद विधिबद्ध कर दिये गये हैं और सारे समाज को उन्हें मानना अनिवार्य कर दिया जाता है। वह समाज के सामने केवल एक कोट रख देता है जो जैक, जान और हेनरी, सभी को ठीक होना चाहिए। यदि जान या हेनरी के शरीर में ठीक नहीं आता, तो उसे अपना तन ढँकने के लिए बिना कोट के ही रहना होगा। हिन्दुओं ने यह जान लिया है कि निरपेक्ष ब्रह्मतत्व का साक्षात्कार, चिन्तन या वर्णन सापेक्ष के सहारे ही हो सकता है, और मूर्तियाँ, क्रूस या नवोदित चन्द्र केवल विभिन्न प्रतीक हैं, वे मानो बहुत सी खूँटियाँ हैं जिनमें धार्मिक भावनाएँ लटकायीं जाती हैं। ऐसा नहीं है कि इन प्रतीकों की आवश्यकता हर एक के लिए हो, किन्तु जिनको अपने लिए इन प्रतीकों की सहायता की आवश्यकता नहीं है, उन्हें यह कहने का अधिकार नहीं है कि वे गलत हैं। हिन्दू धर्म में वे अनिवार्य नहीं हैं।

एक बात आपको अवश्य बतला दूँ। भारतवर्ष में मूर्तिपूजा कोई जघन्य बात नहीं है। वह व्यभिचार की जननी नहीं है। वरन् वह अविकसित मन के लिए उच्च आध्यात्मिक भाव को ग्रहण करने का उपाय है। अवश्य, हिन्दूओं के बहुतेरे दोष हैं, उनके कुछ अपने अपवाद हैं, पर यह ध्यान रखिए कि उनके दोष अपने शरीर को उत्पीड़ित करने तक सीमित हैं, वे कभी अपने पड़ोसियों का गला नहीं काटने जाते। एक हिन्दू धर्मान्ध भले ही चिता पर अपने आप को जला डाले, पर वह विधर्मियों को जलाने के लिए "इन्क्विजिशन" की अग्नि कभी प्रज्वलित नहीं करेगा। और इस बात के लिए उसे उससे अधिक दोषी नहीं ठहराया जा सकता, जितना डाइनों को जलाने का दोष ईसाई धर्म पर मढ़ा जा सकता है।

अत-हिन्दुओं की दृष्टि में समस्त धर्मजगत भिन्न-भिन्न रूचिवाले स्त्री-पुरूष की, विभिन्न अवस्थाओं एवं परिस्थितियों में से होते हुए एक ही लक्ष्य की ओर यात्रा है, प्रगति है। प्रत्येक धर्म जड़भावापन्न मानव से एक ईश्वर का उद्भव कर रहा है, और ईश्वर उन सब का प्रेरक है। तो फिर इतने परस्पर विरोध क्यों हैं? हिन्दुओं का कहना है कि ये विरोध केवल आभासी हैं। उनकी उत्पत्ति सत्य के द्वारा भिन्न अवस्थाओं और प्रकृति के अनुरूप अपना समायोजन करते समय होती है। वही एक ज्योति भिन्न-भिन्न रंग के काँच में से भिन्न-भिन्न रूप से प्रकट होती हैं। समायोजन के लिए इस प्रकार की अल्प विविधता आवश्यक हैं। परन्तु प्रत्येक के अन्तःस्थल में उसी सत्य का राज है। ईश्वर ने अपने कृष्णावतार में हिन्दुओं को यह उपदेश दिया है-"प्रत्येक धर्म में मैं, मोती की माला में सूत्र की तरह पिरोया हुआ हूँ (गीता, 7.7)। जहाँ भी तुम्हें मानवसृष्टि को उन्नत बनाने वाली और पावन करने वाली अतिशय पवित्रता और असाधारण शक्ति दिखाई दे, तो जान लो कि वह मेरे तेज के अंश से ही उत्पन्न हुआ है (गीता, 10.41) " और इस शिक्षा का परिणाम क्या हुआ? सारे संसार को मेरी चुनौति है कि वह समग्र संस्कृत दर्शनशास्त्र में मुझे एक ऐसी उक्ति दिखा दे जिसमें यह बताया गया हो कि केवल हिन्दुओं का ही उद्धार होगा और दूसरों का नहीं।

व्यास कहते हैं-"हमारी जाति और सम्प्रदाय की सीमा के बाहर भी पूर्णत्व तक पहुँचे हुए मनुष्य हैं (वेदान्त सूत्र, 3.4.36)।" एक बात और है। ईश्वर में ही अपने सभी भावों को केन्द्रित करनेवाला हिन्दू अज्ञेयवादी बौद्ध और निरीश्वरवादी जैन धर्म पर कैसे श्रद्धा रख सकता है? यद्यपि बौद्ध और जैन ईश्वर पर निर्भर नहीं रहते, तथापि उनके धर्म की पूरी शक्ति प्रत्येक धर्म के महान केन्द्रित सत्य-मनुष्य में ईश्वर, के विकास की ओर उन्मुख हैं। उन्होंने पिता को भले न देखा हो, पर पुत्र को अवश्य देखा है, और जिसने पुत्र को देख लिया, उसने पिता को भी देख लिया।

भाईयों! हिन्दुओं के धार्मिक विचारों की यहीं संक्षिप्त रूपरेखा है। हो सकता है कि हिन्दू अपनी सभी योजनाओं को कार्यान्वित करने में असफल रहा हो, पर यदि कभी कोई सार्वभौमिक धर्म हो सकता है, तो वह ऐसा ही होगा, जो देश या काल से मर्यादित न हो, जो उस अनन्त भगवान के समान ही अनन्त हो, जिस भगवान के सम्बन्ध में वह उपदेश देता है, जिसकी ज्योति श्रीकृष्ण के भक्तों पर और ईसा के प्रेमियों पर, सन्तों पर और पापियों पर समान रूप से प्रकाशित होती हो, जो न तो ब्राह्मणों का हो, न बौद्धों का, न ईसाइयों का और न मुसलमानों का, वरन् इन सभी धर्मों का समष्टिस्वरूप होते हुए भी जिसमें उन्नति का अनन्त पथ खुला रहे, जो इतना व्यापक हो कि अपनी असंख्य प्रसारित बाहुओं द्वारा सृष्टि के प्रत्येक मनुष्य का प्रेमपूर्वक आलिंगन करें।...वह विश्वधर्म ऐसा होगा कि उसमें किसी के प्रति विद्वेष अथवा अत्याचार के लिए स्थान न रहेगा, वह प्रत्येक स्त्री और पुरूष के ईश्वरीय स्वरूप को स्वीकार करेगा और सम्पूर्ण बल मनुष्यमात्र को अपनी सच्ची, ईश्वरीय प्रकृति का साक्षात्कार करने के लिए सहायता देने में ही केन्द्रित रहेगा।

आप ऐसा धर्म सामने रखिए, और सारे राष्ट्र आपके अनुयायी बन जाएँगे। सम्राट अशोक की परिषद् बौद्ध परिषद् थी। अकबर की परिषद् अधिक उपयुक्त होती हुई भी केवल बैठक की ही गोष्ठी थी। किन्तु पृथ्वी के कोने-कोने में यह घोषणा करने का गौरव अमेरिका के लिए सुरक्षित था कि-प्रत्येक धर्म में ईश्वर है।

वह, जो हिन्दुओं का ब्रह्म, पारसियों का अहुर्मज्द, बौद्धों का बुद्ध, यहूदियों का जिहोवा और ईसाईयों का स्वर्गस्थ पिता है, आपको अपने उदार उद्देश्य को कार्यान्वित करने की शक्ति प्रदान करें! नक्षत्र पूर्व गगन में उदित हुआ और कभी धुँधला और कभी दैदीप्यमान होते हुए धीरे-धीरे पश्चिम की ओर यात्रा करते-करते उसने समस्त जगत की परिक्रमा कर डाली और अब फिर प्राच्य के क्षितिज में सहस्रगुणा अधिक ज्योति के साथ उदित हो रहा है।

ऐ स्वाधीनता की मातृभूमि कोलम्बिया, तू धन्य है! यह तेरा सौभाग्य है कि तूने अपने पड़ोसियों के रक्त से अपने हाथ कभी नहीं भिगोये, तूने अपने पड़ोसियों का सर्वस्व हरण कर सहज में ही धनी और सम्पन्न होने की चेष्टा नहीं की, अतएव समन्वय की ध्वजा फहराते हुए सभ्यता का अग्रणी होकर चलने का सौभाग्य तेरा ही था।

स्वामी विवेकानन्द के व्याख्यान
04.धर्म भारत की प्रधान आवश्यकता नहीं-20 सितम्बर, 1893

ईसाइयों को सत् आलोचना सुनने के लिए सदैव तैयार रहना चाहिए, और मुझे विश्वास है कि यदि मैं आप लोगों की कुछ आलोचना करूँ, तो आप बुरा न मानेंगे। आप ईसाई लोग मूर्तिपूजकों की आत्मा का उद्धार करने की निमित्त अपने धर्मप्रचारकों को भेजने के लिए उत्सुक रहते हैं। उनके शरीरों को भूख से मर जाने से बचाने के लिए कुछ क्यों नहीं करते? भारतवर्ष में जब भयानक अकाल पड़ा था, तो सहस्रों और लाखों हिन्दू क्षुधा से पीड़ित होकर मर गये, पर आप ईसाईयों ने उनके लिए कुछ नहीं किया। आप लोग सारे हिन्दुस्तान में गिरजे बनाते हैं, पर पूर्व का प्रधान अभाव धर्म नहीं हैं, उसके पास धर्म पर्याप्त है। जलते हुए हिन्दुस्तान के लाखों दुःखार्त भूखे लोग सूखे गले से रोटी के लिए चिल्ला रहे हैं। वे हमसे रोटी माँगते हैं और हम उन्हें देते हैं पत्थर! क्षुधातुरों को धर्म का उपदेश देना उनका अपमान करना है। भूखों को दर्शन सिखाना उनका अपमान करना है। भारतवर्ष में यदि कोई पुरोहित द्रव्यप्राप्ति के लिए धर्म का उपदेश करे, तो वह जाति से च्युत कर दिया जायेगा और लोग उस पर थूकेंगे। मैं यहाँ पर अपने दरिद्र भाईयों के निमित्त सहायता माँगने आया था, पर मैं यह पूरी तरह समझ गया हूँ कि मूर्तिपूजकों के लिए ईसाई धर्मालम्बियों से, और विशेषकर उन्हीं के देश में, सहायता प्राप्त करना कितना कठिन है।

स्वामी विवेकानन्द के व्याख्यान
05.बौद्ध धर्म-26 सितम्बर, 1893

मैं बौद्ध धर्मावलम्बी नहीं हूँ, जैसा कि आप लोगों ने सुना है, पर फिर भी मैं बौद्ध हूँ। यदि चीन, जापान अथवा सीलोन (श्रीलंका), उस महान तथागत के उपदेशों का अनुसरण करते हैं तो भारत वर्ष उन्हें पृथ्वी पर ईश्वर का अवतार मानकर उनकी पूजा करता है। आपने अभी-अभी सुना कि मैं बौद्ध धर्म की आलोचना करने वाला हूँ, परन्तु उससे आपको केवल इतना ही समझना चाहिए। जिनको मैं इस पृथ्वी पर ईश्वर का अवतार मानता हूँ, उनकी आलोचना! मुझसे यह सम्भव नहीं। परन्तु बुद्ध के विषय में हमारी धारणा यह है कि उनके शिष्यों ने उनकी शिक्षाओं को ठीक-ठीक नहीं समझा। हिन्दू धर्म (हिन्दू धर्म से मेरा तात्पर्य वैदिक धर्म है) और जो आजकल बौद्ध धर्म कहलाता है, उनमें आपस में वैसा ही सम्बन्ध है, जैसा यहूदी तथा ईसाई धर्मो में। ईसा मसीह यहूदी थे और शाक्य मुनि हिन्दू। यहूदियों ने ईसा को केवल अस्वीकार ही नहीं किया, उन्हें सूली पर भी चढ़ा दिया। हिन्दूओं ने शाक्य मुनि को ईश्वर के रूप में ग्रहण किया है और उनकी पूजा करते हैं। किन्तु प्रचलित बौद्ध धर्म नें तथा बुद्धदेव की शिक्षाओं में वास्तविक भेद हम हिन्दू लोग दिखलाना चाहते हैं, वह विशेषत: यह है कि शाक्य मुनि कोई नयी शिक्षा देने के लिए अवतीर्ण नहीं हुए थे। वे भी ईसा के समान धर्म की सम्पूर्ति के लिए आए थे, उसका विनाश करने नहीं। अन्तर इतना है कि ईसा को प्राचीन यहूदी नहीं समझ पाये। जिस प्रकार यहूदी प्राचीन व्यवस्थान की निष्पत्ति नहीं समझ सके, उसी प्रकार बौद्ध भी हिन्दू के सत्यों की निष्पत्ति को नहीं समझ पाये। मैं यह बात फिर दुहराना चाहता हूँ कि शाक्य मुनि ध्वंस करने नहीं आये थे वरन् वे हिन्दू धर्म की निष्पत्ति थे। उसकी तार्किक परिणति और उसके सुक्तिसंगत विकास थे।

हिन्दू धर्म के दो भाग है-कर्मकाण्ड और ज्ञानकाण्ड। ज्ञानकाण्ड का विशेष अध्ययन संन्यासी लोग करते हैं। ज्ञानकाण्ड में जातिभेद नहीं हैं। भारतवर्ष में उच्च अथवा नीच जाति के लोग संन्यासी हो सकते हैं और तब दोनों जातियाँ समान हो जाती हैं। धर्‌म में जाति भेद नहीं है। जाति तो एक सामाजिक संस्था मात्र है। शाक्य मुनि स्वयं संन्यासी थे, और यह उनकी गरिमा है कि उनका हृदय इतना विशाल था कि उन्होंने अप्राप्य वेदों से सत्यों को निकालकर उनको समस्त संसार में विकीर्ण कर दिया। इस जगत में सब से पहले वे ही ऐसे हुए, जिन्होंने धर्म प्रचार की प्रथा चलायी, इतना ही नहीं, वरन् मनुष्य को दूसरे धर्म से अपने धर्म में दीक्षित करने का विचार भी सब से पहले उन्हीं के मन में उदित हुआ।

सर्वभूतों के प्रति, और विशेषकर अज्ञानी तथा दीन जनों के प्रति अद्‌भुत सहानुभूति में ही तथागत का महान गौरव सन्निहित है। उनके कुछ शिष्य ब्राह्मण थे। बुद्ध के धर्मोपदेश के समय संस्कृत भारत की जनभाषा नहीं रह गयी थी। वह उस समय केवल पण्डितों के ग्रन्थों की ही भाषा थी। बुद्धदेव के कुछ ब्राह्मण शिष्यों ने उनके

उपदेशों का अनुवाद संस्कृत में करना चाहा था, पर बुद्धदेव उनसे सदा यही कहते-मैं दरिद्र और साधारण जनों के लिए आया हूँ, अतः जनभाषा में ही मुझे बोलने दो, और इसी कारण उनके अधिकांश उपदेश अब तक भारत की तात्कालीन लोकभाषा में पाये जाते हैं।

दर्शनशास्त्र का स्थान चाहे जो भी हो, तत्वज्ञान का स्थान चाहे जो भी हो, पर जब तक इस लोक में मृत्यु मान की वस्तु है, तब तक मानव हृदय में दुर्बलता जैसी वस्तु है। जब तक मनुष्य के अन्तःकरण से उसका दुर्बलताजनित करूण क्रन्दन बाहर निकलता है तब तक इस संसार में ईश्वर में विश्वास कायम रहेगा। जहाँ तक दर्शन की बात है, तथागत के शिष्यों ने वेदों की सनातन चट्टानों पर बहुत हाथ-पैर पटके, पर वे उसे तोड़ न सके और दूसरी ओर उन्होंने जनता के बीच से उस सनातन परमेश्वर को उठा लिया, जिसमें हर नर-नारी इतने अनुराग से आश्रय लेता है। फल यह हुआ कि बौद्ध धर्म को भारतवर्ष में स्वाभाविक मृत्यु प्राप्त करनी पड़ी और आज इस धर्म की जन्मभूमि भारत में अपने को बौद्ध कहने वाला एक भी स्त्री-पुरूष नहीं है।

किन्तु इसके साथ ही ब्राह्मण धर्म ने भी कुछ खोया, समाजसुधार का वह उत्साह, प्राणिमात्र के प्रति वह आश्चर्यजनक सहानुभूति और करूणा, तथा वह अद्‌भुत रसायन, जिसे बौद्ध धर्म ने जन-जन को प्रदान किया था एवं जिसके फलस्वरूप भारतीय समाज इतना महान हो गया कि तत्कालीन भारत के सम्बन्ध में लिखने वाले एक यूनानी इतिहासकार को यह लिखना पड़ा कि एक भी ऐसा हिन्दू नहीं दिखाई देता, जो मिथ्याभाषण करता हो, एक भी ऐसी हिन्दू नारी नहीं है जो पतिव्रता न हो। हिन्दू धर्म, बौद्ध धर्म के बिना नहीं रह सकता और न बौद्ध धर्म, हिन्दू धर्म के बिना ही। तब यह देखिए कि हमारे पारस्परिक पार्थक्य ने यह स्पष्ट रूप से प्रकट कर दिया कि बौद्ध, ब्राह्मणों के दर्शन और मस्तिष्क के बिना नहीं ठहर सकते, और न ब्राह्मण बौद्धों के विशाल हृदय के बिना। बौद्ध और ब्राह्मण के बीच यह पार्थक्य भारतवर्ष के पतन का कारण है। यही कारण है कि आज भारत में तीस करोड़ भिखमंगे निवास करते है और वह एक सहस्र वर्षों से विजेताओं का दास बना हुआ है। अत-आइए, हम ब्राह्मणों की इस अपूर्व मेधा के साथ तथागत के हृदय, महानभावता और अद्‌भुत लोकहितकारी शक्ति को मिला दें।

स्वामी विवेकानन्द के व्याख्यान

06.धन्यवाद भाषण-27 सितम्बर, 1893

विश्वधर्म महासभा एक मूर्तिमान तथ्य सिद्ध हो गई है और दयामय प्रभु ने उन लोगों की सहायता की है, तथा उनके परम निःस्वार्थ श्रम को सफलता से विभूषित किया है, जिन्होंने इसका आयोजन किया।

उन महानुभावों को मेरा धन्यवाद हैं, जिनके विशाल हृदय तथा सत्य के प्रति अनुराग ने पहले इस अद्‌भुत स्वप्न को देखा और फिर उसे कार्यरूप में परिणत किया। उन उदार भावों को मेरा धन्यवाद, जिनसे यह सभामंच आप्लावित होता रहा है। इस प्रबुद्ध श्रोतमण्डली को मेरा धन्यवाद, जिसने मुझ पर अविकल कृपा रखी है और जिसने मत-मतान्तरों के मनोमालिन्य को हल्का करने का प्रयत्न करने वाले हर विचार का सत्कार किया। इस समसुरता में कुछ बेसुरे स्वर भी बीच-बीच में सुने गये हैं। उन्हें मेरा विशेष धन्यवाद, क्योंकि उन्होंने अपने स्वरवैचित्र्य से इस समरसता को और भी मधुर बना दिया है।

धार्मिक एकता की सर्वमान्य भित्ति के विषय में बहुत कुछ कहा जा चुका है। इस समय मैं इस सम्बन्ध में अपना मत आपके समक्ष नहीं रखूँगा। किन्तु यदि यहाँ कोई यह आशा कर रहा है कि यह एकता किसी एक धर्म की विजय और बाकी धर्मों के विनाश से सिद्ध होगी, तो उनसे मेरा कहना है कि भाई तुम्हारी यह आशा असम्भव है। क्या मैं यह चाहता हूँ कि ईसाई लोग हिन्दू हो जायँ? कदापि नहीं, ईश्वर भी ऐसा न करें! क्या मेरी यह इच्छा है कि हिन्दू या बौद्ध लोग ईसाई हो जाएँ ईश्वर इस इच्छा से बचाएँ।

बीज भूमि में बो दिया गया और मिट्टी, वायु तथा जल, उसके चारों ओर रख दिये गये । तो क्या वह बीज, मिट्टी हो जाता है, अथवा वायु या जल बन जाता है? नहीं, वह तो वृक्ष ही होता है, वह अपनी वृद्धि के नियम से ही बढ़ता है। वायु, जल और मिट्टी को पचाकर, उनको उद्भित पदार्थ में परिवर्तित करके एक वृक्ष हो जाता है।

ऐसा ही धर्म के सम्बन्ध में भी है। ईसाई को हिन्दू या बौद्ध नहीं होना चाहिए, और न ही हिन्दू अथवा बौद्ध को ईसाई ही। पर हाँ, प्रत्येक को चाहिए कि वह दूसरों के सारभाग को आत्मसात् करके पुष्टिलाभ करे और अपने वैशिष्ट्य की रक्षा करते हुए अपनी निजि बुद्धि के नियम के अनुसार वृद्धि को प्राप्त हो।

इस धर्म महासभा ने जगत् के समक्ष यदि कुछ प्रदर्शित किया है तो वह यह है-उसने सिद्ध कर दिया है कि शुद्धता, पवित्रता और दयाशीलता किसी सम्प्रदाय विशेष की ऐकान्तिक सम्पत्ति नहीं है एवं प्रत्येक धर्म में श्रेष्ठ एवं अतिशय उन्नतचरित्र स्त्री-पुरूषों को जन्म दिया है। अब इन प्रत्यक्ष प्रमाणों के बावजूद भी कोई ऐसा स्वप्न देखे कि अन्यान्य सारे धर्म नष्ट हो जायेंगे और केवल उसका धर्म ही जीवित रहेगा, तो उस पर मैं अपने हृदय के अंतराल से दया करता हूँ और उससे स्पष्ट बतलाए देता हूँ कि शीघ्र ही सारे प्रतिरोधों के बावाजूद प्रत्येक धर्म की पताका पर यह लिखा रहेगा-"सहायता करों, लड़ो मत", "परभाव ग्रहण, न कि परभाव विनाश", "समन्वय और शान्ति, न कि मतभेद और कलह"।

02.विश्व धर्म संसद-सन् 1993 ई0 परिचय

1993 का संसद शिकागो के पामर हाउस होटल में आयोजित किया गया था। जिसमें पूरे विश्व से 8000 से अधिक लोगों को चर्चा के लिए बुलाया गया था जिससे यह सहमति बन सके कि कैसे विभिन्न धार्मिक परम्पराओं के साथ मिलकर विश्व के महत्वपूर्ण मुद्दों पर काम कर सकते हैं? भारत से संत श्री आशाराम बापू भाग लिए थे जो दर्शकों व श्रोताओं को मंत्रमुग्ध किया। पर्यावरण की स्थिति पर मिलेनियम संस्थान के डा0 गेराल्ड बार्नी ने भाषण दिया। वैश्विक नीति की ओर एक प्रारम्भिक घोषणा पत्र जिसे मुख्य रूप से हंस कुंग ने तैयार किया था, परिचय कराने के उपरान्त 10 दिन के चर्चा के लिए लक्ष्य दिया गया था। यह घोषणा पत्र भाग लेने वाले धार्मिक और आध्यात्मिक नेता गण के द्वारा समर्थित था। इसके अलावा 1993 संसद पर एक पुस्तक भी बनाया गया जो धर्म समुदाय के लिए एक मानक पाठ्य पुस्तक था। 14वें दलाई लामा द्वारा समापन दिवस पर मुख्य भाषण दिया गया था। ईसाई धर्म की ओर से कार्डिनल जोसेफ बर्नार्डिन भी इस संसद भाग लिये थे।

03.विश्व धर्म संसद-सन् 1999 ई0 परिचय

1999 का संसद, केप टाउन, दक्षिण अफ्रीका में सम्पन्न हुआ था जिसमें 80 से अधिक देशों के 7000 से अधिक व्यक्तियों ने भाग लिया था। संसद अन्तर्राष्ट्रीय स्तर और दक्षिण अफ्रीका में फैल रहे एड्स महामारी बीमारी में धार्मिक और आध्यात्मिक नेताओं की भूमिका पर केन्द्रित था। संसद में सैकड़ों संगोष्ठियाँ और कार्यशालाओं के साथ प्रार्थना और ध्यान भी हुई। कार्यक्रम के मुद्दों में धार्मिक, आध्यात्मिक और सांस्कृतिक पहचान, अन्तर्धार्मिक बातचीत दृष्टिकोण और विश्व के समक्ष व्यक्त महत्वपूर्ण मुद्ददों पर धर्म की भूमिका भी था। संसद धर्म, सरकार, व्यवसायिक, शिक्षा और मीडिया संस्थानों को सम्बोधित करते हुए एक दस्तावेज "ए काल टु आवर गाइडिंग इन्सटिट्यूशन" भी जारी किया जिसमें अगली सदी के भूमिकाओं पर बल दिया गया था। दुनिया के लिए 300 से अधिक अन्तर्परियोजनाओं को भी संसद में उपस्थित गण को उपहार के रूप में दिया गया जो एक प्रस्ताव और प्रतिज्ञा था।

04.विश्व धर्म संसद-सन् 2004 ई0 परिचय

2004 का संसद बर्सिलोना, स्पेन के यूनिवर्सल फोरम में मनाया गया जिसमें 8900 से अधिक व्यक्तियों ने भाग लिया जिसमें एक वैश्विक नीति घोषणा बनाया गया। पिछले 1993, 1999 के संसद और 2004 के संसद द्वारा चार अहम मुद्दों धार्मिक प्रेरित हिंसा, सुरक्षित पानी का उपयोग, विश्व के शरणार्थीयों की समस्या और विकासशील देशों में विदेशी ऋण का उन्मूलन पर ध्यान केन्द्रित किया गया। सहभागीयों से इस पर एक प्रतिबद्धता बनाने और अगले 5 से 6 वर्ष के अन्दर लागू करने के लिए कहा गया जिससे अन्तर्राष्ट्रीय समुदाय फिर एक साथ आ सकता है।

05.विश्व धर्म संसद-सन् 2009 ई0 परिचय

2009 का संसद मेलबोर्न, आस्ट्रेलिया में हुआ जो 3 दिसम्बर से 9 दिसम्बर तक चला। पिछले संसदों के अनुभव से इस संसद में 8 से 12 हजार लोगों के आने के उम्मीद के मुकाबले केवल 6000 के लगभग ही उपस्थिति हुई थी। इस संसद में आदिवासी उत्थान, वैश्विक जलवायु परिवर्तन, पर्यावरण और युवाओं की आध्यात्मिकता बातचीत के प्रमुख मुद्दों में से थी। मेलबोर्न विश्व धर्म संसद परिषद् ने यह सुझाव दिया कि धार्मिक संघर्ष और वैश्विकरण की खोज, सुमदाय और अन्त्रतसांस्कृतिक सद्भाव के हल के प्राप्ति के लिए प्रतिभागीयों को वैश्विक शान्ति और न्याय के लिए शिक्षित करना होगा। धार्मिक और आध्यात्मिक समुदायों को मजबूत बनाने के लिए स्वदेशी और आदिवासी आध्यात्म, बुतपरस्त, यहूदी, ईसाई, बहाई, जैन, मुस्लिम, बौद्ध, सिख, हिन्दू समुदाय के बीच सहयोग बढ़ाकर धार्मिक कट्टरता, आतंकवाद और घरेलू हिंसा को समाप्त किया जा सकता है।

03.संयुक्त राष्ट्र संघ द्वारा आयोजित सहस्त्राब्दि सम्मेलन-2000 ई0

1. राष्ट्राध्यक्षों का सम्मेलन

मिलेनियम शिखर सम्मेलन

मिलेनियम शिखर सम्मेलन कई विश्व नेताओं के बीच एक बैठक तीन दिनों सितम्बर 6 से 8 सितंबर 2000, न्यूयॉर्क शहर में संयुक्त राष्ट्र मुख्यालय में हुआ था। इसका उद्देश्य था-21 वीं सदी के मोड़ पर संयुक्त राष्ट्र की भूमिका पर चर्चा की। इस बैठक में दुनिया के नेताओं के संयुक्त राष्ट्र सहस्राब्दि घोषणा का अनुमोदन किया।, के रूप में यह इतिहास में दुनिया के नेताओं में से सबसे बड़ी सभा की बैठक थी। वर्ष 2000 के पांच साल बाद यह विश्व शिखर सम्मेलन 14 से 16 सितम्बर 2005 में आयोजित हुआ था।

शिखर सम्मेलन

5 सितंबर 2000 में, दुनिया भर के प्रतिनिधियों द्वारा मिलेनियम शिखर सम्मेलन के लिए संयुक्त राज्य अमेरिका के लिए यात्रा शुरू कर दिया गया था। कुल 8000 से अधिक 150 से अधिक विश्व के नेताओं और प्रतिनिधियों ने चर्चा में भाग लिया। समूह-77 भी 21 वीं सदी के मोड़ पर संयुक्त राष्ट्र में परिवर्तन की चर्चा मौजूद था।

बुधवार, 6 सितंबर 2000 में, मिलेनियम शिखर सम्मेलन कोफी अन्नान संयुक्त राष्ट्र के महासचिव द्वारा प्रारम्भ किया गया था। अमेरिकी राष्ट्रपति बिल क्लिंटन और रूसी राष्ट्रपति व्लादिमीर पुतिन ने विश्व शांति के लिए एक दलील दिया। साठ तीन अन्य वक्ताओं को पांच मिनट का समय बोलने के लिए दिया गया था। शिखर सम्मेलन की अवधि में बिल क्लिंटन ने इजरायल के प्रधानमंत्री एहुद बराक और फिलिस्तीनी नेता यासर अराफात के साथ अलग-अलग बैठकें आयोजित की।

गुरुवार, 7 सितंबर 2000 को राज्य के विभिन्न मुखिया शांति मुद्दों पर चर्चा की। वे संयुक्त राष्ट्र सुरक्षा परिषद की एक गोलमेज बैठक में इन मुद्दों पर विचार-विमर्श किया। सत्तर वक्ताओं चीनी राष्ट्रपति जियांग जेमिन, दक्षिण अफ्रीका के राष्ट्रपति थाबो मबेकी, श्रीलंका की राष्ट्रपति चंद्रिका कुमारतुंग, जापानी प्रधानमंत्री ल्वोपतव मोरी और सिएरा लियोन अहमद राष्ट्रपति सहित शिखर सम्मेलन के दौरान, इस दिन के लिए निर्धारित किया गया थे।

मिलेनियम शिखर सम्मेलन के अंतिम दिन, शुक्रवार, 8 सितंबर 2000 को दुनिया के 60 नेताओं को पांच मिनट के लिए अपने भाषण दिये। वक्ताओं में इंडोनेशियाई राष्ट्रपति वाहिद, जिम्बाब्वे के राष्ट्रपति रॉबर्ट मुगाबे, नाइजीरियाई राष्ट्रपति और भारतीय प्रधानमंत्री अटल बिहारी वाजपेयी भी शामिल थे।

यूनाइटेड किंगडम के प्रधानमंत्री टोनी ब्लेयर संयुक्त राष्ट्र शांति बलों के ओवरहाल का आग्रह किये। वह एक सैन्य कर्मचारियों के लिए निर्माण के लिए आपरेशन की निगरानी करने के लिए बुलाया। अमेरिकी राष्ट्रपति बिल क्लिंटन भी इन शांति अभियानों के महत्व पर बल दिये।

मिलेनियम घोषणा

मिलेनियम शिखर सम्मेलन के दौरान भाग लिये दुनिया भर के नेताओं द्वारा मिलेनियम घोषणा अपनाया गया था। शिखर सम्मेलन के अंत तक, मिलेनियम घोषणा के आठ अध्यायों में मसौदा तैयार किया गया। इस शिखर सम्मेलन में प्रतिनिधियों को निम्नलिखित आठ अध्यायों पर सहमति हस्ताक्षर हुए।

1. मूल्यों और सिद्धांतों

2. शांति, सुरक्षा और निरस्त्रीकरण
3. विकास और गरीबी उन्मूलन
4. हमारे आम पर्यावरण की रक्षा
5. मानवाधिकार, लोकतंत्र और सुशासन
6. संवेदनशील रक्षा
7. अफ्रीका की विशेष आवश्यकताओं की बैठक
8. संयुक्त राष्ट्र का सुदृढ़ीकरण

साभार- http://www.nytimes.com/2000/09/05/opinion/05iht-edannan.2.t.html

THE TIMES OF INDIA, NEW DELHI, SEPTEMBER'7, 2000

Let's set a new course for the world

By KOFI ANNAN

This week's summit at the United Nations is the largest gathering of national leaders the world has ever seen. And its agenda — to chart a course for humanity at the start of a new millennium — is nothing if not ambitious.

I suggested this meeting back in 1997, when I became Secretary-General of the United Nations and laid out my plans for reform. I felt that the millennium year, with its potent symbolism, would be the right moment for world leaders to come together to take stock.

Much that has happened in the last three years confirms my view that more than the calendar is changing.

The Asian financial crisis showed that the effects of economic change anywhere in the world are now felt everywhere, but not in an even or equitable way.

The protests at the World Trade Organisation meeting in Seattle last November showed that many people are unhappy about globalisation, or at least about the way it is being handled. They feel too much attention is paid to commercial interests, not enough to social, cultural or environmental ones. And several developments — including the events in Kosovo and the arrest of General Pinochet — have shown that the way a state treats its own people is no longer considered a purely internal affair.

All this convinces me that we are indeed living in a new era. Globalisation is real. It is highly beneficial to some. It is potentially beneficial to all — but only if states work together to put its benefits within reach of all their people.

Without that common effort, billions will be left in poverty and squalor, and even those who have begun to better themselves will be at the mercy of sudden economic change.

We face global challenges which oblige us to work together. If that is true in the economic and social sphere, it applies even more to the challenge of massacre and war. The instinct of human solidarity — which impels some states to come to the aid of each other's citizens, or to indict each other's former dictators — is laudable. But when such actions are taken by one or a few states on their own authority, they bring with them a danger of world anarchy.

The world will be safer as well as more just when there is an International Criminal Court to judge mass murderers whom their own national courts are unable or unwilling to try; and when people everywhere feel confident that, if they are threatened with mass destruction, the United Nations will take action. (Not always military action — that should be a last resort, for extreme cases — but effective preventive action, with diplomacy, good advice and, where appropriate, economic assistance or pressure.)

Even more obviously, we need to work together to preserve the natural resources on which the whole earth's population depends. We shall look culpably irresponsible, in our grandchildren's eyes, if we leave them a planet that is largely uninhabitable, or unable to sustain human life.

Am I suggesting that all these problems can be solved in three days, by 150 presidents and prime ministers making speeches at each other? Of course not. In fact, none of them can be solved by governments alone. States will need the help of other "actors", such as private corporations and citizens' groups, whose role in the international system is growing.

But a start on global action has to be made somewhere, and if not at the United Nations, where?

Already we are forging new partnerships with business, with philanthropic foundations and with non-profit groups on a wide range of projects — bringing medical information to developing countries via the Internet; providing communications equipment and expertise for use in emergencies; increasing vaccine coverage among the world's children; and more.

And in the last ten days, to prepare for the summit, we have brought a remarkable variety of groups to UN headquarters: Civil society organisations, presiding officers of the world's parliaments, and for the first time, religious and spiritual leaders.

The UN is the universal forum, where all the world's peoples are represented. The very fact that so many national leaders are in New York this week to consider the "role of the United Nations in the 21st century", shows that they still regard it, potentially at least, as the indispensable instrument for tackling our shared problems. But they need to adapt it to the tasks in hand. This is a working summit, not a celebration. The leaders will adopt a declaration reaffirming our share values and setting goals for the next 15 or 20 years.

A declaration by itself is of little value, I know. But a declaration containing firm pledges and precise targets, solemnly accepted by the leaders of all nations, can be of great value to the world's peoples, as a yardstick by which to judge their rulers' performance. I hope it will be seen not as a mere statement of principles, but as a plan of action. And I hope the whole world will be watching to see how it is carried out.

• *Kofi Annan, Secretary-General of the United Nations, contributed this comment to The Times of India.*

आइये विश्व के लिए एक नया मार्ग रखें

-कोफी अन्नान (भू0पू0 महासचिव,सं0रा0सं0)

इस सप्ताह संयुक्त राष्ट्र संघ के सम्मेलन में राष्ट्रीय नेताओं के व्यापक एकत्रीकरण को विश्व ने हमेशा देखा है और इसकी कार्य सूची है-नये सहस्त्राब्दि के प्रारम्भ में मानवता के लिये एक मार्ग का निर्माण। यह कुछ भी नहीं यदि हम महत्वाकांक्षी नहीं। सन् 1997 में जब मैं संयुक्त राष्ट्र का महासचिव बना था, मैंने इस सभा को सलाह दी थी, और पुनर्गठन की दबी हुई योजना को विश्व नेताओं के साथ आकर नये सहस्त्राब्दि वर्ष में सही कदम उठाना चाहिये जिसे मैने शक्तिशाली प्रतीक रुप में अनुभव किया था।

पिछले तीन वर्षों में मेरी दृष्टि को समय के बदलाव से अधिक सतुंति प्रदान कर चुका है। एशिया का आर्थिक संकट यह दर्शता है कि-आर्थिक परिवर्तन का प्रभाव जो सभी जगह है वह अब प्रत्येक जगह अनुभव किया गया लेकिन एक समान रुप से नहीं।

सीटेल में पिछले नवम्बर के विश्व व्यापार सगंठन की सभा का विरोध यह दर्शाता है कि बहुत से लोग भूमण्डलीकरण से खुश नहीं है या उस रुप से जिस रुप में इसें लिया गया है। वे व्यापारिक दृष्टि से इसे बहुत अधिक अनुभव करते है जबकि सामाजिक, सांस्कृतिक और पर्यावरण की दृष्टि से कम और बहुत से विकास-कोसोव संकट और जनरल पीनोचेट की गिरफ्तारी सहित यह प्रदर्शित कर चुका है कि एक राज्य का अपने ही व्यक्तियों पर व्यवहार, शुद्ध रुप से आन्तरिक मामलो में अधिक समय तक विचार नहीं किया।

उपरोक्त सभी मुझे आश्वस्त करता है कि हम सभी नये युग में रहें है! भूमण्डलीयकरण सत्य हैं। यह कुछ के लिये बहुत ही लाभकारी है, सभी के लिये शक्तिप्रद है लेकिन केवल राज्यों द्वारा मिलकर कार्य करते हुये इसके फायदे को सभी व्यक्तियों तक पहुंचाते है। बिना सामूहिक सहयोग के करोड़ो गरीबी और गन्दगी में रहेंगे, और इनके अलावा जो अच्छाई के लिये प्रारम्भ कर चुके हैं एकाएक आर्थिक परिवर्तन की कृपा पर रहेंगे ।

भूमण्डलीय चुनौती जो मिलकर कार्य करने के लिये विवश करता है, हम सामना कर सकेगें यदि यह आर्थिक और सामाजिक स्तर पर सत्य हो । इसको व्यवहार में लाना खूनखराबे और युद्ध से अधिक चुनौती पूर्ण है। रुचियों की घनिष्टता मनुष्य का स्वभाव है। जो कुछ राज्यों के-दूसरे के नागरिकों के लिये प्रेरक है या एक दूसरे के पूर्व शासको को दोषारोपण के लिये सराहनीय है। लेकिन इस प्रकार के क्रियाकलाप एक या कुछ राज्यों के अपने अधिकार द्वारा किये जाते है तो वे अपने साथ विश्व कुशासन के खतरे को लाते है।

विश्व और भी सुरक्षित और सामान्य होगा जब सामूहिक हत्या के लिये अन्तर्राष्ट्रीय न्यायालय होगा जहाँ राष्ट्रों के अपने न्यायालय अयोग्य और इच्छा शक्ति से युक्त नही हैं। और सभी जगह के व्यक्ति यह अनुभव करेंगे कि यदि उसे सामूहिक हत्या या डराया जाता है तो संयुक्त राष्ट्र रक्षा करेगा। (हमेशा सेना द्वारा ही नहीं यह तो विशेष स्थिति के लिये अन्तिम मार्ग है। लेकिन रोकने के प्रभावकारी उपाय, कूटनीति, अच्छा सलाह, जहाँ आवश्यक हो आर्थिक सहायता या दबाव)। अधिक स्पष्टता के साथ हमें एक साथ मिलकर प्राकृतिक संसाधनों को संरक्षित करने की आवश्यकता है जिस पर पृथ्वी की जनसंख्या निर्भर है। स्वयं को अपने युवा बच्चों की दृष्टि में दोषी-गैर जिम्मेदार देखना चाहिए यदि हम उनके एक ग्रह को अधिक अनुपयोगी या मानव जीवन के अयोग्य बनाकर छोड़ देंगे।

क्या मैं समझूं कि ये सभी समस्याएं तीन दिनों में 150 अध्यक्षों और प्रधानमंत्रीयों के एक-दूसरे से वार्ता द्वारा हल हो जायेगी? अवश्य नही! निश्चित रुप से उपरोक्त में से भी कोई सरकार द्वारा अकेले हल नही किया जा सकता। राज्यों को दूसरे "कर्ता" जैसे-प्राइवेट कार्पोरेशन और नागरिक संगठनों जिनका कार्‌य अन्तर्राष्ट्रीय प्रणाली के विकास में है, उनकी सहायता की आवश्यकता होगी।

लेकिन भूमण्डलीय क्रिया का प्रारम्भ कहीं निर्मित हो चुका है, और यदि संयुक्त राष्ट्रसंघ में नही तो कहाँ? हम विभिन्न प्रकार के प्रोजक्ट विकासशील देशों के लिये इंटरनेट के द्वारा दवा सम्बन्धित सूचना, संचार, उपकरण और विशेषज्ञों का आपातकाल के समय उपयोग, विश्व के बच्चों के लिए वैक्सिन की उपलब्धता एवं विकास, और बहुत कुछ पर आधारित नये सहयोगीयों का जाल व्यापार के साथ, परोपकारी संस्था के साथ, अलाभकारी संस्था के साथ बना रहें हैं।

सम्मेलन की तैयारी के लिए पिछले 10 दिनों में संयुक्त राष्ट्र मुख्यालय में विभिन्न प्रकार के मुख्य समुहों जैसे-नागरिक समिति, संगठन, विश्व संसद के अधिकारी गण और पहली बार धार्मिक तथा आध्यात्मिक नेताओं को लाया जा चुका है।

संयुक्त राष्ट्र संघ एक यूनिवर्सल फोरम है जहाँ विश्व के सभी व्यक्तियों का प्रतिनिधित्व होता है। बहुत ही सत्य है कि न्यूयार्क में इस सप्ताह बहुत से राष्ट्रीय नेता "संयुक्त राष्ट्र की 21 वीं शताब्दी में भूमिका" पर विचार कर रहें हैं। जो प्रदर्शित करता है कि वे इस पर सोचे हैं। जो हमारे सामूहिक समस्याओं के लिए कम से कम शक्तिदायी रुप में अतिआवश्यक यन्त्र है लेकिन इन्हें इस कार्य को हाथों पर लेना चाहिए। यह एक कार्य सम्मेलन है न कि आयोजन। नेताओं को अगले 15 या 20 वर्षो के लक्ष्य और हमारे सामूहिक महत्व के निर्धारण की पुर्नप्रतिज्ञा को अपनाना होगा।

मैं जानता हूँ स्वयं की एक घोषणा कम महत्व रखती है परन्तु दृढ़ प्रतिज्ञा युक्त एक घोषणा और यथार्थ लक्ष्य, सभी राष्ट्रों के नेताओं द्वारा निश्चित रुप से स्वीकारने योग्य, अपन सत्ताधारी की कुशलता का निर्णय के लिए एक पैमाने के रुप में विश्व के व्यक्तियों के लिए अति महत्व का हो सकता है। मै आशा करता हूँ कि इसे केवल सिद्धान्तो का वक्तव्य के रुप में नहीं बल्कि कार्य योजना के रुप में देखा जायेगा। और मैं आशा करता हूँ कि यह कैसे हुआ देखने के लिए सम्पूर्ण विश्व पीछे होगा ।

(राष्ट्रों के सहस्त्राब्दि सम्मेलन 5 से 7 सितम्बर, 2000 को न्यूयार्क में संयुक्त राष्ट्र संघ के महासचिव श्री कोफी अन्नान के उद्गार जो "द टाइम्स आफ इण्डिया", नई दिल्ली, 7 सितम्बर, 2000 को अंग्रेजी में प्रकाशित हुआ था, का हिन्दी अनुवाद)

2.धार्मिक एवं आध्यात्मिक नेताओं का सम्मेलन

धार्मिक और आध्यात्मिक नेताओं के विश्व शांति शिखर सम्मेलन के लक्ष्य के एक प्रतिबद्धता की प्रतिज्ञा के लिए इतिहास में पहली बार एक मंच है जिसके द्वारा दुनिया के सभी महान धार्मिक आस्था और परंपराओं के कई सौ श्रेष्ठ नेताओं के साथ संयुक्त राष्ट्र में विश्व शांति की उपलब्धि के लिए ठोस कार्रवाई बनाने के लिए किया गया

हैं। इस प्रतिबद्धता को विश्व शांति के लिए निर्दिष्ट कार्यों का एक घोषणा प्रतिभागियों द्वारा हस्ताक्षर लिया जा सन्निहित है।

वैश्वीकरण और नए संचार प्रौद्योगिकियों दुनिया भर के देशों की अर्थव्यवस्थाओं में शामिल होने के लिए और सम्बद्ध लोगों के बीच एक बढ़ती भावना पैदा करने के लिए है। दुनिया भर से सभी ऐसे प्रतिष्ठित धार्मिक नेताओं के लिए पहली बार विश्व शांति शिखर सम्मेलन एक ऐतिहासिक अवसर था, जो दुनिया में विभिन्न धार्मिक समुदायों, राजनीतिक और आध्यात्मिक नेतृत्व के बीच एक सहयोग के आधार पर एक नये युग के प्रारम्भ के लिए संयुक्त राष्ट्र में एकत्र हुए थे। धार्मिक नेताओं द्वारा विविध विश्वास प्रणाली के बीच कैसे एक साथ लोग शांति से रह सकते हैं, पर संबोधन भी हुआ।

अगस्त 2000 में संयुक्त राष्ट्र महासभा के द्वारा उद्‌घाटित धार्मिक और आध्यात्मिक नेताओं के मिलेनियम विश्व शांति शिखर सम्मेलन में सहयोग के नए युग प्रारम्भ के लिए उल्लेखनीय परिणामों के साथ समापन हुआ।

"दुनिया की शांति के लिए सामूहिक आवाहन में प्रमुख धार्मिक और आध्यात्मिक नेताओं की यह सभा उम्मीद करती है कि शांति के लिए संभावना को मजबूत बनाने के रूप में हम नई सहस्राब्दी में प्रवेश करेंगे"

-कोफी अन्नान महासचिव, संयुक्त राष्ट्र

1. परिणाम-विश्व शांति के लिए प्रतिबद्धता पर हस्ताक्षर
2. परिणाम-एक प्रक्रिया की शुरूआत करने के लिए धार्मिक और आध्यात्मिक नेताओं के एक विश्व परिषद फार्म
3. परिणाम-विश्व आर्थिक मंच के धार्मिक नेताओं पहल के सह-संस्थापक
4. परिणाम-संयुक्त राष्ट्र मानवाधिकार उच्चायोग के साथ एक साझेदारी
5. परिणाम-एक ग्लोबल आयोग के पवित्र स्थलों के संरक्षण के लिए स्थापना
6. परिणाम-अंतरराष्ट्रीय आपसी बातचीत के उद्‌घाटन
7. परिणाम-धार्मिक विविधता के संरक्षण पर कांग्रेस

"विश्व में एक धर्म, एक भाषा, एक वेश भूषा, एक खान पान, एक रहन-सहन पद्धति, एक शिक्षा पद्धति, एक कोर्ट, एक न्याय व्यवस्था, एक अर्थ व्यवस्था लागू की जाय"

-धार्मिक नेताओं के सहस्त्राब्दि विश्व शान्ति सम्मेलन का परिणाम
(संयुक्त राष्ट्र संघ द्वारा दि0 28-31 अगस्त 2000 को न्यूयार्क में आयोजित)

भाग-2

विश्व शान्ति का अन्तिम मार्ग

ईश्वर का मस्तिष्क, मानव का मस्तिष्क और कम्प्यूटर

एकात्मकर्मवाद और विश्व का भविष्य

विश्व का मूल मन्त्र- "जय जवान-जय किसान-जय विज्ञान-जय ज्ञान-जय कर्मज्ञान"

विश्वमानक-शून्य श्रृंखला (निर्माण का आध्यात्मिक न्यूट्रान बम)

भारत का संकट, हल, विश्वनेतृत्व की अहिंसक स्पष्ट दृश्य नीति, सर्वोच्च संकट और विवशता

गणराज्य-संघ को मार्गदर्शन

01. गणराज्यों के संघ-भारत को सत्य और अन्तिम मार्गदर्शन

02. राष्ट्रो के संघ - संयुक्त राष्ट्र संघ को सत्य और अन्तिम मार्गदर्शन

03. अवतारी संविधान से मिलकर भारतीय संविधान बनायेगा विश्व सरकार का संविधान

04. "भारत" के विश्वरूप का नाम है-"इण्डिया (INDIA)"

05. विश्व सरकार के लिए पुनः भारत द्वारा शून्य आधारित अन्तिम आविष्कार

- शून्य का प्रथम आविष्कार का परिचय
- शून्य आधारित अन्तिम आविष्कार का परिचय

ईश्वर का मस्तिष्क, मानव का मस्तिष्क और कम्प्यूटर

स्वामी विवेकानन्द जी ने कहा है-

"हमारे सम्मुख दो शब्द हैं- क्षुद्र ब्रह्माण्ड और बृहत ब्रह्माण्ड, अन्त-और बहिः। हम अनुभूति के द्वारा ही इन दोनों से सत्य लाभ करते है, आभ्यन्तर अनुभूति और बाह्य अनुभूति। अभ्यान्तर अनुभूति के द्वारा संग्रहित सत्य समूह मनोविज्ञान, दर्शन और धर्म के नाम से परिचित है, और बाह्य अनुभूति से भौतिक विज्ञान की उत्पत्ति हुई है। अब बात यह है कि जो सम्पूर्ण सत्य है उसका इन दोनों जगत की अनुभूति के साथ समन्वय होगा। क्षुद्र ब्रह्माण्ड, बृहत् ब्रह्माण्ड के सत्य को साक्षी प्रदान करेगा, उसी प्रकार बृहत् ब्रह्माण्ड भी क्षुद्र ब्रह्माण्ड के सत्य को स्वीकार करेगा। चाहे जिस विद्या में हो प्रकृत सत्य में कभी परस्पर अवरोध रह नहीं सकता, आभ्यन्तर सत्य समूह के साथ बाह्य सत्य समूह का समन्वय है।"

(धर्म विज्ञान, रामकृष्ण मिशन, पृष्ठ-10-11)

आभ्यन्तर अनुभूति से व्यक्त भारत के सर्वप्राचीन दर्शनों (बल्कि विश्व के) में से एक और वर्तमान तक अभेद्य सांख्य दर्शन में ब्रह्माण्ड विज्ञान की विस्तृत व्याख्या उपलब्ध है।

स्वामी विवेकानन्द जी के व्याख्या के अनुसार-

"प्रथमत-अव्यक्त प्रकृति (अर्थात् तीन आयाम-सत, रज, और तम), यह सर्वव्यापी बुद्धितत्व (1.महत्) में परिणत होती है, यह फिर सर्वव्यापी अंहतत्व (2.अहंकार) में और यह परिणाम प्राप्त करके फिर सर्वव्यापी इंद्रियग्राह्य भूत (3.तन्मात्रा-सूक्ष्मभूत-गंध, स्वाद, स्पर्श, दृष्टि, ध्वनि 4.इन्द्रिय ज्ञान-श्रोत, त्वचा, नेत्र, जिह्वा, घ्राण) में परिणत होता है। यही भूत समष्टि इन्द्रिय अथवा केन्द्र समूह (5.मन) और समष्टि सूक्ष्म परमाणु समूह (6.इन्द्रिय-कर्म-वाक, हस्त, पाद, उपस्थ, गुदा) में परिणत होता है। फिर इन सबके मिलने से इस स्थूल जगत प्रपंच (7.स्थूल भूत-आकाश, वायु, अग्नि, जल, पृथ्वी) की उत्पत्ति होती है। सांख्य मत के अनुसार यही सृष्टि का क्रम है और बृहत् ब्रह्माण्ड में जो है-वह व्यष्टि अथवा क्षूद्र ब्रह्माण्ड में भी अवश्य रहेगा।"

(धर्म विज्ञान, पृष्ठ-33)

"जब साम्यावस्था भंग होती है, तब ये विभिन्न शक्ति समूह विभिन्न रूपों में सम्मिलित होने लगते है और तभी यह ब्रह्माण्ड बहिर्गत होता है। और समय आता है जब वस्तुओं का उसी आदिम साम्यावस्था में फिर से लौटने का उपक्रम चलता है। (अर्थात् एक तन्त्र का अन्त) और ऐसा भी समय आता है कि सब जो कुछ भावापन्न है, उस सब का सम्पूर्ण अभाव हो जाता है। (अर्थात् सम्पूर्ण ब्रह्माण्ड का अन्त)। फिर कुछ समय पश्चात् यह अवस्था नष्ट हो जाती है तथा शक्तियों के बाहर की ओर प्रसारित होने का उपक्रम आरम्भ होता है। तथा ब्रह्माण्ड धीरे-धीरे तंरगाकार में बहिर्गत होता है। जगत् की सब गति तरंग के आकार में ही होता है-एक बार उत्थान, फिर पतन।"

(धर्म विज्ञान, पृष्ठ-13)

"प्रलय और सृष्टि अथवा क्रम संकोच और क्रम विकास (अर्थात् एक तन्त्र या सम्पूर्ण ब्रह्माण्ड का अन्त और आरम्भ) अनन्त काल से चल रहे हैं। अतएव हम जब आदि अथवा आरम्भ की बात करते है तब हम एक कल्प (अर्थात् चक्र) आरम्भ की ओर ही लक्ष्य रखते हैं।"

(धर्म विज्ञान, पृष्ठ-14)

"समग्र प्रकृति के पश्चात् निश्चित रूप से कोई ऐसी सत्ता है, जिसका आलोक उन पर पड़कर महत्, अहंज्ञान और सब नाना वस्तुओं के रूप में प्रतीत हो रहा है और इस सत्ता को कपिल (सांख्य दर्शन के व्याख्याता) पुरूष अथवा आत्मा कहते है वेदान्ती भी उसे आत्मा कहते है कपिल के मत के अनुसार पुरूष अमिश्र पदार्थ है-वह यौगिक पदार्थ नहीं है वही एक मात्र अजड़ पदार्थ और सब प्रपंच विकार की जड़ है पुरूष ही एक मात्र ज्ञाता है।"

(धर्म विज्ञान, पृष्ठ-52)

"यदि हम एक मानव का विश्लेषण कर सके तो समग्र जगत् का विश्लेषण हमने कर लिया क्योंकि वे सब एक ही नियम से निर्मित हैं अतएव यदि यह सत्य हो कि इस व्यष्टि श्रेणी के पीछे ऐसे व्यक्ति विद्यमान हैं, जो समस्त प्रकृति से अतीत हैं, जो किसी प्रकार के उपादान से निर्मित नहीं है अर्थात् पुरूष, तो यह एक ही युक्ति समष्टि ब्रह्माण्ड पर भी घटित होगी तथा उसके पश्चात् भी एक चैतन्य स्वीकार करने का प्रयोजन होगा। जो सर्वव्यापी चैतन्य प्रकृति के समग्र विकारों के पश्चात् भाग में विद्यमान है उसे वेदान्त सब का नियन्ता-ईश्वर कहता है।"

(धर्म विज्ञान, पृष्ठ-63)

इस प्रकार आभ्यन्तर अनुभूति से हम पाते है कि एक ईश्वर (आत्मा) है, जिसकी उपस्थिति में तीन आयामी प्रकृति अपने सात आयामों में मूल रूप से व्यक्त है और इसी के उल्टे क्रम से अव्यक्त होती है।

बाह्य अनुभूति से व्यक्त भौतिक विज्ञान के नवीनतम आविष्कार के आविष्कारक महान वैज्ञानिक एवम् ब्रिटिश ब्रह्माण्ड वैज्ञानिक स्टीफेन विलियम हाकिंग (जिन्हें दूसरा आईन्सटाइन कहा जाता है) के अनुसार-

"ब्लैक होल (सर्वोच्च गुरूत्वाकर्षण की ब्रह्माण्डीय अति सघन वस्तु) के पी-ब्रेन्स माडल में पी-ब्रेन स्थान के तीन आयामों और अन्य सात आयामों में चलती है जिनके बारे में हमें कुछ पता नहीं चलता। यदि हम सभी बलों के एकीकरण का एक सार्वभौम समीकरण विकसित करें तो हम ईश्वर के मश्तिष्क को जान जायेगें क्योंकि हम भविष्य के कार्य का निर्धारण कर सकेगें, और यह मनुष्य के मस्तिष्क के द्वारा सर्वोच्च अविष्कार होगी।
(प्रो0 स्टीफेन हाकिंग के भारत यात्रा पर राष्ट्रीय सहारा समाचार पत्र के 27 जनवरी "2001 को प्रकाशित "हस्तक्षेप" अंक से)" ।

भौतिक विज्ञान के वर्तमान ब्रह्माण्ड व्याख्या के अनुसार ब्लैक होल एक तन्त्र या ब्रह्माण्ड के अन्त का प्रतीक है अर्थात् वह एक तन्त्र या ब्रह्माणड के प्रारम्भ का भी प्रतीक होगा। इस प्रकार बाह्य अनुभूति से हम पाते है कि एक सिंगुलारिटी (एकलता) है तथा तीन और सात आयाम है।

उपरोक्त दोनों में एकीकरण करते हुये दर्शन शास्त्र के सार्वजनिक प्रमाणित विकास/विनाश दर्शन के अनुसार-सृष्टि में, सृष्टि का कारण मानक अर्थात् आत्मा अर्थात् ब्लैक होल से सत्व गुण युक्त मार्गदर्शक दर्शन (Guider Philosophy) से प्रारम्भ होकर स्थिति में रज गुण युक्त क्रियान्वयन दर्शन (Operating Philosophy) से होते हुये प्रलय में तम गुण युक्त विकास/विनाश दर्शन (Destroyer / Development Philosophy) को व्यक्त करता है। जिससे आदान-प्रदान (Transaction) ग्रामीण (Rural) आधुनिकता/अनुकलनता (Advancement / Adaptability) विकास (Development), शिक्षा (Education) प्राकृतिक सत्य (Natural Truth) व धर्म (Religion) या एकत्व या केन्द्र व्यक्त होता है।

एक सिंगुलारिटी (एकलता) आत्मा है तथा तीन आयाम सत्व, रज और तम है। सात आयाम आदान-प्रदान (Transaction), ग्रामीण (Rural), आधुनिकता/अनुकलनता (Advancement / Adaptability), विकास (Development)], शिक्षा (Education), प्राकृतिक सत्य (Natural Truth) व धर्म (Religion) है।

कोई भी विकास दर्शन अपने अन्दर पुराने सभी दर्शनों को समाहित कर लेता है अर्थात् उसका विनाश कर देता है और स्वयं मार्गदर्शक दर्शन का स्थान ले लेता है। अर्थात् सृष्टि-स्थिति-प्रलय फिर सृष्टि। चक्रीय रूप में ऐसा सोचने वाला ही नये परिभाषा में आस्तिक और सिर्फ सीधी रेखा में सृष्टि-स्थिति-प्रलय सोचने वाला नास्तिक कहलाता है।

दोनों अनुभूति (दर्शन और भौतिक विज्ञान) के द्वारा चक्रीय क्रिया बीज से वृक्ष के क्रम विकास तथा वृक्ष से बीज के क्रम संकुचन के रूप में हैं। दूसरें शब्दों में बीज से बीज या वृक्ष से वृक्ष चक्र है। यदि ब्लैक होल का माडल बाह्य अनुभूति का सत्य है तो निश्चित रूप से यह अभ्यान्तर अनुभूति का भी प्रमाण होना चाहिए, और यह इसलिए आश्चर्यजनक है क्योंकि यह वास्तव में एक समान है। अर्थात् आभ्यान्तर तथा बाह्य दोनों अनुभूतियों में सृष्टि और प्रलय का मूल तीन और सात आयामों के रूप में है। दोनों अनुभूतियों ब्रह्माण्ड की व्याख्या तथा उसके भविष्य को निश्चित करने मे भी सक्षम हैं अर्थात् दैनिक जीवन में उसकी कोई उपयोगिता नहीं है। लेकिन यह स्पष्ट है कि ईश्वर (आत्मा या एकलता) की उपस्थिति को जानने के लिए एक ही आयाम काफी है परन्तु उसके क्रियाकलाप या ईश्वर के मस्तिष्क को जानने के लिए अधिकतम आयामों को एक साथ जानना आवश्यक है न कि केवल एक आयाम को। इस प्रकार निश्चितता (फिक्सींग) का सार्वभौम सिद्धान्त यह है कि-"अधिकतम आयामों के ज्ञान से भविष्य का निर्धारण या अधिकतम आयामों के परिणाम के अनुसार कार्य करना"। अधिकतम आयामों को आविष्कृत करना वैज्ञानिक (भौतिक या दर्शन) का कार्य है तथा अधिकतम आयामों के परिणाम के अनुसार स्वयं के विकास के लिए कार्य करना मनुष्यों का कार्य है।

सांख्य दर्शन के अनूसार-

"एक मनुष्य अथवा कोई भी प्राणी जिस नियम से गठित है, समग्र विश्व ब्रह्माण्ड भी ठीक उसी नियम से विरचित है इसलिए हमारा जैसे एक मन है, उसी प्रकार एक विश्वमन भी है।"

(धर्म विज्ञान, पृष्ठ-25)

दोनों सत्य समूह (आभ्यन्तर और बाह्य) यदि एक समान है तब यह निश्चित है कि दैनिक जीवन के लिए उपयोगी सम्पूर्ण सत्य, मानवीय सत्य के अनुभूति के साथ समन्वय में होगा क्योंकि जिस प्रकार एक मन है उसी प्रकार एक विश्वमन है। यही सम्पूर्ण सत्य ब्रह्माण्ड तथा मनुष्य जीवन के प्रत्येक वस्तु की व्याख्या करने में सक्षम होगा क्योंकि बीज सभी शाखाओं, पत्तों, फूलों, फलों और अन्त में बीज को विकसित करने में सक्षम होता है। यदि सृष्टि और प्रलय के माडल (भौतिक विज्ञान और दर्शन) में तीन और सात आयाम हैं तब ये निश्चित है कि सम्पूर्ण सत्य के मूल माडल में भी तीन और सात आयाम होंगे। और यह आश्चर्यजनक इसलिए है कि यह ऐसा ही है। इस प्रकार यह निश्चित होता है। कि ईश्वर का मस्तिष्क तीन और सात आयामों में कार्य करता है। अर्थात् इन आयामों को एक साथ देखने पर ही ईश्वर के मस्तिष्क को वास्तविक दृष्टि अर्थात् दिव्य दृष्टि द्वारा देखा जा सकता है। और ये आयाम मनुष्य के विभिन्न रूपों सहित विश्वस्तरीय भविष्य, विश्वस्तरीय क्रियाकलाप, विश्वस्तरीय परिभाषा, विश्वस्तरीय निर्माण, विश्वस्तरीय प्रबन्ध, विश्वस्तरीय विकास, विश्वस्तरीय शिक्षा, विश्वस्तरीय मानव संसाधन इत्यादि को निश्चित (फिक्स) करने में सक्षम होगा। और यही अन्तिम सम्पूर्ण क्रान्ति तथा मानव मस्तिष्क के द्वारा मानव के लिए सर्वोच्च तथा अन्तिम आविष्कार होगा।

मानव के विकास क्रम की दिशा से देखने पर भी हम पाते है कि मनुष्य पहले कर्म करना प्रारम्भ किया और कर्म करते करते अन्तः-जगत की ओर से एकत्व ज्ञान का आविष्कार किया। यही एकत्व ज्ञान सत्य का बीज अर्थात् आत्मा या पुरूष या सिंगुलरिटी (एकलता) है। फिर बाह्य जगत से कर्म करते करते सिद्धान्तों का आविष्कार करते हुये वर्तमान में सार्वभौम सिद्धान्त अर्थात् सिद्धान्त के बीज की ओर बढ़ रहा है। और अन्ततः-उसे सार्वभौम सिद्धान्त विवशतावश चाहिए ही क्योंकि यही मनुष्य की पूर्णता अर्थात् वैश्विक मानव निर्माण का समीकरण होगा।

अभ्यान्तर अनुभूति बाह्य अनुभूति तथा मानव के विकास क्रम की दिशा के अलावा भारतीय समाज में एक ऐसा क्षेत्र और है जिसपर सर्वाधिक चिंतन व्यक्त किया जाता है। वह है-निर्गुण या निराकार तथा सगुण या साकार ब्रह्म। इस सम्बन्ध में स्वामी विवेकाननद जी कहते हैं-

"हमारे शास्त्रों मे परमात्मा के दो रूप कहे गये है।-सगुण और निगुण। सगुण ईश्वर के अर्थ में सर्वव्यापी-संसार की सृष्टि स्थिति और प्रलय के कर्ता हैं संसार के अनादि जनक तथा जननी हैं। उनके साथ हमारा नित्यभेद है। मुक्ति का अर्थ-उनके समीप और सालोक्य की प्राप्ति है। सगुण ब्रह्म के ये सब विशेषण निर्गुण ब्रह्म के सम्बन्ध में अनावश्यक और अयौक्तिक है इसलिए त्याज्य कर दिये गये। वह निर्गुण और सर्वव्यापी पुरूष ज्ञानवान् नहीं कहा जा सकता क्योंकि ज्ञान मन का धर्म है। इस निगुर्ण पुरूष के साथ हमारा क्या सम्बन्ध है? सम्बन्ध यह है कि हम उससे अभिन्न हैं-वह और हम एक हैं। हर एक मनुष्य उसी निर्गुण पुरूष का-जो सब प्राणियों का मूल कारण है, अलग अलग प्रकाश है। जब हम इस अनन्त और निर्गुण पुरुष से अपने को पृथक सोचते हैं तभी हमारे दुःख की उत्पत्ति होती है और इस अनिर्वचनीय निर्गुण सत्ता के साथ अभेद ज्ञान ही मुक्ति है। संक्षेपतः-हम अपने शास्त्रों में ईश्वर के इन्हीं दोनों "भावों" का उल्लेख देखते है। यहाँ यह कहना आवश्यक है कि निर्गुण बह्मवाद ही सब प्रकार के नीति-विज्ञानों की नींव है।"

(हिन्दु धर्म, पृष्ठ-40-41)

"जैसा कि यह स्थूल शरीर स्थूल शक्तियों का आधार है, वैसे ही सूक्ष्म शरीर सूक्ष्म शक्तियों का आधार है जिन्हें हम-विचार कहते है। यह विचार शक्ति विभिन्न रूपों में प्रकाशित होती रहती है इनमें कोई भेद नहीं है, केवल इतना ही है कि एक उसी वस्तु का स्थूल और दूसरा सूक्ष्म रूप है। इस सूक्ष्म शरीर और स्थूल शरीर में भी कोई पार्थक्य नहीं है। सूक्ष्म शरीर भी भौतिक है, केवल इतना ही कि वह अत्यन्त सूक्ष्म जड़ वस्तु है।"

(हिन्दु धर्म, पृष्ठ-107)

स्वामी विवेकानन्द जी के उपरोक्त व्याख्या से यह स्पष्ट है कि प्रत्येक मनुष्य शरीर का एक निराकार या निर्गुण रूप है जिन्हें विचार कहते है। मनुष्य का यही निराकार या निर्गुण रूप जब सत्य-सिद्धान्त होता है तब वह अवतार तथा अवतरण कहलाता है। और उसे ईश्वर के साकार या सगुण रूप में जाना जाता है। अर्थात् मनुष्य, मनुष्य जनित विचारों का साकार रूप है तो अवतार, सर्वव्यापी अजन्मा नित्य-सार्वभौम सत्य-सिद्धान्त का साकार रूप हैं। मनुष्य और अवतार के शरीर तो मानव के ही होते है परन्तु मानव, विचार के अनुसार तथा अवतार, सार्वभौम सत्य-सिद्धान्त के अनुसार कार्य करते हैं केवल यही अन्तर है। चूँकि जगत की सब गति तरंगाकार अर्थात् उत्थान और पतन के रूप में होती है इसलिए जब जगत पतन अर्थात् विचारों की अधिकता के अधीन हो जाता है तब उसे उत्थान अर्थात् सार्वभौम सत्य-सिद्धान्त की अधिकता के अधीन करते के लिए ही युगावतार का अवतरण होता है। व्यक्तिगत प्रमाणित पूर्णावतार श्री कृष्ण और उनका निराकार निर्गुण रूप-गीतोपनिषद् इसका उदाहरण है। जो सत्य का पूर्ण व्यक्त व्यक्तिगत प्रमाणित रूप है। जबकि सार्वजनिक प्रमाणित पूर्णावतार और उसका निराकार रूप सार्वभौम सत्य-सिद्धान्त का पूर्ण व्यक्त सार्वजनिक प्रताणित रूप का व्यक्त होना अगला चरण है।

इस प्रकार प्रत्येक दिशाओं-आभ्यन्तर (दर्शन), बाह्य (भौतिक विज्ञान), मानव विकास क्रम, सगुण ब्रह्म (अवतार) तथा निर्गुण बह्म (सार्वभौम सत्य-सिद्धान्त) की ओर से हम यही पाते है कि ईश्वर का मस्तिष्क सार्वभौम सिद्धान्त से युक्त तीन और सात आयामों में ही क्रियाशील है। जो अगला और अन्तिम चरण है।

स्वामी विवेकानन्द जी इसी सम्पूर्ण वास्तविक सार्वभौम सत्य-सिद्धान्त की ओर केन्द्रीत करते हुये कहे है-

"अन्त में देश-काल बद्ध ज्ञान का महामिलन उस ज्ञान से होगा जो इन दोनों से परे है, जो मन तथा इन्द्रियों के पहुँच से परे है, जो निरपेक्ष है, अद्वितीय है।"

(विज्ञान और आध्यमिकता, रामकृष्ण मिशन, पृष्ठ-36)

इस प्रकार हम यह भी पाते है कि किसी एक महापुरूष या अंशअवतार के विचार या सत्य से समाज या देश या विश्व का कल्याण असम्भव है इसके लिए सभी के समन्वयक सिद्धान्त और पूर्वावतार की आवश्यकता होगी, जिसमें सभी हो और सब में सार्वभौम सत्य-सिद्धान्त का अंश हो।

अब कल्पना करें ऐसे साकार मानव शरीर की जो सार्वभौम सत्य-सिद्धान्त सहित सभी आयामों का अविष्कारकर्ता और उससे युक्त हो, तो उसकी शक्ति क्या होगी? उसकी शक्ति प्रत्येक विषय पर विश्वस्तरीय

व्याख्या, विश्वस्तरीय साहित्य, विश्वस्तरीय योजना और उसकी स्थापना के लिए विश्वस्तरीय नीति सहित सभी आयामों एवम् उसकी अनन्त शाखाओं द्वारा एक साथ समानान्तर कार्य होगी। उसके व्यक्त करने की शैली मूल जड़ (बीज) से शाखाओं की ओर होगी तथा उसका सन्देश होगा-"तुम अपने रूप को उसमें देखों, तुम उस जड़ (बीज) अर्थात् सार्वभौम सत्य-सिद्धान्त को समझो फिर तुम्हें कुछ भी समझने की जरूरत न रहेगी, फिर तुम स्वयं समस्त शाखाओं के व्याख्याता, साहित्यकार, योजनाकार इत्यादि बन जाओगे।" वह अपने आपको किसी विशेष क्षेत्र में बद्ध नहीं करेगा क्योंकि उसके पास असीम कार्यक्षेत्र और व्यक्त होने के लिए असीम विश्वस्तरीय विषय क्षेत्र होंगे जिस पर वह सामानान्तर कार्य करेगा। उस असीम मनुष्य का विजय तो उसी दिन हो गया होगा जिस दिन वह साहित्यों व योजनाओं में व्यक्त हो गया होगा, जो मानव समाज के विभिन्न क्षेत्रों से मनुष्यों को प्राथमिकता से लाभ उठाने के लिए स्वतन्त्र होगा, जो कल्याण के सत्य अर्थ का मार्ग होगा। फलस्वरूप इन्हें आत्मसात् करने के उपरान्त ही मनुष्य अपने सत्य स्वरूप में स्थापित हो कह सकेगा-"सर्वव्यापी हम इतने असीम है कि यह समग्र ब्रह्माण्ड भी मेरा अंश मात्र है।" तब प्रत्येक मनुष्य ब्रह्माण्ड के प्रत्येक वस्तु को अपने शरीर का अंग समझ उसके प्रभावों से स्वत-स्फूर्त चेतना से युक्त रहेगा। और जब तक ऐसा नहीं होता तब तक सभी जागरण, सभी वादे, सभी आन्दोलन, स्व प्रेरणा से युक्त न हो सकेंगे और न ही कल्याण या व्यवस्था परिवर्तन या क्रान्ति या आर्थिक स्वतन्त्रता का दावा स्थापित हो सत्यार्थ हो सकेगा।

स्वामी विवेकानन्द जी ने कहा है-

"सुधारको से मैं कहूँगा कि मैं स्वयं उनसे कहीं बढ़कर सुधारक हूँ। वे लोग ईधर-उधर थोड़ा सुधार करना चाहते है-और मैं चाहता हूँ आमूल सुधार। हम लोगों का मतभेद है केवल सुधार प्रणाली में उनकी प्रणाली विनाशात्मक है और मेरी संघटनात्मक। मैं सुधार में विश्वास नहीं करता मैं विश्वास करता हूँ स्वाभाविक उन्नति में।"

(मेरी समर नीति, पृष्ठ-13)

सामान्य मानव अपने विषय क्षेत्र से मूल जड़ (बीज) की ओर देखते हैं अर्थात् वे एक आयाम (दिशा) की दृष्टि रखते हैं इसलिए उस असीम मानव को अपनी दिशा से सीमित कर देखेंगे और अपनी दिशा से साहित्यकार, दार्शनिक, राजनीतिज्ञ, धार्मिक इत्यादि विशेषण निर्धारित कर देंगे जो सत्य तो होगा परन्तु उस असीम मानव के लिए अंश मात्र होगा। ऐसे में वे अपने विषय क्षेत्र से अपूर्ण दृष्टि रखते हुये उस असीम मानव को अपने पद के लिए खतरे का अनुभव करेंगे फलस्वरूप उसी दृष्टि के कारण संघर्ष करेंगे जिसे वे अपने लिए खतरा या अनुपयोगी समझेंगे। जबकि शारीरिक स्वतन्त्रता के लिए आर्थिक, आर्थिक स्वतन्त्रता के लिए आध्यात्मिक स्वतन्त्रता का विकासोन्मुख औषधि युक्त चक्र व्यक्ति तथा देश के लिए हमेशा प्रभावी होता है।

समाज को यह सोचना होगा कि उस असीम मनुष्य को वह क्या नाम देगा? जो सार्वभौम सत्य-सिद्धान्त सहित सभी आयामों से युक्त व्याख्याता और उसका स्थापक होगा ज्ञानीयों व बुद्धिजीवियों को "कालजयी साहित्य" व "जीवन साहित्य" में अन्तर, "प्रासंगिक विचार" व "सत्य विचार" में अन्तर, "मानक जीवन" व "दर्पण जीवन" में अन्तर इत्यादि पर सोचना होगा। और वे समाचार पत्रों के संपादकगण जो यह समझते है कि उन्हें जो समझ में आये सिर्फ वही समाचार है। क्या नाम देंगे? उन्हें यह स्वीकार करना चाहिए कि वे ज्ञानी हैं परन्तु ध्यानी अर्थात् सर्वज्ञ नहीं। उन्हें यह समझना चाहिए कि आत्मज्ञ पुरूषों की दृष्टि सार्वदेशीय तथा अनात्मज्ञ पुरूषों की दृष्टि एकदेशीय होती है। दैनिक जीवन में ईश्वर के मस्तिष्क की सार्वजनिक प्रमाणित खोज का सबसे बड़ा लाभ यही होगा कि मनुष्य में सत्य दृष्टि का प्रकाश होगा अर्थात् "उपयोगिता को देखना मूल दृष्टि, एक आयाम से देखना सांसारिक दृष्टि, अनेक आयामों को एक साथ देखना दिव्य दृष्टि तथा सिर्फ विद्वता को देखना दृष्टि दोष है" में स्थापित मनुष्य होंगे तब मनुष्य अपने कल्याण के मार्ग को पहचानने में चेतना से युक्त हो सकेगा। क्योंकि अधिकतम व्यक्ति इस सार्वभौम सिद्धान्त से अनभिज्ञ है कि-"विभिन्न प्रकार के केन्द्रीयकृत कार्य के संयोग से एक परिणाम उत्पन्न होता है न कि एक कार्य से।"

मेरा सम्पूर्ण कार्य उसी असीम मानव का कार्य है तथा व्यक्त साहित्य और योजना सत्य-सिद्धान्त सहित सभी आयामों पर निश्चित है। जो मनुष्य को विश्वस्तरीय रूप में व्यक्त करने के लिए निश्चित है।

प्रो0 हाकिंग के अनुसार-"सूचना कभी भी मुफ्त में नहीं ढोई जाती, इसका एहसास हर किसी को उस वक्त होता है जब उसके घर टेलीफोन बिल आता है।"

अर्थात् किसी कार्य के प्रारम्भ में जुड़ने वाले व्यक्ति सूचना व योजना का लाभ जितना सम्मानित व सरलता से पाते हैं, ठीक उतना ही कठिनता से कार्य पूर्ण होने के बाद प्राप्त होता है क्योंकि प्रारम्भ में निःस्वार्थ बाद में स्वार्थ का स्पष्ट रूप होता है। "फिक्सींग" अर्थात् "निश्चितता" का आध्यात्मिक अर्थ सत्य चेतना अर्थात् "भूतकाल का अनुभव और भविष्य की आवश्यकता के अनुसार वर्तमान में कार्य करना है" और मेरा कार्य सार्वभौम सिद्धान्त पर आधारित "फिक्स" है। इसलिए मेरी चुनौतिपूर्ण घोषणा है-"बढ़ो समाज के कल्याण करने वालो बढ़ोगे तो हमें ही पाओंगे, न बढ़ोगे तो जनता से तुम्हारा विश्वास उठेगा और मेरा बढ़ेगा। मैं चक्रान्त हूँ किसी भी और से आओंगे मैं ही मिलूगाँ।"

मनुष्य शरीर, प्रकृति के अदृश्य एकीकृत सार्वभौम सत्य-सिद्धान्त को प्रकृति के दृश्य एकीकृत सार्वभौम सत्य-सिद्धान्त में परिवर्तित करने का माध्यम मात्र है। मनुष्य एक स्वतंत्र इकाई नहीं बल्कि एक स्वायत्तशासी शरीर (अन्तः चक्र) है जो प्रकृति (बाह्य अन्तिम चक्र) के लिए समर्पित है क्योंकि अन्ततः उसका शरीर व विचार, प्राकृतिक बल व सिद्धान्त द्वारा आसानी से हार जाता है।

मनुष्य का शरीर इसी प्रकृति के पदार्थो से निर्मित है इसलिए प्रकृति के प्रत्येक वस्तु से वह प्रभावित होता है और उसके रोग ग्रस्त होने पर सभी उपाय इसी प्रकृति के वस्तुओं में ही उपलब्ध है। प्रत्येक वस्तु में औषधि है इसलिए औषधि के आविष्कार को मैं अधिक महत्व नहीं देता। क्योंकि मैं जानता हूँ कि स्त्री हो या पुरूष सभी को सार्वभौम आत्मा से जुड़कर हृदय और बुद्धि के तल पर ही जीना चाहिए। शरीर और आवश्यकता के तल पर जीने से भोग ही होता है, समभोग नहीं। सार्वभौम आत्मा से जुड़कर हृदय और बुद्धि के तल पर जीने से शरीर की स्वस्थता और दीर्घायु भी प्राप्त होती है। प्रकृति से जितना दूर भागेंगे, उतना ही औषधि की जरूरत आयेगी। प्राकृतिक रहें -स्वस्थ रहें। हिन्दू धर्म शास्त्रों में सृष्टि के प्रारम्भ के सम्बन्ध में कहा गया है कि- "ईश्वर ने इच्छा व्यक्त की कि मैं एक हूँ, अनेक हो जाऊँ"। इस प्रकार जब वही ईश्वर सभी में है तब निश्चित रूप से जब तक सभी मानव ईश्वर नहीं हो जाते तब तक दुनिया के अन्त होने का कोई प्रश्न ही नहीं उठता और विकास क्रम चलता रहेगा। मानव, ईश्वर निर्मित उसका प्रतिरूप है। इसलिए मनुष्य का लक्ष्य "पावर और प्राफिट (शक्ति और धन लाभ)" नहीं, बल्कि मस्तिष्क का सर्वोच्च विकास है।

मेरी दृष्टि में विज्ञान ने मनुष्य जीवन में सबसे बड़ा आविष्कार "माइक्रोप्रोसेसर" का किया है। क्योंकि वह मनुष्य के मस्तिष्क का प्रतिरूप है। इस मस्तिष्क रूपी "माइक्रोप्रोसेसर" में अंग जोड़े जाते हैं जिससे वह कम्प्यूटर या रोबोट (मशीनी मनुष्य) बनता है। कम्प्यूटर भी जब रोग ग्रस्त होता है तो वह भी उन्हीं वस्तु से औषधि पाता है जिससे वह बना है। मनुष्य भी एक प्रणाली है और कम्प्यूटर भी एक प्रणाली है। जिस प्रकार मनुष्य के शरीर में अंग जोड़ देने से वह काम करना शुरू नहीं करता उसी प्रकार कम्प्यूटर में मानीटर, प्रिंटर, स्कैनर इत्यादि जोड़ देने से वह काम नहीं करता। मनुष्य शरीर में यह तन्त्रिका तन्त्र (Nurvous System) है तो कम्प्यूटर में यह चालक साफ्टवेयर (Driver Software) हैं जिसे आपने अपनी पुस्तक बिजनेस @ द स्पीड आफ थाट (Business @ the speed of thought-1999) में (Digital Nurvous System) नाम दिया है। मनुष्य जिससे चलता है वह भी साफ्टवेयर (Software) ही है जिसे विचार-सि़द्धान्त कहते हैं। साफ्टवेयर भी नहीं दिखता और विचार-सि़द्धान्त भी नहीं दिखते।

मनुष्य निर्मित हार्डवेयर "माइक्रोप्रोसेसर" युक्त कम्प्यूटर को आपरेटिंग मोड में लाने के लिए उसमें दो प्रकार के मेमोरी हैं, एक रीड ओनली मेमोरी (Read Only Memory-ROM) जिसकी उपयोगिता है केवल पढ़ने के लिए। ये "माइक्रोप्रोसेसर" निर्माता द्वारा पहले से ही "माइक्रोप्रोसेसर" में ही होता है। दूसरा रैण्डम एक्सेस मेमोरी (Random Access Memory-RAM) जिसकी उपयोगिता है कहीं से पढ़ने और लिखने के लिए। ये आपरेटिंग सिस्टम (Operating System) अर्थात परिचालन प्रणाली, साफ्टवेयर निर्माता द्वारा दिया जाता है। कम्प्यूटर जब आन किया जाता है तब पहले RAM के साफ्टवेयर के अनुसार स्वयं को तैयार करता है फिर ROM से आपरेटिंग

सिस्टम (Operating System) अर्थात परिचालन प्रणाली के अनुसार स्वयं को तैयार कर वह काम करने के लिए तैयार हो जाता है। ये आपरेटिंग सिस्टम (Operating System) कई प्रकार के हैं जिसमें अधिक प्रयोग किया जाने वाला एक आपका (Micro Soft) आपरेटिंग सिस्टम (Operating System) है जो पहले डिस्क आपरेटिंग सिस्टम (Disk Operating System) के रूप में आया फिर Windows के रूप में सामने है। इन आपरेटिंग सिस्टम (Operating System) के कई संस्करण (Version) आपकी ओर से आये। प्रत्येक बार अधिक सुविधाओं और अधिक कम्प्यूटर अंगों के जोड़ने के लिए डिजिटल तन्त्रिका तन्त्र (Digital Nurvous System) सहित कार्य को आसान बनाने की सुविधा के साथ। आपरेटिंग सिस्टम (Operating System) कई आये लेकिन जो अधिक सुविधाजनक, व्यावहारिक और अधिक कम्प्यूटरों तक पहुँच बना सकी, उसमें से एक Windows Operating System, जिसका Windows-10 संस्करण (Version) अभी तक का वर्तमान है।

ईश्वर निर्मित हार्डवेयर "मस्तिष्क" युक्त मनुष्य को आपरेटिंग मोड में लाने के लिए उसमें भी दो प्रकार के मेमोरी हैं, एक रीड ओनली मेमोरी (Read Only Memory-ROM) जिसकी उपयोगिता है केवल पढ़ने के लिए। ये "मस्तिष्क" निर्माता द्वारा पहले से ही "मस्तिष्क" में ही होता है। दूसरा रैण्डम एक्सेस मेमोरी (Random Access Memory-RAM) जिसकी उपयोगिता है कहीं से पढ़ने और लिखने के लिए। ये आपरेटिंग सिस्टम (Operating System) अर्थात परिचालन प्रणाली, विचार-सिद्धान्त निर्माता (अवतार, संत, गुरू, माता-पिता, मित्र, सहयोगी, दल, संगठन इत्यादि) द्वारा दिया जाता है। मनुष्य जब सोये से जागता है तब पहले RAM के साफ्टवेयर के अनुसार स्वयं को तैयार करता है फिर ROM से आपरेटिंग सिस्टम (Operating System) अर्थात परिचालन प्रणाली जैसा उसके मस्तिष्क में डाला गया है, के अनुसार स्वयं को तैयार कर वह काम करने के लिए तैयार हो जाता है। ये आपरेटिंग सिस्टम (Operating System) कई प्रकार के हैं जिसमें अधिक प्रयोग किया जाने वाला "पावर और प्राफिट (शक्ति और धन लाभ)" वाला विचार-सिद्धान्त है।

जिस प्रकार डिजिटल तन्त्रिका तन्त्र (Digital Nurvous System) से सभी कम्प्यूटर प्रणाली कार्यशील हैं और इन्टरनेट से कम्प्यूटर-मोबाइल जुड़े हुये हैं उसी प्रकार विचार-सिद्धान्त से सभी मनुष्य जुड़े हुए हैं। दानों ही प्रकार में बहुत से लोग इस ज्ञान से युक्त होकर संचालन कर रहें हैं या संचालित हैं और बहुत से लोग बिना ज्ञान के केवल संचालन कर रहें हैं या संचालित हैं।

जिस प्रकार कम्प्यूटर के संचालन के लिए आपरेटिंग सिस्टम के कई संस्करण (Version) आये, उसी प्रकार मनुष्य के संचालन के लिए आपरेटिंग सिस्टम के कई संस्करण (Version) आये। जिस प्रकार कम्प्यूटर के संचालन के लिए आपरेटिंग सिस्टम के कई संस्करण (Version) आने का कारण उसे अधिक पूर्ण बनाना था उसी प्रकार मनुष्य के संचालन के लिए आपरेटिंग सिस्टम के कई संस्करण (Version) आने का कारण उसे अधिक पूर्ण बनाना था। बस दोनों में अन्तर यह है कि कम्प्यूटर के संचालन के लिए नया आपरेटिंग सिस्टम संस्करण (Version) आने पर लोग अपने कम्प्यूटर को आधुनिक/अनुकूल (Advance/Adapt) करने में कोई संकोच नहीं करते वहीं मनुष्य के संचालन के लिए नया आपरेटिंग सिस्टम संस्करण (Version) आने पर लोग अपने मस्तिषक को आधुनिक/अनुकूल (Advance/Adapt) नहीं बनाते बल्कि जो जिस आपरेटिंग सिस्टम में उसके निर्माता द्वारा फँसाया गया है वो वहीं पड़ा है और वो वहीं हैं इस उम्मीद में कि वह पूरी तरह, पूरी सुविधाओं के साथ काम करेगा और उसके अनुसार परिणाम देगा।

मनुष्य को अधिक पूर्ण बनाने और संचालन के लिए अवतार द्वारा आये मुख्य आपरेटिंग सिस्टम (Avatar's Operating System- AOS) संस्करण (Version) इस प्रकार हैं-

मानव-1 (AOS: Human-1)

मुख्य-गुण सिद्धान्त - इसमें धारा के विपरीत दिशा (राधा) में गति करने का विचार-सिद्धान्त मानव मस्तिष्क में डाला गया।

मानव-2 (AOS: Human-2)

मुख्य-गुण सिद्धान्त - इसमें सहनशील, शांत, धैर्यवान, लगनशील, दोनों पक्षों के बीच मध्यस्थ की भूमिका वाला गुण (समन्वय का सिद्धान्त) का विचार-सिद्धान्त मानव मस्तिष्क में डाला गया।

मानव-3 (AOS: Human-3)

मुख्य-गुण सिद्धान्त - इसमें सूझ-बुझ, सम्पन्न, पुरूषार्थी, धीर-गम्भीर, निष्कामी, बलिष्ठ, सक्रिय, शाकाहारी, अहिंसक और समूह प्रेमी, लोगों का मनोबल बढ़ाना, उत्साहित और सक्रिय करने वाला गुण (प्रेरणा का सिद्धान्त) का विचार-सिद्धान्त मानव मस्तिष्क में डाला गया।

मानव-4 (AOS: Human-4)

मुख्य-गुण सिद्धान्त - प्रत्यक्ष रूप से एका-एक लक्ष्य को पूर्ण करने वाले (लक्ष्य के लिए त्वरित कार्यवाही का सिद्धान्त) का विचार-सिद्धान्त मानव मस्तिष्क में डाला गया।

मानव-5 (AOS: Human-5)

मुख्य-गुण सिद्धान्त - भविष्य द्रष्टा, राजा के गुण का प्रयोग करना, थोड़ी सी भूमि पर गणराज्य व्यवस्था की स्थापना व व्यवस्था को जिवित करना, उसके सुख से प्रजा को परिचित कराने वाले गुण (समाज का सिद्धान्त) का विचार-सिद्धान्त मानव मस्तिष्क में डाला गया।

मानव-6 (AOS: Human-6)

मुख्य-गुण सिद्धान्त - गणराज्य व्यवस्था को ब्रह्माण्ड में व्याप्त व्यवस्था सिद्धान्तों को आधार बनाने वाले गुण और व्यवस्था के प्रसार के लिए योग्य व्यक्ति को नियुक्त करने वाले गुण (लोकतन्त्र का सिद्धान्त और उसके प्रसार के लिए योग्य उत्तराधिकारी नियुक्त करने का सिद्धान्त) का विचार-सिद्धान्त मानव मस्तिष्क में डाला गया।

मानव-7 (AOS: Human-7)

मुख्य-गुण सिद्धान्त - आदर्श चरित्र के गुण के साथ प्रसार करने वाला गुण (व्यक्तिगत आदर्श चरित्र के आधार पर विचार प्रसार का सिद्धान्त) का विचार-सिद्धान्त मानव मस्तिष्क में डाला गया।

मानव-8 (AOS: Human-8)

मुख्य-गुण सिद्धान्त - आदर्श सामाजिक व्यक्ति चरित्र के गुण, समाज में व्याप्त अनेक मत-मतान्तर व विचारों के समन्वय और एकीकरण से सत्य-विचार के प्रेरक ज्ञान को निकालने वाले गुण (सामाजिक आदर्श व्यक्ति का सिद्धान्त और व्यक्ति से उठकर विचार आधारित व्यक्ति निर्माण का सिद्धान्त) का विचार-सिद्धान्त मानव मस्तिष्क में डाला गया।

मानव-9 (AOS: Human-9)

मुख्य-गुण सिद्धान्त - प्रजा को प्रेरित करने के लिए धर्म, संघ और बुद्धि के शरण में जाने का गुण (धर्म, संघ और बुद्धि का सिद्धान्त) का विचार-सिद्धान्त मानव मस्तिष्क में डाला गया।

मानव-10 (AOS: Human-10)

मुख्य-गुण सिद्धान्त - आदर्श मानक सामाजिक व्यक्ति चरित्र समाहित आदर्श मानक वैश्विक व्यक्ति चरित्र अर्थात सार्वजनिक प्रमाणित आदर्श मानक वैश्विक व्यक्ति चरित्र का विचार-सिद्धान्त मानव मस्तिष्क में डालने का मानव-10 (AOS: Human-10) संस्करण (Version) अभी तक का वर्तमान है और वो अन्तिम संस्करण भी है।

उपरोक्त मुख्य मूल संस्करण के उपरान्त अनेक अन्य मनुष्यों (संत, गुरू, माता-पिता, मित्र, सहयोगी, दल, संगठन इत्यादि) द्वारा मनुष्य के संचालन के लिए नया आपरेटिंग सिस्टम संस्करण आते गये और मनुष्य उससे संचालित होते गये। परन्तु उन्हें पता ही नहीं चल पा रहा कि कौन सा संस्करण उनके लिए उपयोगी है।

जैसे आपके आपरेटिंग सिस्टम (Operating System) में अनके सुविधाएँ हैं उसी प्रकार मानव-10 (AOS: Human-10) संस्करण में भी अनेक सुविधाएँ जैसे - काटना (Cut), चिपकाना (Paste), नकल बनाना (Copy), रद्द करना (Delete), सुधारना (Edit), नाम बदलना (Rename), रचना करना (Create), भेजना (Send), पढ़ना (Read), लिखना (Write), वाइरस (Virus), एण्टी-वाइरस (Anti-Virus) इत्यादि हैं।

जिस प्रकार एक रोबोट, वैसे ही रोबोट का निर्माण कर सकता है जैसा कि उसमें साफ्टवेयर डाला गया है उसी प्रकार एक मनुष्य, मनुष्य, वैसे ही मनुष्य का निर्माण कर सकता है जैसा कि उसमें साफ्टवेयर (विचार-सिद्धान्त) डाला गया है।

कुछ भी हो साफ्टवेयर में जितनी अधिक सुविधा, उतना ही वह परिणाम देने में सक्षम। सब कुछ "माइक्रोप्रोसेसर/मस्तिष्क" के साफ्टवेयर पर ही निर्भर होता है। और साफ्टवेयर उतना ही उच्च स्तर का बन सकता है जितना विचार का विस्तार होता है। जितना विचार का विस्तार होता है वह उतना ही व्यापारिक लाभ दे सकता है। जिसके जीवन्त उदाहरण आप हैं।

मनुष्य के संचालन के लिए नया आपरेटिंग सिस्टम मानव-10 (AOS: Human-10) संस्करण ही "विश्वशास्त्र"है। आपके आपरेटिंग सिस्टम साफ्टवेयर से कम्प्यूटर चलता है। मेरे आपरेटिंग सिस्टम मानव-10 (AOS: Human-10) संस्करण से मनुष्य और उसके संगठन चलेंगे। यही योजना है।

मानव-10 (AOS: Human-10) आपरेटिंग सिस्टम निम्नलिखित से युक्त है जो विश्व शान्ति का अन्तिम मार्ग भी है-

1- वैश्विक मानव निर्माण तकनीकी- WCM-TLM-SHYAM.C प्रणाली

S - SATYA (सत्य)

H- HEART (हृदय)

Y- YOG (योग)

A - ASHRAM (आश्रम)

M - MEDITATION (ध्यान)

. - DOT (बिन्दु या डाट या दशमलव या पूर्णविराम)

C - CONCIOUSNESS (चेतना)

2- आदर्श वैश्विक मानव/जन/गण/लोक/स्व/मैं/आत्मा/तन्त्र का सत्य रूप

3- विश्व मानक-शून्य (WS-0): मन की गुणवत्ता का विश्व मानक श्रृखंला

1. डब्ल्यू.एस. (WS)-0 : विचार एवम् साहित्य का विश्वमानक

2. डब्ल्यू.एस. (WS)-00 : विषय एवम् विशेषज्ञों की परिभाषा का विश्वमानक

3. डब्ल्यू.एस. (WS)-00 : ब्रह्माण्ड (सूक्ष्म एवम् स्थूल) के प्रबन्ध और क्रियाकलाप का विश्वमानक

4. डब्ल्यू.एस. (WS)-0000 : मानव (सूक्ष्म तथा स्थूल) के प्रबन्ध और क्रियाकलाप का विश्वमानक

5. डब्ल्यू.एस. (WS)-00000: उपासना और उपासना स्थल का विश्वमानक

एकात्मकर्मवाद और विश्व का भविष्य

पिछले वर्षों में भारत के लोकसभा चुनाव में विश्व के सबसे बड़े लोकतन्त्र के मतदाताओं ने ऐसी स्थिति उत्पन्न कर दी जिससे फलस्वरूप स्पष्ट जनादेश किसी भी राजनीतिक दल को प्राप्त न हो सका। राजनीतिक अस्थिारता को दूर करने के लिए कई दलों ने मिलकर सरकार का गठन किया जिससे एक नई संस्कृति की शुरूआत हुई थी और कार्यप्रणाली "न्यूनतम साझा कार्यक्रम" पर आधारित हुई थी। यह न्यूनतम साझा कार्यक्रम वही कार्यक्रम था। जो सरकार बनाने वाले दलों और समर्थन करने वाले दलों के कार्यक्रम में सामान्य था। यह न्यूनतम साझा कार्यक्रम एकात्मकर्मवाद का क्रम संकुचित अर्थात् सूक्ष्म बीज था। न्यूनतम साझा कार्यक्रम जब सम्पूर्ण मानव समाज अर्थात् विश्व स्तर तक उठकर आविष्कृत किया जा तो वह उसी एकात्मकर्मवाद के क्रम संकुचित बीज का विकसित अर्थात् सर्वोच्च स्तर होगा और वह "विश्व व्यवस्था का न्यूनतम एवम अधिकतम साझा कार्यक्रम कहलाएगा।"

जब तक व्यक्ति अपने मन को एकात्मवाद के सर्वोच्च स्तर पर केन्द्रित कर उसे सत्यार्थ करने का प्रयत्न किया तब-तब वह व्यक्ति महापुरूष के रूप में व्यक्त हुए। जबकि औषधि आधारित अर्थववेद में इस एकात्मवाद की उपयोगिता का ज्ञान पहले से ही विद्यमान है। जिसके सम्बन्ध में स्वामी विवेकानन्द जी कहते हैं-"अत: यदि भारत को महान बनाना है, तो इसके लिए आवश्यकता है संगठन की, शक्ति संग्रह की और बिखरी हुई इच्छाशक्ति को एकत्र कर उसमें समन्वय लाने की। अथर्ववेद संहिता की एक विलक्षण ऋचा याद आ गयी जिसमें कहा गया है, "तुम सब लोग एक मन हो जाओ, सब लोग एक ही विचार के बन जाओ। एक मन हो जाना ही समाज गठन का रहस्य है बस इच्छाशक्ति का संचय और उनका समन्वय कर उन्हें एकमुखी करना ही सारा रहस्य है।" (देखें "नया भारत गढ़ो" पृष्ठ संख्या-55) एकात्म भाव के सम्बन्ध में स्वामी जी कहते हैं-"यह भी न भूलना चाहिए कि हमारे बाद जो लोग आएंगे, वे उसी तरह हमारे धर्म और ईश्वर सम्बन्धी धारणा पर हँसेंगे, जिस तरह हम प्राचीन लोगों के धर्म और ईश्वर की धारणा पर हँसते हैं। यह सब होने पर भी, इन सब ईश्वर सम्बन्धित धारणाओं का संयोग करने वाला एक स्वर्ण सूत्र है और वेदान्त का उद्देश्य है-इस सूत्र की खोज करना। भागवान कृष्ण ने कहा है-""भिन्न भिन्न मणियाँ जिस प्रकार एक सूत्र में पिरोयी जा सकती हैं, उसी प्रकार इन सब विभिन्न भावों के भीतर भी एक सूत्र विद्यमान है।" (देखें "ज्ञानयोग", पृष्ठ संख्या-65) और स्वर्ण सूत्र के सम्बन्ध में स्वामी जी कहते हैं-"एक शब्द में वेदान्त का आदर्श है-मनुष्य के सच्चे स्वरूप को जानना।" (देखें "विवेकानन्द राष्ट्र को आह्वान", पृष्ठ सं0-48)। पं0 दीनदयाल उपाध्याय जी की अनुभूति भी एकात्मभाव के सर्वोच्च स्तर पर केन्द्रित थी जिसे "एकात्म मानवतावाद" के रूप में जाना जाता है।

विश्व शान्ति, एकता एवम् विकास के लिए गठित अन्तर्राष्ट्रीय संघ-संयुक्त राष्ट्र संघ के द्वारा धीरे-धीरे स्वास्थ्य, व्यापार, संचार, पर्यावरण इत्यादि को अन्तर्राष्ट्रीय स्तर पर विचार कर उसे स्थापित किया जा रहा है। जो वर्तमान समय में मनुष्य के भविष्य की आवश्यकता है। क्योंकि बढ़ते जनसंख्या के कारण प्रतयेक व्यक्ति के क्रियाकलाप का प्रभाव किसी न किसी रूप में विश्व व्यवस्था पर भी पड़ रहा है। परिणामस्वरूप यह आवश्यक हो गया है कि आने वाली सदी और उसके उपरान्त के समय के लिए "विश्व व्यवस्था का न्यूनतम एवम् अधिकतम साझा कार्यक्रम" का आविष्कार एवम् स्थापना हो। तभी मानव समाज स्वंय को लगातार विकास की ओर अग्रसर करता रह सकता है।

वर्तमान समय में भारत अपने शारीरिक स्वतन्त्रता और संविधान के पचासवें वर्ष को मना चुका है। जिसके सम्बन्ध में उस वर्ष संसद में "पचास वर्ष की उपलब्धियां एवम् आवश्यकता" पर संसद सदस्यों द्वारा विचार प्रस्तुत किये गये। हमारे सामने यह प्रश्न है कि स्वस्थ समाज और स्वस्थ लोकतन्त्र की प्राप्ति किस प्रकार हो? यह तभी सम्भव हो पाएगा, जब "विश्व व्यवस्था का न्यूनतम एवम् अधिकतम साझा कार्यक्रम को आविष्कृत कर उसे विश्व शिक्षा के रूप में स्थापित किया जाय, जिससे प्रत्येक व्यक्ति ही विश्व हो जाय।" शिक्षा के सम्बन्ध में स्वामी विवेकानन्द जी का कहना था कि "शिक्षा का मतलब यह नहीं है कि तुम्हारे दिमाग में ऐसी बहुत सी बातें इस तरह

ठूँस दी जाय जो आपस में लड़ने लगे और तुम्हारा दिमाग उन्हें जीवन भर में हजम न कर सके। जिस शिक्षा से हम अपना जीवन निर्माण कर सकें, मनुष्य बन सकें, चरित्र गठन कर सकें और विचारों का सामन्जस्य कर सकें, वही वास्तव में शिक्षा कहलाने योग्य है। यदि तुम पांच ही भावों को हजम कर तदनुसार जीवन और चरित्र गठन कर सके हो तो तुम्हारी शिक्षा उस आदमी की अपेक्षा वहुत अधिक है, जिसने एक पूरी की पूरी लाइब्रेरी ही कण्ठस्थ कर ली है।" (देखें "भारत में विवेकानन्द", पृष्ठ सं0-252)।

भूमण्डलीकरण या अन्तर्राष्ट्रीयकरण के युग में पिछले वर्षों गेट समझौता (विश्व व्यापार संगठन) द्वारा बाजार का भी अन्तर्राष्ट्रीयकरण किया गया। जिसके परिणामस्वरूप देश के मानक (भारतीय मानक ब्यूरो) से उठकर विश्व मानक (अन्तर्राष्ट्रीय मानकीकरण संगठन) में मानव द्वारा निर्मित उत्पादों का मानकीकरण होने लगा। इस प्रकार औद्योगिक इकाइयों को वाह्य विषयों के निर्माण की गुणवत्ता का आई0 एस0 ओ0-9000 श्रृंखला तेजी से प्रदान की जाने लगी। इस श्रृंखला की तेजी से सफलता एवं उत्पादों के उपयोग की मानसिकता तभी तक बनीं रह सकती है। जब समाज, संगठन एवं मानव द्वारा निर्माण किये जा रहे मानव मन की गुणवत्ता की श्रृंखला आई0 एस0 ओ0-शून्य श्रृंखला को स्थापित किया जाय अर्थात् अन्त-विषय मानव मन में स्थापित किया जाय। यह मन की गुणवत्ता का मानक या विश्वमन या आई0 एस0 ओ0-शून्य श्रृंखला ही "विश्व व्यवस्था का न्यूनतम एवं अधिकतम साझा कार्यक्रम" होगा।

प्रश्न यह है कि सेक्युलर अर्थात् धर्म निरपेक्ष या सर्वधर्मसमभाव भारतीय संविधान के समर्थन में "अथर्ववेद का एकमन","कृष्ण का एक सूत्र","वेदान्त का उद्देश्य-स्वर्ण सूत्र","स्वामी विवेकानन्द का एक शब्द एवं पाँच भाव" एवं "पं0 दीनदयाल उपाध्याय का एकात्म मानवतावाद" को किस प्रकार अविष्कृत एवं सत्यार्थ किया जाये क्योंकि ये सभी धर्मयुक्त नाम हैं। अर्थात् भारतीय संविधान के अनुसार अयोग्य है। अर्थात् इस अविष्कार का प्रत्येक नाम धर्मनिरपेक्ष एवं सर्वधर्मसमभाव नाम युक्त होना चाहिए।

लव कुश सिंह "विश्वमानव" द्वारा इस सम्बन्ध में अधिक स्पष्ट कहा गया है-"यदि तुम समग्र जगत के ज्ञान से पूर्ण होना चाहते हो तो पाँच भाव-विचार एवं साहित्य, विषय एवं विशेषज्ञ, ब्रह्माण्ड (स्थूल एवं सूक्ष्म) के प्रबन्ध और क्रियाकलाप, मानव (स्थूल एवं सूक्ष्म) के प्रबन्ध और क्रियाकलाप तथा उपासना स्थल का सामंजस्य कर एक मुखी कर लो। यही समग्र जगत का ज्ञान है, भविष्य है, रहस्य है, पूर्ण ज्ञान है, समाज गठन है, पुस्तकालय के ज्ञान से सर्वोच्च है।" विचार के सम्बन्ध में कहा गया है- "यह अद्वैत (एकत्व) ही धर्मनिरपेक्ष है, सर्वधर्मसमभाव है। वेदान्त तथा मानव का सर्वोच्च दर्शन है। जहाँ से मानव विशिष्टाद्वैत, द्वैत एवं वर्तमान में मतवाद के मानसिक गुलामी में गिरा है परन्तु मानव पुन: इसी के उल्टे क्रम से उठकर अद्वैत में स्थापित हो जायेगा। तब वह धर्म में स्थापित एवं विश्वमन से युक्त होकर पूर्ण मानव अर्थात् ईश्वरस्थ मानव को उत्पन्न करेगा।" साहित्य के सम्बन्ध में कहा गया है कि-"मानव एवं प्रकृति के प्रति निष्पक्ष, संतुलित एवं कल्याणार्थ कर्म ज्ञान के साहित्य से बढ़कर आम आदमी से जुड़ा साहित्य कभी भी आविष्कृत नहीं किया जा सकता। यही एक विषय है जिससे एकता, पूर्णता एवं रचनात्मकता एकात्म भाव से लाई जा सकती है। संस्कृति से राज्य नहीं चलता कर्मज्ञान से राज्य चलता है। संस्कृति तभी तक स्वस्थ बनी रहती है जब तक पेट में अन्न हो, व्यवस्थाएं सत्य-सिद्धान्त युक्त हों, दृष्टि पूर्ण मानव निर्माण पर केन्द्रित हो। संस्कृति कभी एकात्म नहीं हो सकती लेकिन रचनात्मक दृष्टिकोण एकात्म होता है जो कालानुसार कर्मज्ञान और कर्म है। अदृश्य काल में अनेकात्म तथा दृश्य काल में एकात्म कर्म ज्ञान अर्थात् एकात्म रचनात्मक दृष्टिकोण होता है यही कर्म आधारित भारतीय संस्कृति है जो प्रारम्भ में भी था और अन्त में पुन-स्पष्ट हो रहा है यही सभी संस्कृतियों का मूल भी है।" काल के सम्बन्ध में कहा गया है- "जब व्यष्टिमन की शान्ति अन्त: विषयों जो सिर्फ अदृश्य विषय मन द्वारा ही प्रमाणित होता है, पर केन्द्रित होती है तो उसे व्यष्टि अदृश्य काल कहते हैं तथा जब व्यष्टि मन की शान्ति दृश्य विषयों अर्थात् वाह्य विषयों, जो सार्वजनिक रुप से प्रमाणित है पर केन्द्रित होता है तो उसे व्यष्टि दृश्यकाल कहते हैं इसी प्रकार सम्पूर्ण समाज का मन जब अदृश्य विषयों पर केन्द्रित होती है तो उसे समष्टि अदृश्य काल कहते हैं तथा जब सम्पूर्ण समाज का मन जब दृश्य विषयों पर केन्द्रित होता है तो उसे समष्टि दृष्यकाल कहते हैं" कर्म ज्ञान के सम्बन्ध में कहा गया है कि-"व्यक्ति जब सम्पूर्ण समष्टि अदृश्य काल में हो तो उसे अदृश्य कर्मज्ञान के अनुसार तथा

जब सम्पूर्ण समष्टि दृश्य काल में हो तो उसे दृश्य कर्मज्ञान के अनुसार कर्म करने चाहिए तभी वह ब्रह्माण्डीय विकास के लिए धर्मयुक्त या एकता बद्ध होकर कार्य करेगा।" स्वर्ण सूत्र के सम्बन्ध में कहा गया है कि-"मानक अर्थात् आत्मा अर्थात् सत्य-धर्म-ज्ञान स्थिर रहता है लेकिन मन को इस ओर लाने वाले सूत्र भिन्न-भिन्न होंगे क्योंकि जो उत्पन्न है वह स्थिर नहीं है। अदृश्य काल में यह सूत्र अनेक होंगे लेकिन दृश्य काल के लिए हमेशा एक ही होगा क्योंकि वह सार्वजनिक प्रमाणित होगा।" स्वर्ण सूत्र के गुण के सम्बन्ध में कहा गया है कि- "अतः यदि भारत को महान बनना है, विश्वगुरु बनाना है, भारतीय संविधान को विश्व संविधान में परिवर्तित करना है तो एकात्मकर्मवाद पर आधारित दृश्य काल के लिए एक शब्द चाहिए जो परिचित हो, केवल उसकी शक्ति का परिचय कराना मात्र हो, स्वभाव से हो, स्थिर हो, समष्टि हो, दृश्य हो, सम्पूर्ण हो, विवादमुक्त हो, विश्वभाषा में हो, आध्यात्मिक एवं भौतिक कारण युक्त हो, सभी विश्वमन के तन्त्रों, व्यक्ति से संयुक्त राष्ट्र संघ के सच्चे स्वरुप एवं विश्व के न्यूनतम एवं अधिकतम साझा कार्यक्रम को प्रक्षेपित करने में सक्षम हो, मानव एवं प्रकृति के विकास में एक कड़ी के रुप में निर्माण के लिए सक्षम हो, मानव एवं प्रकृति के विकास के कल्याणार्थ, निष्पक्ष, सर्वोच्च दृश्य ज्ञान व दृश्य कर्म ज्ञान का संगम हो अदृश्य काल के विकास के सात चक्रों (पाँच अदृश्य कर्म चक्र एवं दो अदृश्य ज्ञान कर्म चक्र जो सभी सम्प्रदायों और धर्मों का मूल है) को दृश्य काल के सात चक्रों (पाँच दृश्य कर्म चक्र, एक दृश्य ज्ञान कर्म चक्र और एक अदृश्य ज्ञान कर्म चक्र) को प्रक्षेपित करने में सक्षम हो, को स्थापित करना पड़ेगा। यह भारत सहित नव विश्व निर्माण का सूत्र है, अन्तिम रास्ता है और उसका प्रस्तुतीकरण प्रथम प्रस्तुतीकरण होगा।" जिसके सम्बन्ध में स्वामी विवेकानन्द जी ने कहा था कि "हिन्दू भावों को अंग्रेजी में व्यक्त करना, फिर शुष्क दर्शन, जटिल पौराणिक कथाएँ और अनूठे आश्चर्यजनक मनोविज्ञान से ऐसे धर्म का निर्माण करना, जो सरल, सहज और लोकप्रिय हो और उसके साथ ही उन्नत मस्तिष्क वालों को संतुष्ट कर सके, इस कार्य की कठिनाइयों को वे ही समझ सकते हैं, जिन्होंने इसके लिए प्रयत्न किया हो। अद्वैत के गुढ़ सिद्धान्त में नित्य प्रति के जीवन के लिए कविता का रस और जीवनदायिनी शक्ति उत्पन्न करनी है। अत्यन्त उलझी हुई पौराणिक कथाओं में से जीवन प्रकृत चरित्रों के उदाहरण समूह निकालने हैं और बुद्धि को भ्रम में डालने वाली योगविद्या से अत्यन्त वैज्ञानिक और क्रियात्मक मनोविज्ञान का विकास करना है और इन सब को एक ऐसे रुप में लाना पड़ेगा कि बच्चा-बच्चा इसे समझ सके। (पत्रावली, पृष्ठ-425)"। वर्तमान समय में विवादास्पद शब्द "सेक्युलर" को स्पष्ट करते हुए लव कुश सिंह "विश्वमानव" द्वारा कहा गया है कि-"जब सभी सम्प्रदायों को धर्म मानकर हम एकत्व की खोज करते हैं तब दो भाव उत्पन्न होते हैं। पहला-यह कि सभी धर्मों को समान दृष्टि से देखें तब उस एकत्व का नाम सर्वधर्मसमभाव होता है। दूसरा-यह कि सभी धर्मों को छोड़कर उस एकत्व को देखें तब उसका नाम धर्मनिरपेक्ष होता है। जब सभी सम्प्रदायों को सम्प्रदाय की दृष्टि से देखते हैं तब एक ही भाव उत्पन्न होता है और उस एकत्व का नाम धर्म होता है। इन सभी भावों में हम सभी उस एकत्व के ही विभिन्न नामों के कारण विवाद करते हैं अर्थात् सर्वधर्मसमभाव, धर्मनिरपेक्ष एवं धर्म विभिन्न मार्गों से भिन्न-भिन्न नाम के द्वारा उसी एकत्व की अभिव्यक्ति है। दूसरे रुप में हम सभी सामान्य अवस्था में दो विषयों पर नहीं सोचते, पहला-वह जिसे हम जानते नहीं, दूसरा-वह जिसे हम पूर्ण रुप से जान जाते हैं। यदि हम नहीं जानते तो उसे धर्मनिरपेक्ष या सर्वधर्मसमभाव कहते हैं जब जान जाते हैं तो धर्म कहते हैं। इस प्रकार आई0 एस0 ओ0-शून्य श्रृंखला उसी एकत्व का धर्मनिरपेक्ष एवं सर्वधर्मसमभाव नाम तथा कर्मवेद-प्रथम, अन्तिम तथा पंचमवेदीय श्रृंखला उसी एकत्व का धर्मयुक्त नाम है तथा इन समस्त कार्यों को सम्पादित करने के लिए जिस शरीर का प्रयोग किया जा रहा है उसका धर्मयुक्त नाम-लव कुश सिंह है तथा धर्मनिरपेक्ष एवं सर्वधर्मसमभाव सहित मन स्तर का नाम विश्वमानव है जब कि मैं (आत्मा) इन सभी नामों से मुक्त है।"

विचार प्रसार एवं विचार स्थापना के लिए कहा गया है कि-"विचार प्रसार एवं विचार स्थापना में एक मुख्य अन्तर है। विचार प्रसार, विचाराधीन होता है। वह सत्य हो भी सकता है और नहीं भी हो सकता परन्तु विचार स्थापना सत्य होता है। विचार स्थापना में नीति प्रयोग की जाती है जिससे उसका प्रभाव सत्य के पक्ष में बढ़ता रहता है और यह विचार स्थापक एवं समाज पर निर्भर करता है जबकि विचार प्रसार में किसी नीति का प्रयोग नहीं होता है जिससे उसका प्रभाव पक्ष पर एवं विपक्ष दोनों ओर हो सकता है और वह सिर्फ समाज के उपर निर्भर करता है।"

इस प्रकार एकात्मकर्मवाद सत्य अर्थों में प्राच्य एवं पाश्चात्य, समाज एवं राज्य, धर्म, धर्मनिरपेक्ष एवं सर्वधर्मसमभाव की एकता के साथ स्वस्थ लोकतन्त्र, स्वस्थ समाज, स्वस्थ उद्योग, नैतिक उत्थान, विश्व व्यवस्था, विश्वएकता, विश्व शान्ति, विश्व विकास, विश्व के भविष्य और उसके नवनिर्माण का प्रथम माडल है जो वर्तमान समाज की आवश्यकता ही नहीं अन्तिम मार्ग है।

विश्व का मूल मन्त्र-
"जय जवान-जय किसान-जय विज्ञान-जय ज्ञान-जय कर्मज्ञान"

प्रगतिशील मानव समाज में मानव का विकास जैसे-जैसे होता गया उसके परिणामस्वरूप विभिन्न सामाजिक-असामाजिक विषय क्षेत्रों का भी विकास होता गया। समाज में प्रत्येक विषय क्षेत्रों की एक महत्वपूर्ण भूमिका है। जिसमें किसी भी क्षेत्र को पूर्ण रूप में महत्वहीन नहीं कह सकते न ही पूर्ण रूप से महत्वपूर्ण कह सकते है। क्योंकि क्षेत्र कोई भी हो मानव की अपनी दृष्टि ही उसके उपयोग और दुरूपयोग से उस क्षेत्र को महत्वहीन, महत्वपूर्ण या सामाजिक-असामाजिक रूप में निर्धारण करती है। इसलिए मानव की दृष्टि जब तक विषय क्षेत्र के गुण, अर्थ, उपयोगिता और दुरूपयोगिता के ज्ञान पर केन्द्रीत नहीं होगी तब तक किसी भी क्षेत्र को निश्चित रूप से पूर्ण-महत्वपूर्ण निर्धारण कर पाना असम्भव है। यहाँ यह कहा जा रहा है कि वाह्य विषय क्षेत्र चाहे कोई भी हो वह मूलतः मानव द्वारा ही संचालित, आविष्कृत, नियमित और स्थापित की जाती है। इसलिए मानव का ज्ञान और कर्मज्ञान ही प्रत्येक विषय क्षेत्र की उपयोगिता और दुरूपयोगिता का निर्धारण करता है।

प्रत्येक विषय का विकास सतत होता रहता है। आज हम जो कुछ भी उत्पाद व्यावहार में देखते है वह और यहाँ तक कि मानव का निर्माण भी एक लम्बे प्रक्रिया, सुधार, परीक्षण, रखरखाव इत्यादि का ही परिणाम है। सतत विकास के परिणामस्वरूप ही वह अपनी पूर्णता और अन्तिम स्वरूप को प्राप्त होता है। भारत के विकास का मूल मन्त्र भी विकास की प्रक्रिया को पार करते हुऐ अपने पूर्ण और अन्तिम स्वरूप में व्यक्त हो चुका है। भारत के पूर्ण मूलमन्त्र के स्वरूप का बीज भूतपूर्व प्रधानमन्त्री स्व0 लाल बहादुर शास्त्री ने "जय जवान-जय किसान" का नारा देकर किये। यह बीज समयानुसार भारत की मूल आवश्यकता थी, जो आज भी है और आगे भी रहेगी। यहाँ से भारत के मूलमन्त्र के स्वरूप का विकास प्रारम्भ होता है। मई 1998 में परमाणु बम परीक्षण के उपरान्त प्रधानमंन्त्री श्री अटल बिहारी बाजपेयी ने इस मूलमंन्त्र के स्वरूप के विकास क्रम में "जय विज्ञान" जोड़कर मूलमन्त्र के स्वरूप को "जय जवान-जय किसान-जय विज्ञान" के रूप में प्रस्तुत किये। जो समयानुसार आज की आवश्यकता है। जो आगे भी रहेगी।

"जय जवान-जय किसान-जय विज्ञान" तक ही भारत के मूलमन्त्र का पूर्ण विकसित अर्थात् अन्तिम स्वरूप नहीं है क्योंकि जवान-किसान-विज्ञान तीनों स्थान पर मानव ही बैठा है इसलिए मूलमन्त्र के स्वरूप में जब तक मानव के निर्माण का सूत्र नहीं होगा तब तक मूलमन्त्र का स्वरूप भी पूर्ण नहीं हो सकता। इसी कमी को पूर्ण कर पूर्णता प्रदान करने के लिए "विश्व-बन्धुत्व","वसुधैव-कुटुम्बकम्", "बहुजन हिताय-बहुजन सुखाय","एकात्म मानवतावाद" की स्थापना के लिए एकात्मकर्मवाद आधारित सार्वभौम सत्य-सिद्धान्त (धर्मयुक्त नाम-कर्मवेद-प्रथम, अन्तिम तथा पंचमवेदीय श्रृंखला अर्थात् धर्मनिरपेक्ष-सर्वधर्मसम्भाव नाम-विश्वमानक-शून्य श्रृंखला-मन की गुणवता का विश्व मानक) का आविष्कार कर "जय ज्ञान-जय कर्मज्ञान" को जोड़कर भारत के मूलमन्त्र को पूर्ण और अन्तिम स्वरूप-"जय जवान-जय किसान-जय विज्ञान-जय ज्ञान-जय कर्मज्ञान" को व्यक्त किया गया है। जो समयानुसार आज की आवश्यकता है जो आगे भी रहेगी। चूँकि भारत का सर्वोच्च और अन्तिम व्यापक रूप ही विश्व है। अर्थात् भारत ही विश्व है और विश्व ही भारत है। इसलिए यह मूलमन्त्र भारत का ही नहीं सम्पूर्ण विश्व का अन्तिम मूलमन्त्र है।

"ज्ञान" जिससे हम अपने विचारों को एकता-समभाव-बन्धुत्व-धैर्य रूप में प्रस्तुत करने में सक्षम होते हैं। जैसा कि मई 1998 में भारत ने परमाणु बम परीक्षण के उपरान्त उठे विश्वव्यापी विवाद को समाप्त करने के लिए "ज्ञान" का प्रयोग कर अपने विचारों की समभाव रूप में विश्व में समक्ष रखने में सफल हुआ। "कर्मज्ञान" जिससे हम समभाव में स्थित हो कर्म करते है। अर्थात् ईश्वरत्व भाव से उपलब्ध संसाधनों पर आधारित हो कर्म करते हैं। "ज्ञान" से हम सिर्फ एकता-समभाव-बन्धुत्व-धैर्य की भाषा बोल सकते हैं जबकि "कर्मज्ञान" से कार्य करते हुए एकता-समभाव-बन्धुत्व-धैर्य की भाषा बोल सकते है। "ज्ञान" यथावत् स्थिति बनाये रखते हुए शान्ति का प्रतीक है।

तो "कर्मज्ञान" विकास करते हुये शान्ति बनाये रखने का प्रतीक है। ज्ञानावस्था में कर्म प्राकृतिक चेतना अर्थात् शुद्धरूप से वर्तमान स्थिति में प्राथमिकता से कर्म करना, के अन्तर्गत होता है जबकि कर्मज्ञानावस्था में कर्म प्राकृतिक चेतना समाहित सत्य चेतना अर्थात् भूतकाल का अनुभव, भविष्य की आवश्यकता के साथ प्राथमिकता के साथ वर्तमान में कार्य करना, के अन्तर्गत होता है। वर्तमान और भविष्य की आवश्यकताओं को देखते हुऐ मात्र "ज्ञान" से ही अब विकास सम्भव नहीं है। क्योंकि यह अवस्था "नीतिविहीन" अवस्था है। अब "नीतियुक्त" अवस्था कर्मज्ञानावस्था की आवश्यकता है। जिसके अभाव के कारण ही संसाधनों के होते हुये भी बेरोजगारी, अपराधों का विकास, विखण्डन इत्यादि विनाशक स्थिति उत्पन्न हो रही है। इस कर्मज्ञान का आविष्कार सम्पूर्ण विश्व के मानवजाति के लिए महानतम उपलब्धि हैं।

विश्वमानक-शून्य श्रृंखला (निर्माण का आध्यात्मिक न्यूट्रान बम)

जैसे-जैसे मानव जाति का सम्राज्य इस पृथ्वी पर बढ़ता जा रहा है वैसे-वैसे ही वह विभिन्न समस्याओं से भी घिरता जा रहा है। समस्यायें भी विभिन्न प्रकार की है जिन्हें मूलत-दो भागों में बाँटा जा सकता है या यूँ कहें कि इन दो समस्याओं से अलग कोई और समस्या है ही नहीं। प्रथम व्यष्टी या व्यक्तिगत समस्या तथा द्वितीय समष्टि या सामाजिक या सार्वजनिक या संयुक्त समस्या। प्रथम प्रकार की समस्या का मूल कारण स्वयं व्यक्ति या और द्वितीय प्रकार की समस्या होती है जबकि द्वितीय प्रकार की समस्या का मूल कारण व्यक्ति ही होता है क्योंकि समष्टि नाम का कोई व्यक्ति नहीं होता। वह व्यक्ति का समूह ही होता है अर्थात् व्यक्ति ही समष्टि समस्या को जन्म देता है। उसके उपरान्त ही समष्टि समस्या, के रूप में पुन-व्यक्ति को प्रभावित करती है।

उपरोक्त दोनों समस्याओं के समाधान के लिए दो रास्ते हैं प्रथम व्यक्ति को सत्य से जोड़ा जाय तब समष्टि स्वत-सत्य से जुड़ जायेगा। दूसरा यह है कि समष्टि को सत्य से जोड़ा जाय तो व्यक्ति स्वंय सत्य से जुड़ जायेगा। यहाँ आवश्यक है कि सत्य और विचार अर्थात् दर्शन को स्पष्ट रूप से समझ लिया जाय। विचार कई हो सकते हैं सत्य एक होता है। विचार व्यक्ति होता है सत्य समष्टि होता है। विचार को कार्य में बदलने के बाद सत्य का जन्म होता है। विचार छोटा चक्र है, सत्य एक बड़ा, सर्वोच्च और अन्तिम चक्र है। विचारों का अन्त, सत्य है। विचार व्यक्तिगत सत्य है जबकि सत्य सार्वजनिक सत्य है। अर्थात् सम्पूर्ण या विश्व या अन्तर्राष्ट्रीय अर्थात् समष्टि मानक है। और जो मानक है वह विचार या व्यक्तिगत विचार कभी भी नहीं हो सकता। सार्वजनिक सत्य, विचारों को प्रतिबद्ध करने वाली लोकतन्त्र प्रणाली की चरम विकसित अवस्था है। इसलिए स्वस्थ लोकतन्त्र की प्राप्ति के लिए प्रथम तथा सार्वजनिक सत्य, व्यक्त करना पड़ेगा फिर व्यवस्थाओं को उसके अनुसार स्थापित करना पड़ेगा। विचार को देश-काल-बद्ध है जबकि सत्य देश-काल मुक्त है।

व्यष्टि हो या समष्टि दोनों को कर्म करना पड़ता है। कर्म की प्रणाली भी दो ही प्रकार की होती है। प्रथम-पहले कर्म फिर ज्ञान, द्वितीय-पहले ज्ञान फिर कर्म। प्रथम कार्य प्रणाली में समस्यायें अधिक उत्पन्न होती है। द्वितीय प्रकार के कार्यप्रणाली में समस्यायें कम उत्पन्न होती हैं। वर्तमान लोकतन्त्र प्रणाली में कर्म पहले हो रहा है ज्ञान बाद में प्राप्त हो रहा है इसलिए ही नियम कानून तो बनते हैं परन्तु उनका दूरगामी प्रभाव शून्य ही प्राप्त होता है। अभी तक यह स्पष्ट किया जा रहा था कि सत्य और विचार क्या है? और कार्य प्रणाली के मार्ग क्या है?

अब हम पुन: समस्याओं के समाधान के रास्तों पर आते हैं। समस्यायें कभी भी पूर्णत: समाप्त नहीं होती सिर्फ उनको कम करने का प्रयास होता है। मानव सदा से अपने कर्मों का अधिकतम उपयोग और परिणाम प्राप्त करने का प्रयत्न किया है। जिसके परिणामस्वरूप वर्तमान का व्यक्त रूप है। समस्याओं के समाधान के रास्तों में प्रथम रास्ता कठिन और वर्तमान समय में प्रभावहीन है क्योंकि व्यक्ति को सत्य से जोड़ने के दो मार्ग हैं। प्रथम व्यक्ति ही व्यक्ति को सत्य से जोड़े । ऐसे में व्यक्ति के जन्म दर और व्यक्ति को सत्य से जोड़ने वालों की जन्म दर में इतना अधिक अन्तर है कि उसकी स्थिति साइकिल सवार द्वारा राजधानी एक्सप्रेस को पीछे छोड़ने का प्रयत्न है। और सत्य ज्ञान का भी अभाव है। जिसके परिणामस्वरूप विभिन्न जन जागरण कार्यक्रम भी असफलता को प्राप्त कर अनुपयोगी प्रतीत हो रहे है। द्वितीय-समष्टि ही व्यक्ति को सत्य से जोड़े। दूसरे रूप में समस्याओं के समाधान के रास्तों में यही द्वितीय मार्ग ही अर्थात् समष्टि को सत्य से जोड़ने का रास्ता है जिससे व्यक्ति को सत्य से जोड़ने का कार्य भी पूर्ण हो जाता है। यह मार्ग प्रभावकारी, आसान और अन्तिम इसलिए है कि शिक्षा का विकास जिस तेजी से हो रहा है और प्रत्येक के लिए शिक्षा आवश्यक बनती जा रही है उसी तेजी से इस माध्यम से व्यक्ति का जन्म के साथ सीधा सम्बन्ध भी है। इस माध्यम से सत्य शिक्षा द्वारा व्यक्ति को सत्य से जोड़ने की गति भी जन्म दर के समान होगी। मात्र यही मार्ग, स्वस्थ लोकतन्त्र, स्वस्थ समाज, नैतिक उत्थान, विश्व शान्ति, एकता, विश्व स्थिरता, विश्व विकास सहित शक्ति का विश्व विकास के प्रति उपयोगिता का अन्तिम मार्ग है।

सम्पूर्ण ब्रह्माण्ड को प्रभावित करने वाली तीन शक्तियाँ या चक्र या मार्ग है। प्रथम-सर्वोच्च और अन्तिम-प्राकृतिक या आत्मीय या सत्य-धर्म-ज्ञान चक्र, द्वितीय-व्यष्टि चक्र, तृतीय-समष्टि चक्र। प्रथम चक्र को ही एकता चक्र कहते हैं जिसका प्राच्य, पाश्चात्य, राज्य, समाज, धर्म, धर्मनिरपेक्ष, सर्वधमसमभाव, सम्प्रदाय इत्यादि के सर्मथकों में कोई भी इसे अस्वीकार नहीं कर सकता अन्यथा वह बह्माण्ड विरोधी सिद्ध हो जायेगा। द्वितीय एवम् तृतीय चक्र विज्ञान आधारित चक्र है। द्वितीय चक्र-व्यष्टि चक्र की सर्वोच्च, प्रथम एवम् अन्तिम स्थिति व्यक्तिगत प्रमाणित अदृश्य विज्ञान-आध्यात्म विज्ञान आधारित है। जिसके अन्तर्गत विभिन्न मत, दर्शन, विचार समाहित है। और आधारित विभिन्न सम्प्रदाय, दल, संगठन इत्यादि संचालित हो रहे हैं। यही व्यष्टि धर्म भी है। इस चक्र की उपयोगिता मात्र व्यष्टि मन को सन्तुलन, स्थिरता और शान्ति प्रदान करता है। चूंकि यह व्यक्तिगत प्रमाणित होता है इसलिए इनके विभिन्न छोटे छोटे चक्रों के समर्थकों में विवाद भी होते हैं। तृतीय चक्र-समष्टि चक्र की सर्वोच्च, प्रथम एवम् अन्तिम स्थिति सार्वजनिक प्रमाणित दृश्य विज्ञान-पदार्थ विज्ञान आधारित है जिसके अन्तर्गत पदार्थिक सत्य समाहित है। और आधारित भौतिक समाज संचालित हो रहें हैं। इस चक्र की उपयोगिता मात्र व्यष्टि एवम् समष्टि को संसाधन उपलब्ध कराना हैं और बाह्य केन्द्रित व्यष्टि मन को शान्ति, स्थिरता और सन्तुलन प्रदान करना है। चूंकि यह सार्वजनिक प्रमाणित होता है इसलिए इसमें विवाद का कोई भी रास्ता नहीं है। व्यक्तिगत प्रमाणित अदृश्य विज्ञान-आध्यात्म विज्ञान का दृश्य रूप-सार्वजनिक प्रमाणित दृश्य विज्ञान-पदार्थ विज्ञान अर्थात् व्यक्तिगत प्रमाणित अदृश्य पदार्थ विज्ञान का सार्वजनिक प्रमाणित दृश्य आध्यात्म विज्ञान, विज्ञान की दो अदृश्य एवम् दृश्य अवस्था है। प्रथम चक्र सत्य-धर्म-ज्ञान चक्र की उपयोगिता दोनों दिशाहीन चक्रो-व्यष्टि एवम् समष्टि चक्रों को एकता की दिशा में बांधे रखना है। दूसरे रूप में समष्टि चक्र, प्रथम चक्र से मिलकर समष्टि धर्म को उत्पन्न करता है।

चूँकि कालानुसार कर्मज्ञान की उपलब्धता नहीं थी इसलिए वर्तमान समय में तीनों शक्तियों की प्रथम, सर्वोच्च और अन्तिम स्थिति अपने निम्नतम स्थिति व्यक्ति शरीर में स्थापित हो चुकी है। प्रथम चक्र-व्यक्ति शरीर के बाह्य आडम्बरों, द्वितीय चक्र-शारीरिक शक्ति तथा तृतीय चक्र व्यक्ति समूह की शक्ति अर्थात् लोकतन्त्र के रूप में स्थापित हो चुकी है। लोकतन्त्र सार्वजनिक सत्य का समर्थकों का समूह है परन्तु यह आवश्यक नहीं कि वह सम्पूर्ण एकता की ओर ही हो। स्वस्थ लोकतन्त्र की चरम स्थिति सम्पूर्ण एकता की दिशा अर्थात् प्रथम चक्र की चरम स्थिति की दिशा की ओर ही होकर प्राप्त किया जा सकता है न कि वर्तमान लोकतन्त्र के निम्नतम स्थिति की दिशा से।

इस ब्रह्माण्ड में कुछ भी स्थिर नहीं है जिसे वर्तमान का पदार्थ विज्ञान भी स्वीकार करता है। और जो स्थिर नहीं है वह अपनी स्थिरता के लिए क्रियाशील है। सम्पूर्ण ब्रह्माण्ड को प्रभावित करने वाली तीनों शक्तियों में प्रथम शक्ति-आत्मीय शक्ति पर कोई भी शक्ति अपना प्रभाव नहीं डाल सकती इसलिए यह शक्ति अपनी शक्ति, एकता एवम् स्थिरता के लिए शाश्वत से सक्रिय है। इस शक्ति का सम्बन्ध एक जीवन से नहीं बल्कि कई जीवन से होता है। द्वितीय शक्ति-व्यष्टि शक्ति मूलतः दो प्रकार से सक्रिय है-प्रथम-निवृत्तिमार्ग और द्वितीय प्रवृत्तिमार्ग। निवृत्ति मार्ग इस जगत को असत्य मानकर व्यष्टि चिन्तन आधारित अदृश्य विज्ञान-आध्यात्म विज्ञान द्वारा शान्ति, स्थिरता को प्राप्त करता है। वह इस जगत से जितना प्राप्त करता है उससे कम ही लौटा पाता है उसका समस्त कार्य शुद्ध रूप से स्वंय के लिए ही होता है। यह मार्ग समाज तथा राज्य से पूर्णतः निष्क्रीय होता है। यह मार्ग सिर्फ स्वयं की मुक्ति के लिए ही सक्रिय होता है। इस मार्ग की चरम स्थिति प्रथम शक्ति अर्थात् आत्मीय शक्ति से योग होता है। यदि जीवन है तो कर्म किये बिना कोई भी नहीं रह सकता इसलिए योग के उपरान्त यदि कोई सूत्र समाज तथा राज्य के लिए प्राप्त होते हैं तो वह उसके अनुसार स्वयं तथा दूसरों के लिए कर्म करता है और वह प्रवृत्ति मार्ग में परिवर्तित हो जाता है। अन्यथा वह निवृत्ति मार्ग में ही कर्म करता है। प्रवृत्ति मार्ग इस जगत को सत्य मानकर समष्टि चिन्तन आधारित दृश्य एवम् अदृश्य विज्ञान द्वारा शान्ति, स्थिरता को प्राप्त करता है। वह इस जगत से जितना प्राप्त करता है उससे अधिक उसे लौटा देता है। उसका समस्त कार्य स्वयं सहित समाज और राज्य की शान्ति एवम स्थिरता के लिए होता है। तथा समाज तथा राज्य में पूर्णतः सक्रिय होता है। इस मार्ग का जीवन ही प्रथम शक्ति-आत्मीय शक्ति की स्थिरता, शान्ति और एकता की प्राप्ति की ओर एक जीवन होता है। तृतीय शक्ति-समष्टि शक्ति सार्वजनिक सत्य के द्वारा कर्म करके स्वयं, समाज तथा राज्य को शान्ति, स्थिरता प्रदान करता है। तृतीय शक्ति और प्रवृत्तिमार्गी का

संयुक्त जीवन प्रथम शक्ति-आत्मीय शक्ति की स्थिरता, शान्ति और एकता का सर्वोच्च, अन्तिम और व्यक्त सम्पूर्ण जीवन होता है। शुद्ध रूप से तृतीय शक्ति से युक्त होकर कर्म करने वाले भौतिकता आधारित प्रवृत्ति मार्ग कहे जाते हैं।

लोकतन्त्र व्यष्टि विचारों को प्रतिबन्धित कर सार्वजनिक विचार अर्थात् सत्य को प्रकाशित करने का माध्यम है जिसकी चरम विकसित स्थिति सार्वजनिक सत्य या समष्टि सत्य अर्थात् सम्पूर्ण मानक अर्थात् सत्य-सिद्धान्त है। जो मतों द्वारा व्यक्त होता है। प्रश्न यह कि लोकतन्त्र मन के तन्त्र जैसे-शिक्षा पाठ्यक्रम कर नीति, विदेश नीति, आरक्षण नीति, आर्थिक नीति, उद्योग नीति, मुद्रा प्रवाह इत्यादि के सत्य-सिद्धान्त के बिना ज्ञान के ऐसे निवृत्ति मार्गी और वे जिन्हें इन तन्त्रों का ज्ञान नहीं है, क्या वे अपना मत देकर लोकतन्त्र को स्वस्थता की ओर ले जा रहे हैं? जब तक सत्य-सिद्धान्त द्वारा इन तन्त्रों को विवादमुक्त कर उसे शिक्षा पाठ्यक्रम द्वारा व्यक्ति में स्थापित नहीं किया जाता लोकतन्त्र की स्वस्थता, समाज की स्वस्थता, नैतिक उत्थान, विश्व शान्ति, विश्व एकता, विश्व रक्षा, विश्व स्थिरता सहित विश्व विकास की कामना करना असम्भव है।

समाज हो या राज्य, प्राच्य हो या पाश्चात्य, धर्म हो या धर्मनिरपेक्ष या सर्वधर्मसमभाव, एकता के लिए कर्म करने का सार्वजनिक विरोध हम नहीं कर सकते। क्योंकि यही हमारा उद्देश्य है। आधुनिक दृश्य पदार्थ विज्ञान कहता है। परमाणु संरचना में इलेक्ट्रानों की संख्या के घटने-बढ़ने से ही विभिन्न तत्वों का जन्म हुआ है और विभिन्न तत्वों के योग से विभिन्न पदार्थों का। इसी प्रकार प्राच्य अदृश्य आध्यात्म विज्ञान कहता है। मन की उच्चतम एवम् निम्नतम अवस्था से ही उच्च एवम् निम्न विचार अर्थात् दर्शन युक्त व्यक्ति का जन्म होता है। जिससे व्यक्ति का महत्व और महानता व्यक्त होती है। पुन: ऐसे व्यक्तियों के समूह से सम्प्रदाय, संगठन दल इत्यादि का जन्म होता है। यह इलेक्ट्रान और मन दोनों अस्थिर, आदान-प्रदान युक्त क्रियाशील विषय है। इनसे पूर्ण मुक्ति पर ही केन्द्र या आत्मा या एकता के दर्शन को प्रापत किया जा सकता है। इलेक्ट्रान और मन की स्थिति क्रियान्वयन दर्शन की स्थिति तथा केन्द्र या आत्मा या एकता की स्थिति विकास दर्शन की स्थिति होती है। इसलिए कर्मवेद-प्रथम, अन्तिम तथा पंचमवेद (धर्मयुक्तनाम) अर्थात् WSO:0 श्रंखला-मन की गुणवत्ता का विश्वमानक (धर्मनिरपेक्ष और सर्वधर्मसमभाव नाम) कहता है-"पूर्ण ज्ञान अर्थात् अपने मालिक स्वंय केन्द्र में स्थित मार्गदर्शन (Guider philosophy) अर्थात् G एवम् विकास दर्शन ¼Development philosophy) अर्थात् D है। इसकी परिधि या आदान-प्रदान या व्यापार या क्रियाचक्र या क्रियान्वयन दर्शन (Operating philosophy) अर्थात् O है। यही आध्यात्म अर्थात् अदृश्य विज्ञान का सर्वोच्च एवम् अन्तिम आविष्कार है। तथा यही पदार्थ अर्थात् दृश्य विज्ञान द्वारा अविष्कृत परमाणु की संरचना भी है। जिसके केन्द्र में G के रूप में प्रोटान-P तथा D के रूप में न्यूट्रान-N है। इसकी परिधि O के रूप में इलेक्ट्रान-E है। प्राच्य अदृश्य आध्यात्म विज्ञान तथा पाश्चात्य दृश्य पदार्थ विज्ञान में एकता का यही सूत्र है। विवाद मात्र नाम के कारण है।"

जिसके अनुसार इलेक्ट्रान या क्रियान्वयन दर्शन में विभिन्न सम्प्रदायों, संगठनों, दलों के विचार सहित व्यक्तिगत विचार हैं। जिसके अनुसार अर्थात् अपने मन या मन के समूहों के अनुसार वे समाज तथा राज्य का नेतृत्व करता है। जबकि ये सार्वजनिक सत्य नहीं है। इसलिए ही उन विचारों की समर्थन शक्ति कभी स्थिर नहीं रहती है। जबकि केन्द्र या आत्मा या एकता में विकास दर्शन स्थित है। केन्द्र में प्रोटॉन की स्थिति अदृश्य मार्गदर्शक दर्शन या अदृश्य विकास दर्शन की स्थिति, चूंकि यह सार्वजनिक सत्य विकास दर्शन का अदृश्य रूप है। इसलिए यह व्यक्तिगत प्रमाणित है। इसी कारण आध्यात्म भी विवाद और व्यष्ठि विचार के रूप में रहा जबकि यह सत्य था। लेकिन न्यूट्रान की स्थिति दृश्य मार्गदर्शन दर्शन या दृश्य विकास दर्शन की स्थिति है। इसलिए यह सार्वजनिक सत्य है। सम्पूर्ण मानक है, समष्टि सत्य है, सत्य-सिद्धान्त है। जिसकी स्थापना से व्यक्ति का मन उस चरम स्थिति में स्थापित होकर उसी प्रकार तेजी से विश्व निर्माण कर सकता है जिस प्रकार पदार्थ विज्ञान द्वारा अविष्कृत न्यूट्रान बम इस विश्व का विनाश कर सकता है। इस प्रकार WSO-0 श्रृंखला मन के निर्माण द्वारा विश्व निर्माण के प्रति प्रयोग करना कर्तव्य भी है तथा दायित्व भी है। 100 वर्ष पूर्व स्वामी विवेकानन्द जी ने अपने जीवन की इच्छा को व्यक्त करते हुये कहा था कि-"जीवन में मेरी सर्वोच्च अभिलाषा यह है कि ऐसा चक्र प्रर्वतन कर दूँ जो कि उच्च एवम् श्रेष्ठ

विचारों को सब के द्वार-द्वार पर पहुंचा दे। फिर स्त्री-पुरूष को अपने भाग्य का निर्माण स्वंय करने दो। हमारे पूर्वजों ने तथा अन्य देशों ने जीवन के महत्वपूर्ण प्रश्नों पर क्या विचार किया है यह सर्वसाधारण को जानने दो। विशेषकर उन्हें देखने दो कि और लोग क्या कर रहे हैं। फिर उन्हे अपना निर्णय करने दो। रासायनिक द्रव्य इकट्ठे कर दो और प्रकृति के नियमानुसार वे किसी विशेष आकर को धारण कर लेगें-परिश्रम करो, अटल रहो।", "धर्म को बिना हानि पहुँचाये जनता की उन्नति-इसे अपना आदर्श वाक्य बना लो।" ("स्वामी विवेकानन्द राष्ट्र को आह्वान", पृष्ठ-66 से)। क्या यह स्वामी विवेकानन्द की इच्छा की पूर्ति का कार्य नहीं है?

भारत का संकट, हल, विश्वनेतृत्व की अहिंसक स्पष्ट दृश्य नीति, सर्वोच्च संकट और विवशता

सामाजिक क्रान्ति या विकास सहित पूर्ण मानव निर्माण की प्रक्रिया एक लम्बी अवधि की प्रक्रिया है इसके लिए दूरगामी आवश्यकता को दृष्टि में रखते हुए कार्य करने की विधि के लिए बिन्दु का निर्धारण होता है। जो हमारे मार्गदर्शक होते हैं-

1. औद्योगिक क्षेत्र में Institute of Plant Maintenance, JAPAN द्वारा उत्पादों के विश्वस्तरीय निर्माण विधि को प्राप्त करने के लिए उत्पाद निर्माण तकनीकी-WCM-TPM-5S (World Class Manufacturing-Total Productive Maintenance Siri (छँटाई), Seton (सुव्यवस्थित), Sesso (स्वच्छता), Siketsu (अच्छास्तर), Shituke (अनुशासन) प्रणाली संचालित है। जिसमें सम्पूर्ण कर्मचारी सहभागिता (Total Employees Involvement) है। ये 5S मार्गदर्शक बिन्दु हैं।
2. श्री लव कुश सिंह "विश्वमानव" द्वारा मानव के विश्व स्तरीय निर्माण विधि को प्राप्त करने के लिए मानव निर्माण तकनीकी WCM-TLM-SHYAM.C (World Class Manufactuing–Total Life Maintenance-Satya, Heart, Yoga, Ashram, Meditation.Conceousness) प्रणाली आविष्कृत है जिसमें सम्पूर्ण तन्त्र सहंभागिता (Total System Involvement-TSI) है। ये SHYAM.C मार्गदर्शक बिन्दु हैं।
3. सोमवार, 9 जून 2014 को भारत के 16वीं लोकसभा के संसद के संयुक्त सत्र को सम्बोधित करते हुये श्री प्रणव मुखर्जी, राष्ट्रपति, भारत ने विकास व लक्ष्य प्राप्ति के कार्य के लिए अनके बिन्दुओं को देश के समक्ष रखें। जिसमें मुख्य था-
   1. आध्यात्मिक एवं दार्शनिक विरासत के आधार पर साकार होगा एक भारत-श्रेष्ठ भारत का सपना।
   2. सोशल मीडिया का प्रयोग कर सरकार को बेहतर बनाने की कोशिश।
   3. सबका साथ, सबका विकास।
   4. 100 नये माडल शहर बसाना।
   5. 5T - ट्रेडिशन (Tradition), ट्रेड (Trade), टूरिज्म (Tourism), टेक्नालाजी (Technology), और टैलेन्ट (Talent) का मंत्र।

मन (मानव संसाधन) के विश्व मानक (WS)-0 श्रृंखला के विश्वव्यापी स्थापना के निम्नलिखित शासनिक प्रक्रिया द्वारा स्पष्ट मार्ग है।

1. जनता व जन संगठन द्वारा- जनता व जन संगठन द्वारा जनहित के लिए सर्वोच्च न्यायालय में यह याचिका दायर की जा सकती है कि सभी प्रकार के संगठन जैसे-राजनीतिक दल, औद्योगिक समूह, शिक्षण समूह जनता को यह बतायें कि वह किस प्रकार के मन का निर्माण कर रहा है तथा उसका मानक क्या है?

2. भारत सरकार द्वारा- भारत सरकार इस श्रृंखला को स्थापित करने के लिए संसद में प्रस्ताव प्रस्तुत कर अपने संस्थान भारतीय मानक ब्यूरो (BIS) के माध्यम से समकक्ष श्रृंखला स्थापित कर विश्वव्यापी स्थापना के लिए अन्तर्राष्ट्रीय मानकीकरण संगठन (ISO) के समक्ष प्रस्तुत कर सकता है। साथ ही संयुक्त राष्ट्र संघ (UNO) में भी प्रस्तुत कर संयुक्त राष्ट्र संघ (UNO) के पुर्नगठन व पूर्ण लोकतंत्र की प्राप्ति के लिए मार्ग दिखा सकता है। संयुक्त राष्ट्र संघ (UNO) के सन् 2046 ई0 में 100 वर्ष पूरे होने पर विश्व सरकार के गठन व विश्व संविधान के निर्माण का यही WS-0 श्रृंखला आधार सिद्धान्त है जो भारत अभी ही खोज चुका है।

3. राजनीतिक दल द्वारा- भारत का कोई एक राष्ट्रीय राजनीतिक दल जिसकी राजनैतिक इच्छाशक्ति हो, वह विश्व राजनीतिक पार्टी संघ (WPPO) का गठन कर प्रत्येक देश से एक राजनीतिक दल को संघ में साथ लेते हुए संयुक्त राष्ट्र संघ पर स्थापना के लिए दबाव बना सकता है।

4. संयुक्त राष्ट्र संघ (UNO) द्वारा- संयुक्त राष्ट्र संघ सीधे इस मानक श्रृंखला को स्थापना के लिए अपने सदस्य देशों के महासभा के समक्ष प्रस्तुत कर अन्तर्राष्ट्रीय मानकीकरण संगठन (ISO) व विश्व व्यापार संगठन के माध्यम से सभी देशों में स्थापित करने के लिए उसी प्रकार बाध्य कर सकता है, जिस प्रकार ISO-9000 व ISO-14000 श्रृंखला का विश्वव्यापी स्थापना हो रहा है। विश्व व्यापार संगठन के ऊपर मन (मानव संसाधन) के विश्व मानक WS-0 श्रृंखला की स्थापना से भारत दबाव बना सकता है।

5. अन्तर्राष्ट्रीय मानकीकरण संगठन (ISO) द्वारा- अन्तर्राष्ट्रीय मानकीकरण संगठन सीधे इस श्रृंखला को स्थापित कर सभी देशों के लिए संयुक्त राष्ट्र संघ व विश्व व्यापार संगठन के माध्यम से सभी देशों में स्थापित करने के लिए उसी प्रकार बाध्य कर सकता है, जिस प्रकार ISO-9000 व ISO-14000 श्रृंखला का विश्वव्यापी स्थापना हो रहा है।

मानव एवम् संयुक्त मानव (संगठन, संस्था, ससंद, सरकार इत्यादि) द्वारा उत्पादित उत्पादों को धीरे-धीरे वैश्विक स्तर पर मानकीकरण हो रहा है। ऐसे में संयुक्त राष्ट्र संघ को प्रबन्ध और क्रियाकलाप का वैश्विक स्तर पर मानकीकरण करना चाहिए। जिस प्रकार औद्योगिक क्षेत्र अन्तर्राष्ट्रीय मानकीकरण संगठन ¼International Standardization Organisation-ISO½ द्वारा संयुक्त मन (उद्योग, संस्थान, उत्पाद इत्यादि) को उत्पाद, संस्था, पर्यावरण की गुणवत्ता के लिए ISO प्रमाणपत्र जैसे-ISO-9000 व ISO-14000 श्रृंखला इत्यादि प्रदान किये जाते है उसी प्रकार संयुक्त राष्ट्र संघ को नये अभिकरण विश्व मानकीकरण संगठन ¼World Standardization Organisation-WSO½ बनाकर या अन्तर्राष्ट्रीय मानकीकरण संगठन को अपने अधीन लेकर ISO-0/WSO-0 का प्रमाण पत्र योग्य व्यक्ति और संस्था को देना चाहिए जो गुणवत्ता मानक के अनुरूप हों। भारत को यही कार्य भारतीय मानक ब्यूरो ¼Bureau of Indian Standard-BIS½ के द्वारा IS-0 श्रृंखला द्वारा करना चाहिए। भारत को यह कार्य राष्ट्रीय शिक्षा प्रणाली ¼National Education System-NES½ व विश्व को यह कार्य विश्व शिक्षा प्रणाली ¼World Education System-WES½ द्वारा करना चाहिए।

जब कि यह शिक्षा प्रणाली भारत तथा संयुक्त राष्ट्र संघ द्वारा जनसाधारण को उपलब्ध नहीं हो जाती तब तक जन साधारण के व्यक्तिगत इच्छा की पूर्ति के लिए "पुनर्निर्माण (RENEW-Real Education National Express Way) " द्वारा उपलब्ध करायी जा रही है।

21वीं सदी और भविष्य का समय अपने विराट समस्याओं को लेकर कह रहा है- "आओ विश्व के मानवों आओ, मेरी चुनौति को स्वीकार करो या तो तुम समस्याओं, संकीर्ण विचारधाराओं, अव्यवस्थाओं, अहंकारों से ग्रसित हो आपस में युद्ध कर अपने ही विकास का नाश कर पुन: विकास के लिए संघर्ष करो या तो तुम सभी समस्याओं का हल प्रस्तुत कर मुझे परास्त करो।" ऐसे चुनौति पूर्ण समय में विश्व के अन्य देशों के समक्ष कोई चिन्ता का विषय हो या न हो शान्तिदूत अहिंसक तपोभूमि भारत के समक्ष चिन्ता का विषय अवश्य है और सिर्फ वही ऐसी चुनौति को स्वीकार करने में सक्षम भी है। यह इसलिए नहीं कि उसके अन्दर विश्व नेतृत्व, विश्व शान्ति और विश्व शासक बनने की प्रबल इच्छा है। परन्तु इसलिए कि विश्व प्रेम, जीव ही शिव, शिव ही जीव उसका मुख्य आधार है। जिस पर आधारित होकर वह ब्रह्माण्डीय रक्षा, विकास, सन्तुलन, स्थिरता, एकता के लिए अहिंसक और शान्ति मार्ग से कत्र्तव्य करते हुये अन्य अपने भाइयों और बहनों के अधिकारों के लिए प्रेम भाव से सेवा और कल्याण करता रहा है। परन्तु उसके बदले भारत को सदा ही अन्य ने उन सिद्धान्तों को उसके व्यक्तिगत विचारधारा से ही जोड़कर देखा परिणामस्वरूप वे अपने अधिकार और कल्याण के मार्ग को भी पहचानने में असमर्थ रहे, बावजूद इसके प्रत्येक वैश्विक संकट की घड़ी में भारत की ओर ही मुँह कर उम्मीद को देखते रहते हैं।

ऐसे समय में जब प्रकृति समाहित मानव, पशु, पक्षी यहाँ तक कि प्रत्येक जीव मानवों के व्यवहार से संत्रस्त हो चुके है, स्वयं भारत भी आन्तरिक और बाह्य दोनों संकटों से चिन्तित, असहाय, कत्र्तव्यों से विमुख और भ्रमित हो गया है। जो भारतीय भाव के विचारक, ज्ञानी बुद्धिजीवी, राजनेता इत्यादि के अन्तिम और पूर्ण उपलब्ध ज्ञान शक्ति का परिचायक ही है। फिर भी भारत निश्चिन्त है क्योंकि वह जानता है कि तपोभूति भारत में सत्य-आत्मा का निवास है। वह सत्य-आत्मा खुली आँखों से देखते हुये ऐसे उचित समय की ही प्रतीक्षा करता है जब वह स्वयं को स्थापित और अस्तित्व के प्रति विश्वास दिलाने के लिए व्यक्त कर सके। इस निश्चिन्तता के कारण ही सर्वत्र देशभक्ति भाव के गीतों, फिल्मों, पौराणिक कथाओं के दृश्य-श्रव्य माध्यमों से उसके स्वागत की तैयारी करता है। और अपने अपार प्रेम भाव से उसे कर्म करते हुये व्यक्त होने पर मजबूर कर देता है। और यह भारत "हमें चिन्ता नहीं उनकी उन्हें चिन्ता हमारी है, हमारे नाव के रक्षक सुदर्शन चक्र धारी है।" कहते हुये अपनी स्थिति और परिस्थिति पर सन्तोष की सांसें लेता है। जिसके सम्बन्ध में महर्षि अरविन्द के दिव्यदृष्टि से निकली वाणी- "भारत की रचना विधाता ने संयोग के बेतरतीब ईंटों से नहीं की है। इसकी योजना किसी चैतन्य शक्ति ने बनाई है। जो इसके विपरीत कार्य करेगा वह मरेगा ही मरेगा। " अक्षरश: पूर्ण सत्य है।

यहाँ हम भारत की आन्तरिक और बाह्य संकट, उसके अन्तिम हल, विश्व नेतृत्व की अहिंसक नीति और उसके पश्चात् उत्पन्न हुये सर्वोच्च और अन्तिम संकट सहित विवशता पर अन्तिम दृष्टि प्रस्तुत कर रहे हैं जो सत्य रूप में 21वीं सदी और भविष्य के सत्य चेतना आधारित विश्व के लिए भारत की ओर से कर्तव्य तथा अन्य के लिए अधिकार स्वरूप आखिरी रास्ता है।

भारत का वर्तमान और भविष्य का मूल आन्तरिक संकट-कानून, संविधान, राजनैतिक प्रणाली का संकट, अर्थव्यवस्था का संकट, नागरिक समाज का संकट, राष्ट्रीय सुरक्षा का संकट तथा मूल बाह्य संकट-पहचान और विचारधारा का संकट तथा विदेशनीति का संकट है जो देखने में तो आम जनता से जुड़ा हुआ नहीं लगता परन्तु यह संकट आम जनता के उपर पूर्ण रूप से प्रभावी है। आम जनता मूलत: दो विचारों से संचालित है। एक-जो उसके जीवन से सीधे प्रत्यक्ष रूप से जुड़ा देश-काल बद्ध ज्ञान है। जैसे-व्यक्तिगत शारीरिक, आर्थिक, मानसिक आधारित चिकित्सीय, तकनीकी, विज्ञान, व्यापार, विचार एवम् साहित्य आधारित होकर स्वयं का अपना प्रत्यक्ष जीवकोपार्जन करना। दूसरा-जो उसके जीवन से अप्रत्यक्ष रूप से जुड़ा हैं जैसे-सार्वजनिक या संयुक्त, शारीरिक, आर्थिक, मानसिक आधारित चिकित्सीय, तकनीकी, ज्ञान, व्यापार, विचार एवम् साहित्य आधारित होकर स्वयं का अपना सहित परिवार, देश, समाज, विश्व का जीवकोपार्जन करता है। ये ही परिवार, समाज, देश, विश्व की नीतियाँ है। पहले के बहुमत के कारण व्यक्ति व्यक्तिगत अर्थात् भौतिकवाद में स्थित होकर परिवार, समाज, देश, विश्व पर आधारित विचारों, व्यवस्थाओं और नीतियों की अवनति करता हैं परिणामस्वरूप उपरोक्त संकट सहित स्वयं अपने देश, विश्व के प्रति भक्तिभाव समाप्त कर देता है। जबकि दूसरे के बहुमत के कारण स्वयं अपने जीवकोपार्जन सहित जीवन और संयुक्त जीवन दोनों व्यवस्थित होता है। वर्तमान समय में पहले का पूर्ण बहुमत स्थापित होकर अब दूसरे की बहुमत स्थापित होने की ओर समय चक्र की गति हैं जिसका उदाहरण ही 21वीं सदी और भविष्य के प्रति चिन्ता व्यक्त हो रही है और इसके विपरीत स्थापित बहुमत इस चिन्ता से मुक्त भी होकर स्वयं अपनी सत्ता की चिन्ता में लगा हुआ है। जबकि हमारा सार्थक कर्तव्य देश-काल मुक्त विचारों की ओर बढ़ते समय चक्र की ओर भी गति प्रदान करना होना चाहिए तभी उपरोक्त संकट से मुक्ति पायी जा सकती है।

भारत के इस आन्तरिक और बाह्य संकट का अन्तिम स्थापना स्तर तक का हल ही अहिंसक, सुरक्षित, एक, स्थिर, विकास, शान्ति और सत्य चेतना युक्त विश्व के निर्माण के लिए विवादमुक्त, दृश्य, सर्वमान्य, सार्वजनिक प्रमाणित विश्वमानक शून्य श्रृंखला-मन की गुणवत्ता का विश्वमानक श्रृंखला श्री लव कुश सिंह "विश्वमानव" द्वारा आविष्कृत सर्वोच्च और अन्तिम आविष्कार है। जो सम्पूर्ण एकता के साथ वर्तमान लोकतन्त्र का धर्म और धर्मनिरपेक्ष या सर्वधर्मसमभाव आधारित शास्त्र और उसकी स्थापना शासनिक प्रक्रिया के अनुसार है। जो पूर्ण मानव स्वस्थ समाज, स्वस्थ लोकतन्त्र, स्वस्थ उद्योग तथा स्वस्थ अर्थव्यवस्था की प्राप्ति का अन्तिम रास्ता हैं। विश्वमानक-शून्य श्रृंखला की क्रिया द्वारा फल की प्राप्ति जो इसकी उपयोगिता भी है, की प्रक्रिया का मुख्य सिद्धान्त-

"जिस प्रकार परमाणु में इलेक्ट्रानों की संख्या घटा-बढ़ाकर निम्नतम से उच्चतम, सर्वोच्च और अन्तिम तत्वों तक सभी की प्राप्ति की जा सकती है। उसी प्रकार प्रत्येक व्यक्ति के मन को उच्चतम, सर्वोच्च और अन्तिम स्थिति तक के ज्ञान को अपने प्रत्येक क्रिया की प्रतिक्रिया के ज्ञान से युक्त होकर क्रिया कर प्राप्त कर सकता है।"

विश्वमानक-शून्य श्रंखला के पाँच शाखाओं में पहली शाखा-विश्वमानक-0-विचार एवम् साहित्य का विश्वमानक की उपयोगिता विभिन्न विषयों पर वैचारिक लेखन, रचना, दृश्य-श्रव्य कार्यक्रम जैसे-दूरदर्शन, फिल्म इत्यादि तथा मानव जीवन के लिए उपयोगी साहित्यों की दिशा निर्धारित करता है। दूसरी शाखा-विश्वमानक-00-विषय एवम् विशेषज्ञों की परिभाषा का विश्वमानक की उपयोगिता विभिन्न विषयों और उसके विशेषज्ञों की परिभाषा का अन्तिम व्यक्त परिभाषा का ज्ञान है। तीसरी शाखा-विश्वमानक-000-सम्पूर्ण ब्रह्माण्ड (स्थूल तथा सूक्ष्म) प्रबन्ध और क्रियाकलाप का विश्वमानक की उपयोगिता एक ही सिद्धान्त द्वारा अदृश्य और दृश्य जगत के प्रबन्ध को स्पष्ट कर विभिन्न तन्त्रों पर आधारित संविधान निर्माण करने में है तथा सभी संयुक्त मन (पंचायत, राज्य, देश, संयुक्त राष्ट्र संघ एवम् अन्य मध्यस्थ संयुक्त मन) को एक ही सिद्धान्त पर क्रियाकलाप करने और उसकी दिशा निर्धारित करने में है। जिससे प्रत्येक संयुक्त मन की दिशा ब्रह्माण्डीय विकास की दिशा में कर शक्ति का उपयोग एक मुखी किया जा सके। चौथा-विश्वमानक-0000-मानव प्रबन्ध और क्रियाकलाप का विश्वमानक की उपयोगिता एक ही सिद्धान्त जिससे सम्पूर्ण ब्रह्माण्ड प्रबन्ध और क्रियाकलाप का विश्वमानक निर्धारित है, उसी से अदृश्य मानव (सूक्ष्म शरीर) तथा दृश्य मानव (स्थूल शरीर) के प्रबन्ध को स्पष्ट करने तथा उसके विभिन्न तन्त्रों को विवाद मुक्त करने में है। तथा सभी व्यक्तिगत मन (व्यक्ति) को एक ही सिद्धान्त जिससे संयुक्त मन का क्रियाकलाप और उसकी दिशा निर्धारित है, उसी सिद्धान्त से व्यक्ति के क्रियाकलाप करने और उसकी दिशा निर्धारित करने में है। जिससे प्रत्येक मानव के क्रियाकलाप की दिशा, संयुक्त मन के क्रियाकलाप की दिशा से जुड़कर विश्व विकास की दिशा में हो सके। जिससे सम्पूर्ण शक्ति एक मुखी होकर सम्पूर्ण मानव जाति प्राकृतिक संसाधनों और प्राकृतिक क्रियाकलापों से एकता रखते हुये, ब्रह्माण्डीय विकास और उसके रहस्यों को आविष्कृत करने में उपयोग कर सकें। यही सम्पूर्ण क्रियाकलापों का मानक ही कर्मज्ञान है, दृश्य कर्मज्ञान है। पाचवाँ-विश्वमानक-00000-उपासना स्थल का विश्वमानक की उपयोगिता मन को उन्हीं सिद्धान्तों पर केन्द्रीभूत करने का स्थल है जो विश्वमानक-000 और विश्वमानक-0000 में व्यक्त है।

इस विश्वमानक-शून्य श्रृंखला का स्वयं अपने देश सहित विश्वव्यापी स्थापना ही भारत का कत्त्रव्य और दायित्व सहित उन सभी सर्वोच्च भावों की प्राप्ति है जिसे अभी तक सामान्यत: संकीर्ण और एक विशेष सम्प्रदाय का विचार समझा जाता रहा है। इसकी स्थापना से भारत स्वयं अपने देश सहित विश्व के सभी देशों के प्रत्येक नागरिक को उसके दिशा और स्थान से ही संयुक्त राष्ट्र संघ तक को एकमुखी कर विश्व विकास की मुख्यधारा से जोड़ सकेगा। परिणामस्वरूप संकीर्ण विचारों से देशों को गुलामी देने वाले देशों पर व्यापक विचार-सत्य-सिद्धान्त का आवरण डाला जा सकेगा, जो विश्व कल्याण सहित भारत की अदृश्य सार्वभौमिकता का दृश्य सार्वभौमिकता में परिवर्तन का अन्तिम मार्ग है। इसकी विश्वव्यापी स्थापना की नीति ही भारत की सम्पूर्ण विदेश नीति का मुख्य सिद्धान्त है। इसके उपरान्त विदेश नीति के सूक्ष्म नियम स्वत: स्पष्ट हो जायेंगे। चूँकि यह भारतीय भाव द्वारा विश्व प्रबन्ध का अन्तिम जनतन्त्रीय सिद्धान्त की स्थापना का अन्तिम मार्ग है इसलिए भारतीय संसद को इसके स्थापना के प्रति, इसकी उपलब्धता के बावजूद निष्क्रिय रहना स्वयं भारत, आम जनता तथा मानवता के प्रति वे सभी नकारात्मक संज्ञा का व्यक्त रूप होगा जिसे सम्मिलित रूप से असुरी या पशु प्रवृति कहते हैं जिस प्रकार विश्वमानक-शून्य श्रृंखला की शाखायें और पुन: उन शाखाओं से निकली अनन्त शाखायें सम्पूर्ण ब्रह्माण्ड के सभी विषयों को अपने बाहों में लेकर उनका सत्य रूप व्यक्त कर देती है उसी प्रकार इसके भारत तथा विश्वव्यापी स्थापना के भी अनेक स्पष्ट मार्ग है और यही इसकी स्थापना की अहिंसक स्पष्ट नीति है। इसके भारत तथा विश्वव्यापी स्थापना के निम्नलिखित मार्ग हैं-

भारत में इसकी स्थापना के दो मार्ग है, प्रथम-संसद सदस्यों के सर्वसम्मति से संसद द्वारा और द्वितीय आम जनता सहित संगठन द्वारा। प्रथम चूँकि लोकतन्त्र विचारों को बद्धकर सार्वजनिक सत्य को व्यक्त करने का तन्त्र है और यह सार्वजनिक सत्य ही प्रत्येक मानव अर्थात् आम जनता का यथार्थ है। आम जनता का तन्त्र ही

लोकतन्त्र है। इसलिए भारतीय संसद जो विश्व में सबसे बड़ा लोकतन्त्र आधारित संसद है, जो लोकतन्त्रिक विश्व संसद का ही अविकसित रूप है, उसे शुद्ध रूप से जुड़े इस सार्वजनिक सत्य विश्वमानक-शून्य श्रृंखला को संसद सदस्यों की सर्वसम्मति से स्थापित कर लोकतन्त्र के परिपक्वता, स्वस्थता, विश्वास और व्यवस्था का अन्तिम माध्यम का परिचय देना चाहिए। इसके बाद ही स्व-तन्त्र, स्व-राज सहित विश्व के समक्ष यह कहा जा सकता है कि लोकतन्त्र ही विश्व व्यवस्था का सबसे सशक्त तन्त्र है जो जनता द्वारा, जनता के लिए और जनता द्वारा शासित तन्त्र है। इसमें संसद को जरा भी सन्देह नहीं होना चाहिए कि जो संसद का कत्र्तव्य और दायित्व है उसका आविष्कार एक सामान्य ग्रामवासी ने किया है जो भारत और भारतीय संसद की गरिमा को बढ़ाता ही है। आविष्कार संसद द्वारा हो या किसी और के द्वारा यदि वह उसके कत्र्तव्य और दायित्व को पूर्णता प्रदान करता है तो उसकी स्थापना संसद को सर्वसम्मति से की जानी चाहिए। अन्यथा संसद ही पूर्णरूप से आम जनता द्वारा विरोध का शिकार हो जायेगा। जिन संसद सदस्यों को इस सार्वजनिक सत्य विश्वमानक-शून्य श्रृंखला पर विरोध हो उन्हें मात्र विरोध ही नहीं बल्कि विरोध का उचित कारण और उसके सार्वजनिक सत्य व्यक्त हल के साथ विरोध करना चाहिए। अन्यथा वे स्वयं अपने ही नकारात्मक चरित्र को सार्वजनिक रूप से व्यक्त कर देंगे, इसका ध्यान उनको रखना चाहिए। इस कार्य में सदस्यों को यह ध्यान देना होगा कि विचारों का परिणाम ही सार्वजनिक सत्य होता है और सत्य के व्यक्त हो जाने पर विचारों का अस्तित्व सदा के लिए समाप्त हो जाता है। संसद द्वारा सर्वसम्मति हो जाने पर विश्वमानक-शून्य श्रृंखला राष्ट्रीय ऐजेन्डा हो जायेगी। विश्वमानक-शून्य श्रृंखला राष्ट्रीय एजेन्डा का सत्यरूप है ही परन्तु संविधान निर्देशित संसद में इसका सर्वसम्मति होना संवैधानिक रूप से आवश्यक है। राष्ट्रीय ऐजेन्डा के रूप में स्वीकार कर लिये जाने पर स्वयं सरकार को देश में क्रियान्वयन के लिए सर्वप्रथम काल परिवर्तन अर्थात् व्यक्तिगत प्रमाणित अदृश्य काल से सार्वजनिक प्रमाणित दृश्यकाल की घोषणा देश स्तर से करनी पड़ेगी क्योंकि जनता को यह बताना आवश्यक होगा कि वर्तमान समय में अधिकतम व्यक्ति का मन बाह्य विषयों की ओर संसाधनों पर केन्द्रित हो गया है। पुन: राष्ट्रीय पुनर्निर्माण समिति का गठन कर विश्वमानक-शून्य श्रृंखला को विस्तृत कर विवादमुक्त तन्त्रों पर आधारित भारतीय संविधान को व्यक्त कर (जो भारत के मूल संविधान से मिलकर पूर्ण विश्व संविधान में परिवर्तित हो जायेगा) विभिन्न मन्त्रालय और विभागों द्वारा प्रभावी कराना चाहिए। जिसमें सर्वप्रथम भारतीय मानक ब्यूरो में विश्वमानक-शून्य श्रृंखला के समकक्ष आई.एस.-शून्य श्रृंखला मानक विकसित कर लेना चाहिए। विश्वमानक-शून्य श्रृंखला के ज्ञान से परिपूर्ण होने के बाद ही संविधान संशोधन सार्थक होगा।

भारत में विश्वमानक-शून्य श्रृंखला की स्थापना का द्वितीय मार्ग आम जनता एवम् संगठनों द्वारा है। आम जनता और सामाजिक संगठनों को जनहित के लिए सर्वोच्च न्यायालय में जनहित याचिका, राजनीतिक दलों के मानक और संसद के कत्र्तव्य तथा दायित्व के लिए न्यायालय को बाध्य कराना है कि वह संसद तथा राजनीतिक दल अपने वास्तविक स्वरूप के लिए कार्य प्रारम्भ करें तथा मानव मन निर्माण करने के क्रियाकलाप का अपना मानक प्रस्तुत करें। इससे न्यायालय भी संविधानानुसार अपनी गरिमा तथा स्वयं उसको अपने लिए एक दिशा निर्देश स्थापित करने का सिद्धान्त प्राप्त हो जायेगा। व्यापारिक-औद्योगिक समूह को भारतीय मानक ब्यूरो में विश्वमानक-शून्य श्रृंखला के समकक्ष आई.एस.-शून्य श्रृंखला मानक विकसित करने के लिए कदम उठाने चाहिए। जिससे उन्हें यह लाभ होगा कि वे अपने संगठन-समूह को अन्तर्राष्ट्रीय गुणवत्ता के साथ अन्तर्राष्ट्रीय स्तर का मानव संसाधन विकसित करने का प्रमाण-पत्र प्राप्त करेंगे जो उन्हें विश्व बाजार के प्रतिस्पर्धा में सर्वोच्चता दिला सकेगा। यही नहीं उनके अपने आन्तरिक सुरक्षा, गुणवत्ता, प्रबन्धकीय इत्यादि के प्रशिक्षण में व्यय भी कम हो जायेगा क्योंकि पूर्ण ज्ञान से युक्त मानव संसाधन होने पर उनकी सूक्ष्म दृष्टि स्वत: ही इन गुणों से युक्त और रचनात्मक हो जायेगी। अन्तर्राष्ट्रीय स्तर का मानव संसाधन निर्माण से लाभ यह होगा कि उत्पादों के उपयोग की मानसिकता के विकास सहित कर्मज्ञान द्वारा आदान-प्रदान में गति आने से उनके उत्पादों के लिए बाजार सदा ही निर्मित होता रहेगा। परिणामस्वरूप "मन्दी का दौर" जैसे समस्याओं से मुक्ति पायी जा सकेगी। जो अर्थव्यवस्था और उसके मूल्य पर भी व्यापक अनुकूल प्रभाव डालेगा। राजनीतिक संगठनों को विश्वमानक-शून्य श्रृंखला की स्थापना के लिए उपरोक्त मार्गों से प्रेरित कर, संसद में प्रश्न उठाकर और आम जनता में अपने सिद्धान्त अर्थात् विश्वमानक-शून्य

श्रृंखला सहित उसके लाभ के प्रसार से प्रयत्न करना चाहिए। इससे उन्हें लाभ यह होगा कि आम जनता का विश्वास, राष्ट्रीय एकता, स्वयं की लोकप्रियता, राजनैतिक अस्थिरता, देशभक्ति की स्थायी स्थिरता सहित विश्वभक्तों का निर्माण, सामाजिक परिवर्तन और निर्माण, सम्पूर्ण क्रान्ति इत्यादि जो भी भारत सहित विश्व के हित में सर्वोच्च और अन्तिम है, उस कार्य का ऐतिहासिक श्रेय उन्हें प्राप्त होगा।

भारत द्वारा विश्वमानक-शून्य श्रृंखला के विश्वव्यापी स्थापना के भी दो मार्ग है। प्रथम-भारत सरकार द्वारा, द्वितीय-भारत के किसी एक राजनीतिक दल द्वारा। प्रथम-राष्ट्रीय ऐजेन्डा जो विश्व राजनीति ऐजेन्डा भी है को भारत सरकार संयुक्त राष्ट्र संघ के समक्ष प्रस्तुत कर अपने पक्ष में अन्य देशों को साथ लेना चाहिए। चूँकि यह अहिंसक मार्ग से विश्व निर्माण, रक्षा, शान्ति, एकता, विकास, स्थिरता, कल्याण और सेवा के लिए नेतृत्व है इसलिए अन्य देशों के साथ आने में बाधा नहीं आयेगी इससे लाभ यह होगा कि संयुक्त राष्ट्र संघ, विश्व व्यापार संगठन के अन्तर्गत ट्रिप्स, यूनेस्को, संयुक्त राष्ट्र सुरक्षा परिषद, सी.टी.बी.टी.इत्यादि में संशोधन-पुनर्गठन-भागीदारी के लिए मार्ग आसान हो जायेगा जो सभी देशों की समस्या है। परिणामस्वरूप विश्व शिक्षा प्रणाली, विश्व मानकीकरण संगठन, विश्व संविधान एवम् संसोधित-पुनर्गठित संगठनों का जन्म होगा। विश्वमानक-शून्य श्रृंखला का मानक विकसित करने के लिए लोकतन्त्र व्यवस्था पर आधारित अन्तर्राष्ट्रीय मानकीकरण संगठन में इसके प्रति अन्य देशों से समर्थन प्राप्त कर आसानी से मान्यता प्राप्त किया जा सकता है। और समकक्ष आई0एस0ओ0-शून्य श्रृंखला विकसित की जा सकती है। विश्वमानक-शून्य श्रृंखला की स्थापना के लिए वर्तमान समय तथा भविष्य में और भी उपयुक्त समय भारत के अनुकूल ही है। क्योंकि जहाँ एक ओर उसे अभी सी.टी.बी.टी.पर हस्ताक्षर करने है, वहीं दूसरी ओर भारतीय भाव का अहिंसक सत्य-सिद्धान्त विश्वमानक-शून्य श्रृंखला की स्थापना का प्रस्ताव सी0टी0बी0टी0 के पीछे छुपी मानसिकता को आसानी से व्यक्त कर देगा। सी0टी0बी0टी0 दिशाहीन पदार्थ विज्ञान का परिणाम है तो विश्वमानक-शून्य श्रृंखला की स्थापना का प्रस्ताव सी0टी0बी0टी0 जैसी स्थिति ही उत्पन्न न हो उसका सिद्धान्त है। परिणामस्वरूप न चाहते हुये भी विश्व की संकीर्ण मानसिकता आधारित नेतृत्व वाले देश जो स्वयं अपनी जनता को मानसिक गुलाम बनाये हुये हैं, पर भी भारतीय भाव का सिद्धान्त स्वत: प्रभावी हो जायेगा। क्योंकि विश्व रक्षा के लिए इसकी स्थापना प्रत्येक देशों के लिए अनिवार्य हो जायेगी। विश्व चिंतक देश अैर संयुक्त राष्ट्र संघ इसके लिए विवश भी होगा क्योंकि विश्वमानक-शून्य श्रृंखला का विरोध स्वयं उसकी विश्व चिंतक, विश्व रक्षा, विश्व विकास, विश्व स्थिरता, विश्व शान्ति, विश्व एकता जैसी छवि को पूर्णरूप से ध्वस्त कर देगा। संयुक्त राष्ट्र संघ द्वारा स्वीकृत हो जाने की दिशा में सर्वप्रथम काल परिवर्तन विश्व स्तर से करनी पड़ेगी क्योंकि विश्व के प्रत्येक नागरिक को यह बताना आवश्यक होगा कि वर्तमान समय में अधिकतम व्यक्ति का मन बाह्य विषयों अर्थात् संसाधनों पर केन्द्रित हो गया है। उसके फलस्वरूप विश्वमानक-शून्य श्रृंखला की स्थापना अपने विभिन्न संगठनों के माध्यम से करना प्रारम्भ करेगा।

भारत द्वारा विश्वमानक-शून्य श्रृंखला के विश्व व्यापी स्थापना का द्वितीय मार्ग-उपरोक्त सभी नीतियों का प्रयोग करते हुये भारत का कोई एक राजनीतिक दल सत्य चेतना आधारित विश्व निर्माण के लिए विश्व राजनीतिक पार्टी संघ (डब्लू.पी.पी.ओ.) का गठन करने के लिए आगे आकर कर सकता हैं जिसमें प्रत्येक देश से एक राजनीतिक पार्टी को सदस्य बनाना चाहिए। जिससे लाभ यह होगा कि डब्लू.पी.पी.ओ.द्वारा संयुक्त राष्ट्र संघ पर दबाव बनाया जा सकेगा और प्रत्येक देश अपने देश की जनता का सर्वोच्च कल्याण कर अपने देश में दल की सर्वोच्चता स्थापित कर सकेगी। भारतीय राजनीतिक दल को भारत में समस्त सर्वोच्च और अन्तिम कार्य करने का श्रेय प्राप्त होगा।

सामाजिक परिवर्तन, निर्माण, नैतिक उत्थान और सम्पूर्ण एकता की प्राप्ति एक लम्बी अवधि की प्रक्रिया है। 21वीं सदी और भविष्य की आवश्यकता को देखते हुये उसका बीज अभी ही समाज में बोना होगा। जो आवश्यकता और विवशता भी बन चुकी है, विश्वमानक-शून्य श्रृंखला उसी का बीज हैं। जिसकी स्थापना के लिए भारत सहित अन्य देशों के आम जनता, संगठन ओर सरकार को शीघ्रताशीघ्र ऐसा उसी भाँति करना चाहिए जैसे माता-पिता अपने बच्चे को समायानुसार आवश्यक संसाधन उपलब्ध कराते है। ऐसा इसलिए भी करना चाहिए

क्योंकि वर्तमान समय में नेतृत्वकर्ताओं, लोकतन्त्र, सरकार और भविष्य के प्रति जिस प्रकार अविश्वास बढ़ रहा है। उसे विश्वास में परिवर्तित करने का प्रथम और अन्तिम मार्ग यही है। उन्हें यथाशीघ्र इसकी स्थापना के लिए जुट जाना चाहिए क्योंकि वर्तमान नेतृत्वकर्ता, लोकतन्त्र, सरकार और जनता चाहे जैसे भी हो परन्तु भविष्य के नेतृत्वकर्ता, लोकतन्त्र, सरकार और जनता की पूर्ण स्वस्थता के कार्य का विश्व ऐतिहासिक श्रेय तो उन्हें कम से कम प्राप्त हो जायेगा। और यही हृदय परिवर्तन, आत्मप्रकाश, सत्यपक्ष, इंश्वरीय शरण में आना इत्यादि कहा जाता है।

प्रत्येक सुख के साथ दुःख साया की भाँति लगा रहता है। यदि भारत और विश्व के समक्ष विश्वमानक-शून्य श्रृंखला के आविष्कार का सर्वोच्च और अन्तिम सुख है तो ठीक उतना व्यापक सर्वोच्च और अन्तिम दुःख भी है। कर्मशील लव कुश सिंह "विश्वमानव" का वर्तमान और विवादमुक्त सत्य-विचार-शक्ति-सत्य-सिद्धान्त से युक्त होना ही भारत तथा विश्व के समक्ष सर्वोच्च संकट है। सम्पूर्ण विश्व कैसे एक भारतीय युवा के सत्य-विचार को अपने उपर प्रभावी होने देगा? भले ही यह सम्पूर्ण विश्व के कल्याण का एकमेव, सर्वोच्च और अन्तिम रास्ता हो। भले ही उस युवा का उद्देश्य मात्र इतना हो कि प्रत्येक विषय, पद, व्यक्ति, संगठन और देश अपने उद्देश्य को पूर्णरूप से अपने मार्ग से ही प्राप्त कर ले। और भले ही वह व्यक्ति से विश्व तक की आत्मा की आवाज ही क्यों न हो?

जब दृश्य सार्वजनिक सत्य व्यक्त होता है, जो मानव समाज में सिर्फ एक और अन्तिम बार ही व्यक्त होता है तब सम्पूर्ण संकीर्ण विचार और उससे युक्त अहंकार पर स्पष्ट आघात होता है परिणामस्वरूप अव्यक्त संकीर्ण विचार और अहंकार ही उसके धारणकर्ता के समक्ष संकट रूप में व्यक्त होता है परन्तु वे उसे न देखकर सत्य-विचार को ही संकट समझने लगते हैं। व्यक्ति से लेकर संयुक्त राष्ट्र संघ तक के अपने-अपने संकीर्ण विचार हैं जो सत्य-विचार के व्यक्त होने से इस प्रकार व्यक्त होंगे। चूँकि विश्वमानक-शून्य श्रृंखला ही संयुक्त राष्ट्र संघ के सम्पूर्ण उद्देश्यों को पूर्ण करने का प्रथम और अन्तिम मार्ग है इसलिए उसके द्वारा इसका स्वागत होगा परन्तु उसके विशेषाधिकार प्राप्त देश (वीटो पावर) और संकीर्ण विचारों पर आधारित देश इसका विरोध बिना किसी उचित कारण और समाधान के कर सकते हैं। यह उनकी अपनी शक्ति का दुरूपयोग तथा अपने देश की जनता और विश्व के भाविष्य को अशान्त करने का ही रूप ले सकता है। परिणामस्वरूप भारत की शान्ति और अहिंसक छवि विश्व के समक्ष स्पष्टरूप से स्थापित होगी। भारत के सामने यह संकट उसके वर्तमान संस्कृति-भूतकाल में हो चुके महापुरूषों के नाम पर झण्डे, डण्डे, शोषण, अत्याचार, आन्दोलन, जीवकोपार्जन, युवाओं को महत्व न देना, वर्तमान क्रियाकलापों पर आधारित होकर एक दूसरे पर कटाक्ष करना इत्यादि है न कि उन महापुरूषों के विचारों को परिष्कृत कर वर्तमान एवम् भविष्य के योग्य बनाना तथा युवाओं को अपना भविष्य समझकर कार्य करना है। भारतीय संसद के समक्ष संकट का कारण वर्तमान और भूतकाल पर बहस करना और भविष्य के आवश्यक मुद्दों को उठाकर जनता पर छोड़ देना है। प्राच्य आधारित धर्मक्षेत्र पर संकट का कारण अयोग्यता, अपूर्णता और आडम्बर युक्त स्वघोषित ईश्वर, अवतार और आचार्य है। पाश्चात्य आधारित राज्य क्षेत्र पर संकट का कारण नेताओं और उनके दलों का स्वार्थमय होकर राजनीति करना तथा भूतकाल के महापुरूषों, क्रान्तिकारियों, धर्मज्ञों के नामों को भुनाना, अन्य दलों का एक दृष्टि पर कटाक्ष करना है। अदृश्य आध्यात्म विज्ञान और दृश्य पदार्थ विज्ञान के समक्ष संकट उनका दिशाहीन होना है। प्रबन्ध-नीति-विचार के समक्ष संकट उनमें एकता का न होना है। समाज क्षेत्र के समक्ष संकट उनका आपस में समभाव का न होना है। सम्प्रदाय-संस्कृति-जाति के समक्ष संकट आपस में एक दूसरे के ऊपर अपनी सर्वोच्चता सिद्ध करना है। प्रौढ़-वृद्ध के समक्ष संकट वे जो न कर सके, उसका किसी से उम्मीद न करना और वे जो कर सके है, उससे अधिक कर पाने की किसी से उम्मीद न करना है। युवा शक्ति के समक्ष संकट-दिशा-विहीन, लक्ष्य-विहीन, दिग्भ्रमित, असंगठित, भौतिकता और स्वंय के निर्णित मार्ग को ही सम्पूर्ण समझना है। आम जनता के समक्ष संकट-ज्ञान ही समस्त दुःखों का नाशकर्ता है पर विश्वास न करना है। शरीर को ही प्राथमिकता देने वालों के समक्ष संकट उनका शारीरिक बल से ही संसार को झुका देने का भ्रम है। ईसाई मिशनरीयों का संकट-उनका अंग्रेजी प्रसार से ईसाईकरण करने का भ्रम है।

उपरोक्त व्यापक संकट सिर्फ मानसिक है। सिर्फ अपने मन को बदल देने से सबको अपने ही रास्ते से उसका लक्ष्य प्राप्त हो जाता है। यही मूल संकट है कि व्यक्ति अपनी इच्छा भी नहीं बदल सकते जिससे न तो उनका

शारीरिक, न ही आर्थिक क्षति ही सम्भव है। परन्तु यह विश्व की विवशता है कि वह विवश होकर प्राकृतिक बल या संयुक्त मन बल से वह एकत्व की ओर ही जा रहा है। इसलिए इसकी स्थापना तो निश्चित है। परिणामस्वरूप सम्पूर्ण विश्व का मानसिक वध भी सुनिश्चित है। चाहे वह वर्तमान में हो या भविष्य में। चूँकि यह संकट वैचारिक है। वैयक्तिक नहीं इसलिए घातक अस्त्रों से मुक्त है बल्कि यह घातक अस्त्रों को ही समाप्त कर देने में सक्षम है। इस प्रकार विश्वमानव का शरीर संकट नहीं है। बल्कि उनके द्वारा आविष्कृत, अनियंन्त्रित, अपरिवर्तनीय, असंग्रहणीय, समस्त सर्वोच्च और अन्तिम व्यापकता से युक्त अन्तिम विचारों का चक्र-सुदर्शन चक्र और पशु प्रवृत्तियों का नाश करने वाला सार्वभौम सत्य-सिद्धान्त का अस्त्र-पशुपास्त्र है जिसका नब्बे प्रतिशत स्थापना संयुक्त मन द्वारा कर्म करते-करते ज्ञान की ओर बढ़ने से हो ही चुकी है। शेष दस प्रतिशत ही उसका सत्य-शिव और सुन्दर है। जिसकी स्थापना के उपरान्त ससीम जीवात्मा असीम विश्व में तथा असीम विश्व ससीम जीवात्मा में तथा ससीम जीवात्मा असीम परमात्मा में, निराकार साकार में, साकार निराकार में तथा आत्मा परमात्मा में, परमात्मा आत्मा में एकाकार होकर समस्त विश्व प्रेममय और कर्ममय होकर धरती पर स्वर्ग निर्माण में एकजुट हो एक ही आवाज में कहेगा- “वाहे गुरू की फतह।”

गणराज्य-संघ को मार्गदर्शन

01.गणराज्यों के संघ-भारत को सत्य और अन्तिम मार्गदर्शन

गणराज्यों का संघ भारत अपनी स्वतन्त्रता प्राप्ति के बाद से अब तक वाह्य जगत का विकास करते-करते इस मोड़ तक आ चुका है जहाँ से आगे की ओर जाने के लिए उसे अन्त: जगत का विकास करना होगा। इस विकास के न होने के कारण ही भारत के पास विवाद तो है परन्तु हल नहीं। विरोध तो है परन्तु हल के साथ विरोध नहीं। विरोध है पर उचित कारण के साथ विरोध नहीं। फलस्वरुप समाज (जनता) के अधिपत्य वाला गणराज्य, राज्य (व्यक्ति) समर्थित गणराज्य की ओर बढ़ गया है। वहीं दूसरी तरफ विवशता वश गणराज्य के सत्य रुप की ओर भी बढ़ रहा है। अन्त: जगत का विकास न होने के कारण यह स्पष्ट भी कर पाना मुश्किल हो गया है कि कौन से मुद्दे गणराज्य के हैं और कौन से मुद्दे सम्प्रदाय के हैं। विवादित मुद्दों की एक लम्बी श्रृंखला है जिनमें से कुछ को तो सिद्धान्त द्वारा हल किया जा सकता है परन्तु कुछ तो बिना नैतिक उत्थान के सम्भव ही नहीं हैं। क्योंकि हाथी पर अधिकृत हाथ में अंकुश युक्त महावत के नैतिकता पर ही यह निर्भर करता है कि वह अंकुश का प्रयोग हाथी को संचालित करने के लिए करे या हाथी को मौत देने के लिए करे। यह सिद्धान्त द्वारा नियन्त्रित नहीं हो सकता। विवादित मुद्दे जिस पर भारत क्रियाशील हो चुका है उनमें से प्रमुख हैं-संविधान-समीक्षा, शिक्षा-पाठ्यक्रम, धर्मस्थल विधेयक, प्रादेशिक स्वायत्तता, राज्यों का पुनर्गठन, महिला आरक्षण इत्यादि और भविष्य में आने वाले समय सीमा के अन्दर युवाओं को पैतृक सम्पत्ति का अधिकार। जो मुद्दे उठ चुके हैं उन्हें दबाया नहीं जा सकता क्योंकि वहाँ तक मनस्तर बढ़कर बीज रुप में व्यक्त हो गया है।

भारत को इस प्रस्तुत सार्वभौम सत्य-सिद्धान्त से मार्गदर्शन प्राप्त कर अपने तथा संयुक्त राष्ट्र संघ के पुनर्गठन के लिए क्रियान्वयन करना चाहिए। यह सार्वभौम सत्य-सिद्धान्त विरोध नहीं बल्कि वह जो कुछ समाज में अब तक के महामानवों द्वारा उपलब्ध कराया गया था जिसको स्वीकारने, मानने और समझने वाले हैं, उन सबको स्वीकार के साथ सत्य का प्रस्तुतीकरण है। जो एक तरह से स्वीकार और हल के साथ विरोध ही है। जिसका विकल्प किसी राजनीतिक दल, अन्य संगठन या मोर्चा के पास नहीं हो सकता क्योंकि सत्य का विकल्प सिर्फ सत्य होता है और वह एक ही होता है। भारतीय संविधान के अनुसार बिना संसद के विश्वास के कोई भी संवैधानिक परिवर्तन सम्भव नहीं है इसलिए इससे पहले की यह किसी दल का राजनीतिक मुद्दा बने, सामूहिक रुप से सभी राजनीतिक दल इसे संसद में प्रस्तुत करें और व्यापक चिंतन करके क्रियान्वयन के लिए मंजूरी दे। क्योंकि इसके समर्थन के बिना कोई भी व्यक्ति, दल, संगठन स्वयं अपने आप को भारतीय या भारत का शुभचिंतक भी नहीं कह सकता। भारत सत्य आधारित है और उस सत्य का देश-काल मुक्त सर्वव्यापी सार्वजनिक प्रमाणित स्वरुप व्यक्त हो आपके समक्ष प्रस्तुत है। सोचने का विषय है कि यदि उस राज्य का नाम हिन्दू हो या एक व्यक्ति से व्यक्त हुआ हो तो क्या उस सत्य को सत्य नहीं कहेंगे? यदि किसी मिठाई का नाम जहर रख दिया जाये तो क्या उस मिठाई को खाना छोड़ा जा सकता है? कदापि नहीं इससे तो स्वयं की ही हानि होगी। सत्य को स्वीकारने और आत्मसात करने पर एक तरह से हिन्दू और उस व्यक्ति का ही स्वीकार और आत्मसात करना हुआ। परन्तु नाम नहीं गुण देखें यहीं विकास का मार्ग है।

यदि सामूहिक रुप से संसद में इसे प्रस्तुत नहीं किया गया और यदि एक किसी दल का राजनीतिक मुद्दा भी न बना तो भी चिन्ता का विषय नहीं कम से कम यह जानकर खुशी होगी की भारत का शुभचिन्तक सिर्फ इस सिद्धान्त का आविष्कारकर्ता और उसका समूह ही है। नवमानव सृष्टिकर्ता ईश्वर (सार्वभौम सत्य-सिद्धान्त) के आठवें अवतार भगवान श्रीकृष्ण द्वारा प्रारम्भ किया गया कार्य और प्रथम चरण के लिए व्यक्त व्यक्तिगत प्रमाणित आत्मा के निराकार स्वरुप का साहित्य "गीता" के प्रचार-प्रसार का परिणाम ही है जिससे आत्मीय प्राकृतिक बल सक्रिय होकर विवशतावश ग्राम, क्षेत्र, नगर जनपद स्तर पर पंचायत तथा प्रदेश और देश स्तर पर गणराज्य का

अविकसित रुप व्यक्त हुआ है। क्योंकि ज्ञान बढ़ने से सिद्धान्त की प्राप्ति होती है और अब प्रारम्भ किया गया कार्य और अन्तिम चरण के लिए व्यक्त सार्वजनिक प्रमाणित आत्मा के निराकार स्वरुप का साहित्य- "कर्मवेद-प्रथम, अन्तिम तथा पंचमवेदीय श्रृंखला" अर्थात् "विश्वमानक-शून्य-मन की गुणवत्ता का विश्व मानक श्रृंखला" के प्रस्तुतीकरण के प्रभाव से विवशतावश व्यक्ति से विश्व तक को गणराज्य के सत्य रुप को प्राप्त करने के लिए विवश कर देगा। तुम कर्म करते-करते भारत का नाश करते हुए वहीं सिद्धान्त प्राप्त कर मुझ तक ही आओगे जो मैं पहले ही तुम्हारे सामने व्यक्त कर चुका हूँ। तुम वर्तमान भारत को भारत न बनने दो और मैं भविष्य का भारत सम्पूर्ण विश्व को भारत बनाने का यन्त्र-आध्यात्मिक-न्यूट्रान बम व्यापकता से छोड़ दिया हूँ। भारत का नाश करने वाले पहले तुम आराम से थे मैं परेशान था, अब तुम परेशान रहोगे मैं आराम करुँगा। तब ही मेरी जीत निश्चित है। ये हैं-मानवीय सीमा से परे की बुद्धि, चेतना और आत्मशक्ति! व्यक्तिगत प्रमाणित प्रथम समन्वयाचार्य योगेश्वर श्रीकृष्ण की व्यक्तिगत शिक्षा व्यक्ति के लिए थी- "समभाव (अद्वैत) में स्थित हो कर्म करो और परिणाम की इच्छा मुझ (आत्मा) पर छोड़ दो।" और अब सार्वजनिक प्रमाणित अन्तिम समन्वयाचार्य भोगेश्वर श्री लव कुश सिंह "विश्वमानव" की सार्वजनिक शिक्षा व्यक्ति तथा संयुक्त व्यक्ति के लिए है- "समभाव (अद्वैत) में स्थित तथा परिणाम के ज्ञान से युक्त हो कर्म करो और परिणाम की इच्छा मुझ (आत्मा) पर छोड़ दो" द्वारा प्रत्येक स्तर के व्यक्ति और संयुक्त व्यक्ति के लिए परिणाम का ज्ञान उसके समक्ष है।

ईश्वर के आठवें प्रत्यक्ष एवम प्रेरक व्यक्तिगत प्रमाणित पूर्णावतार श्री कृष्ण तथा विष्णु (एकात्म वाणी, एकात्म ज्ञान, एकात्म कर्म व एकात्म प्रेम) के पूर्णावतार के रुप में व्यक्त श्री कृष्ण का मुख्य गुण आदर्श सामाजिक व्यक्ति का चरित्र तथा अवतारी गुणों में साकार शरीर आधारित "परशुराम परम्परा" की असफलता को देखते हुये उसका नाश करके निराकार नियम आधारित "परशुराम परम्परा" को प्रारम्भ करना था। जिसके लिऐ वे विश्व मानक ज्ञान व व्यक्तिगत प्रमाणित विश्वशास्त्र-गीतोपनिषद् व्यक्त किये।

श्रीकृष्ण का नाम बेचने वाले सिर्फ भक्ति में ही लीन हैं। उनके मूल कार्य विश्व मानक ज्ञान तथा निराकार नियम आधारित "परशुराम परम्परा" का नाम ही नहीं लेते जबकि भारत तथा विश्वस्तर पर गणराज्य का सवरुप निम्नलिखित रुप में व्यक्त हो चुका है।

भारत में निम्लिखित रुप व्यक्त हो चुका था।

1. ग्राम, विकास खण्ड, नगर, जनपद, प्रदेश और देश स्तर पर गणराज्य और गणसंघ का रुप।
2. सिर्फ ग्राम और नगर स्तर पर राजा (ग्राम व नगर पंचायत अध्यक्ष) का चुनाव सीधे जनता द्वारा।
3. गणराज्य को संचालित करने के लिए संचालक का निराकार रुप-संविधान।
4. गणराज्य के तन्त्रों को संचालित करने के लिए तन्त्र और क्रियाकलाप का निराकार रुप-नियम और कानून।
5. राजा पर नियन्त्रण के लिए ब्राह्मण का साकार रुप-राष्ट्रपति, राज्यपाल, जिलाधिकारी इत्यादि।

विश्व स्तर पर निम्नलिखित रुप व्यक्त हो चुका था।

1. गणराज्यों के संघ के रुप में संयुक्त राष्ट्र संघ का रुप।
2. संघ के संचालन के लिए संचालक और संचालक का निराकार रुप-संविधान।
3. संघ के तन्त्रों को संचालित करने के लिए तन्त्र और क्रियाकलाप का निराकार रूप-नियम और कानून।
4. संघ पर नियन्त्रण के लिए ब्राह्मण का साकार रूप-पाँच वीटो पावर।
5. प्रस्ताव पर निर्णय के लिए सदस्यों की सभा।
6. नेतृत्व के लिए राजा-महासचिव।

श्रीकृष्ण की दिशा से शेष कार्य मानक कर्म ज्ञान का प्रस्तुतीकरण द्वारा नियम आधारित "परशुराम परम्परा" को पूर्णता प्रदान करना है। जिसके लिए निम्नलिखित की आवश्यकता है-

1. गणराज्य या लोकतन्त्र के सत्य रुप-गणराज्य या लोकतन्त्र के स्वरूप का विश्व मानक।
2. राजा और सभा सहित गणराज्य पर नियन्त्रण के लिए साकार ब्राह्मण का निराकार रूप-मन का विश्व मानक।
3. गणराज्य के प्रबन्ध का सत्य रूप-प्रबन्ध का विश्व मानक।

4. गणराज्य के संचालन के लिए संचालक का निराकार रूप-संविधान के स्वरूप का विश्व मानक।
5. साकार ब्राह्मण निर्माण के लिए शिक्षा का स्वरूप-शिक्षा पाठ्यक्रम का विश्व मानक।

आविष्कार विषय- "व्यक्तिगत मन और संयुक्तमन का विश्व मानक और पूर्णमानव निर्माण की तकनीकी है जिसे धर्म क्षेत्र से कर्मवेद-प्रथम, अन्तिम तथा पंचमवेदीय श्रृंखला तथा शासन क्षेत्र से WS-0: मन की गुणवत्ता का विश्व मानक श्रृंखला तथा WCM-TLM-SHYAM.C तकनीकी कहते है। सम्पूर्ण आविष्कार सार्वभौम सत्य-सिद्वान्त अर्थात् सम्पूर्ण ब्रह्माण्ड में व्याप्त अटलनीय, अपरिवर्तनीय, शाश्वत व सनातन नियम पर आधारित है, न कि मानवीय विचार या मत पर आधारित।"

सम्पूर्ण ब्रह्माण्ड में व्याप्त एक ही सत्य-सिद्धान्त द्वारा व्यक्तिगत व संयुक्त मन को एकमुखी कर सर्वोच्च, मूल और अन्तिम स्तर पर स्थापित करने के लिए शून्य पर अन्तिम आविष्कार WS-0: श्रृंखला की निम्नलिखित पाँच शाखाएँ हैं ।

01. डब्ल्यू.एस.(WS)-0 -विचार एवम् साहित्य का विश्वमानक

02. डब्ल्यू.एस.(WS)-00 -विषय एवम् विशेषज्ञों की परिभाषा का विश्वमानक

03. डब्ल्यू.एस.(WS)-000 -ब्रह्माण्ड (सूक्ष्म एवम् स्थूल) के प्रबन्ध और क्रियाकलाप का विश्वमानक

04. डब्ल्यू.एस.(WS)-0000 -मानव (सूक्ष्म तथा स्थूल) के प्रबन्ध और क्रियाकलाप का विश्वमानक

05. डब्ल्यू.एस.(WS)-00000 -उपासना और उपासना स्थल का विश्वमानक

भारत सरकार इस श्रृंखला को स्थापित करने के लिए संसद में प्रस्ताव प्रस्तुत कर अपने संस्थान भारतीय मानक ब्यूरो ¼BIS½ के माध्यम से समकक्ष श्रृंखला स्थापित कर विश्वव्यापी स्थापना के लिए अन्तर्राष्ट्रीय मानकीकरण संगठन ¼ISO½ के समक्ष प्रस्तुत कर सकता है। साथ ही संयुक्त राष्ट्र संघ ¼UNO½ में भी प्रस्तुत कर संयुक्त राष्ट्र संघ के पुर्नगठन व पूर्ण लोकतंत्र की प्राप्ति के लिए मार्ग दिखा सकता है।

02.राष्ट्रों के संघ-संयुक्त राष्ट्र संघ को सत्य और अन्तिम मार्गदर्शन

प्रकाशित खुशमय तीसरी सहस्त्राब्दि के साथ यह एक सर्वोच्च समाचार है कि नयी सहस्त्राब्दि केवल बीते सहस्त्राब्दियों की तरह एक सहस्त्राब्दि नहीं है। यह प्रकाशित और विश्व के लिए नये अध्याय के प्रारम्भ का सहस्त्राब्रदि है। केवल वक्तव्यों द्वारा लक्ष्य निर्धारण का नहीं बल्कि स्वर्गीकरण के लिए असिमीत भूमण्डलीय मनुष्य और सर्वोच्च अभिभावक संयुक्त राष्ट्र संघ सहित सभी स्तर के अभिभावक के कर्तव्य के साथ कार्य योजना पर आधारित। क्योंकि दूसरी सहस्त्राब्दि के अन्त तक विश्व की आवश्यकता, जो किसी के द्वारा प्रतिनिधित्व नहीं हुई उसे विवादमुक्त और सफलतापूर्वक प्रस्तुत किया जा चुका है। जबकि विभिन्न विषयों जैसे-विज्ञान, धर्म, आध्यात्म, समाज, राज्य, राजनिति, अन्तर्राष्ट्रीय सम्बन्ध, परिवार, व्यक्ति, विभिन्न संगठनों के क्रियाकलाप, प्राकृतिक, ब्रह्माण्डीय, देश, संयुक्त राष्ट्र संघ इत्यादि की स्थिति और परिणाम सार्वजनिक प्रमाणित दृश्य रुप में थे।

विज्ञान के सर्वोच्च आविष्कार के आधार पर अब यह विवाद मुक्त हो चुका है कि मन केवल व्यक्ति, समाज, और राज्य को ही नहीं प्रभावित करता बल्कि यह प्रकृति और ब्रह्माण्ड को भी प्रभावित करता है। केन्द्रीयकृत और ध्यानीकृत मन विभिन्न शारीरिक सामाजिक और राज्य के असमान्यताओं के उपचार का अन्तिम मार्ग है। स्थायी स्थिरता, विकास, शान्ति, एकता, समर्पण और सुरक्षा के लिए प्रत्येक राज्य के शासन प्रणाली के लिए आवश्यक है कि राज्य अपने उद्देश्य के लिए नागरिकों का निर्माण करें। और यह निर्धारित हो चुका है कि क्रमबद्ध स्वस्थ मानव पीढ़ी के लिए विश्व की सुरक्षा आवश्यक है। इसलिए विश्व मानव के निर्माण की आवश्यकता है, लेकिन ऐसा नहीं है और विभिन्न अनियन्त्रित समस्या जैसे-जनसंख्या, रोग, प्रदूषण, आतंकवाद, भ्रष्टाचार, विकेन्द्रीकृत मानव शक्ति एवं कर्म इत्यादि लगातार बढ़ रहे है। जबकि अन्तरिक्ष और ब्रह्माण्ड के क्षेत्र में मानव का व्यापक विकास अभी शेष है। दूसरी तरफ लाभकारी भूमण्डलीकरण विशेषीकृत मन के निर्माण के कारण विरोध और नासमझी से संघर्ष कर रहा है। और यह असम्भव है कि विभिन्न विषयों के प्रति जागरण समस्याओं का हल उपलब्ध करायेगा।

मानक के विकास के इतिहास में उत्पादों के मानकीकरण के बाद वर्तमान में मानव, प्रक्रिया और पर्यावरण का मानकीकरण तथा स्थापना आई0 एस0 ओ0-9000 एवं आई0 एस0 ओ0-14000 श्रृंखला के द्वारा मानकीकरण के क्षेत्र में बढ़ रहा है। लेकिन इस बढ़ते हुए श्रृंखला में मनुष्य की आवश्यकता (जो मानव और मानवता के लिए आवश्यक है) का आधार "मानव संसाधन का मानकीकरण" है क्योंकि मनुष्य सभी (जीव और नीर्जीव) निर्माण और उसका नियन्त्रणकर्ता है। मानव संसाधन के मानकीकरण के बाद सभी विषय आसानी से लक्ष्य अर्थात् विश्वस्तरीय गुणवत्ता की ओर बढ़ जायेगी क्योंकि मानव संसाधन के मानक में सभी तन्त्रों के मूल सिद्धान्त का समावेश होगा।

वर्तमान समय में शब्द- "निर्माण" भूमण्डलीय रुप से परिचित हो चुका है इसलिए हमें अपना लक्ष्य मनुष्य के निर्माण के लिए निर्धारित करना चाहिए। और दूसरी तरफ विवादमुक्त, दृश्य, प्रकाशित तथा वर्तमान सरकारी प्रक्रिया के अनुसार मानक प्रक्रिया उपलब्ध है। जैसा कि हम सभी जानते हैं कि मानक हमेशा सत्य का सार्वजनिक प्रमाणित विषय होता है न कि विचारों का व्यक्तिगत प्रमाणित विषय। अर्थात् प्रस्तुत मानक विभिन्न विषयों जैसे-आध्यात्म, विज्ञान, तकनीकी, समाजिक, नीतिक, सैद्धान्तिक, राजनीतिक इत्यादि के व्यापक समर्थन के साथ होगा। "उपयोग के लिए तैयार" तथा "प्रक्रिया के लिए तैयार" के आधार पर प्रस्तुत मानव के विश्व स्तरीय निर्माण विधि को प्राप्त करने के लिए मानव निर्माण तकनीकी **WCM-TLM-SHYAM.C (W**orld **C**lass **M**anufactuing**–T**otal **L**ife **M**aintenance-**S**atya, **H**eart, **Y**oga, **A**shram, **M**editation**.C**onceousness**)**प्रणाली आविष्कृत है जिसमें सम्पूर्ण तन्त्र सहंभागिता **(T**otal **S**ystem **I**nvolvement-**TSI)** है औरं विश्वमानक शून्य-मन की गुणवत्ता का विश्वमानक श्रृंखला **(WS-0:** World Standard of Mind Series) समाहित है। जो और कुछ नहीं, यह विश्व मानव निर्माण प्रक्रिया की तकनीकी और मानव संसाधन की गुणवत्ता का विश्व मानक है। जैसे-औद्योगिक क्षेत्र में इन्स्टीच्यूट आफ प्लान्ट मेन्टीनेन्स, जापान द्वारा उत्पादों के विश्वस्तरीय निर्माण विधि को प्राप्त करने के लिए उत्पाद निर्माण तकनीकी

डब्ल्यू0 सी0 एम0-टी0 पी0 एम0-5 एस (**WCM-TPM-5S** (**W**orld **C**lass **M**anufacturing-**T**otal **P**roductive **M**aintenance- **S**iri(छँटाई), **S**eton (सुव्यवस्थित), **S**esso (स्वच्छता), **S**iketsu (अच्छास्तर), **S**hituke (अनुशासन) प्रणाली संचालित है। जिसमें सम्पूर्ण कर्मचारी सहभागिता **(T**otal **E**mployees **I**nvolvement**)** है।) का प्रयोग उद्योगों में विश्व स्तरीय निर्माण प्रक्रिया के लिए होता है। और आई.एस.ओ.-9000 **(ISO-9000**) तथा आई.एस.ओ.-14000 **(ISO-14000**) है।

युग के अनुसार सत्यीकरण का मार्ग उपलब्ध कराना ईश्वर का कर्तव्य है आश्रितों पर सत्यीकरण का मार्ग प्रभावित करना अभिभावक का कर्तव्य है। और सत्यीकरण के मार्ग के अनुसार जीना आश्रितों का कर्तव्य है जैसा कि हम सभी जानते है कि अभिभावक, आश्रितों के समझने और समर्थन की प्रतिक्षा नहीं करते। अभिभावक यदि किसी विषय को आवश्यक समझते हैं तब केवल शक्ति और शीघ्रता से प्रभावी बनाना अन्तिम मार्ग होता है। विश्व के बच्चों के लिए यह अधिकार है कि पूर्ण ज्ञान के द्वारा पूर्ण मानव अर्थात् विश्वमानव के रुप में बनना। हम सभी विश्व के नागरिक सभी स्तर के अभिभावक जैसे-महासचिव संयुक्त राष्ट्र संघ, राष्ट्रों के राष्ट्रपति-प्रधानमंत्री, धर्म, समाज, राजनीति, उद्योग, शिक्षा, प्रबन्ध, पत्रकारिता इत्यादि द्वारा अन्य समानान्तर आवश्यक लक्ष्य के साथ इसे जीवन का मुख्य और मूल लक्ष्य निर्धारित कर प्रभावी बनाने की आशा करते हैं। क्योंकि लक्ष्य निर्धारण वक्तव्य का सूर्य नये सहस्त्राब्दि के साथ डूब चुका है। और कार्य योजना का सूर्य उग चुका है। इसलिए धरती को स्वर्ग बनाने का अन्तिम मार्ग सिर्फ कर्तव्य है। और रहने वाले सिर्फ सत्य-सिद्धान्त से युक्त संयुक्तमन आधारित मानव है, न कि संयुक्तमन या व्यक्तिगतमन के युक्तमानव।

आविष्कार विषय- "व्यक्तिगत मन और संयुक्तमन का विश्व मानक और पूर्णमानव निर्माण की तकनीकी है जिसे धर्म क्षेत्र से कर्मवेद-प्रथम, अन्तिम तथा पंचमवेदीय श्रृंखला तथा शासन क्षेत्र से WS-0: मन की गुणवत्ता का विश्व मानक श्रृंखला तथा WCM-TLM-SHYAM.C तकनीकी कहते है। सम्पूर्ण आविष्कार सार्वभौम सत्य-सिद्वान्त अर्थात् सम्पूर्ण ब्रह्माण्ड में व्याप्त अटलनीय, अपरिवर्तनीय, शाश्वत व सनातन नियम पर आधारित है, न कि मानवीय विचार या मत पर आधारित।"

सम्पूर्ण ब्रह्माण्ड में व्याप्त एक ही सत्य-सिद्धान्त द्वारा व्यक्तिगत व संयुक्त मन को एकमुखी कर सर्वोच्च, मूल और अन्तिम स्तर पर स्थापित करने के लिए शून्य पर अन्तिम आविष्कार WS-0: श्रृंखला की निम्नलिखित पाँच शाखाएँ हैं ।

01. डब्ल्यू.एस.(WS)-0 -विचार एवम् साहित्य का विश्वमानक
02. डब्ल्यू.एस.(WS)-00 -विषय एवम् विशेषज्ञों की परिभाषा का विश्वमानक
03. डब्ल्यू.एस.(WS)-000 -ब्रह्माण्ड (सूक्ष्म एवम् स्थूल) के प्रबन्ध और क्रियाकलाप का विश्वमानक
04. डब्ल्यू.एस.(WS)-0000 -मानव (सूक्ष्म तथा स्थूल) के प्रबन्ध और क्रियाकलाप का विश्वमानक
05. डब्ल्यू.एस.(WS)-00000 -उपासना और उपासना स्थल का विश्वमानक

संयुक्त राष्ट्र संघ सीधे इस मानक श्रृंखला को स्थापना के लिए अपने सदस्य देशों के महासभा के समक्ष प्रस्तुत कर अन्तर्राष्ट्रीय मानकीकरण संगठन व विश्व व्यापार संगठन के माध्यम से सभी देशो में स्थापित करने के लिए उसी प्रकार बाध्य कर सकता है, जिस प्रकार ISO-9000 व ISO-14000 श्रृंखला का विश्वव्यापी स्थापना हो रहा है।

120 वर्ष पहले स्वामी विवेकानन्द का कथन जिसके 50 वर्ष बाद संयुक्त राष्ट्र संघ का गठन हुआ-

"समग्र संसार का अखण्डत्व, जिसकें ग्रहण करने के लिए संसार प्रतीक्षा कर रहा है, हमारे उपनिषदों का दूसरा भाव है। प्राचीन काल के हदबन्दी और पार्थक्य इस समय तेजी से कम होते जा रहे हैं। हमारे उपनिषदों ने ठीक ही कहा है- "अज्ञान ही सर्व प्रकार के दुःखो का कारण है।" सामाजिक अथवा आध्यात्मिक जीवन की हो जिस अवस्था में देखो, यह बिल्कुल सही उतरता है। अज्ञान से ही हम परस्पर घृणा करते हैं, अज्ञान से ही एक एक दूसरे

को जानते नहीं और इसलिए प्यार नहीं करते। जब हम एक दूसरे को जान लेंगे, प्रेम का उदय होगा। प्रेम का उदय निश्चित है क्योंकि क्या हम सब एक नहीं हैं? इसलिए हम देखते है कि चेष्टा न करने पर भी हम सब का एकत्व भाव स्वभाव से ही आ जाता है। यहाँ तक की राजनीति और समाजनीति के क्षेत्रों में भी जो समस्यायें बीस वर्ष पहले केवल राष्ट्रीय थी, इस समय उसकी मीमांसा केवल राष्ट्रीयता के आधार पर और विशाल आकार धारण कर रही हैं। केवल अन्तर्राष्ट्रीय संगठन, अन्तर्राष्ट्रीय विधान ये ही आजकल के मूलतन्त्र स्वरूप हैं।"

-स्वामी विवेकानन्द

वर्तमान में लव कुश सिंह "विश्वमानव" का कथन-

"शासन और शासक, विकासात्मक हो या विनाशात्मक। प्रणाली कोई भी हो-एकतन्त्रात्मक अर्थात् राजतन्त्र या बहुतन्त्रात्मक लोकतन्त्र। वह तब तक अब स्थायी और अपने उद्देश्य में सफल नहीं हो सकता जब तक कि वह अपने उद्देश्य की प्राप्ति के अनुरूप जनता का निर्माण और उत्पादन न करें। हमारा उद्देश्य है- "अपने सीमित कर्म सहित असीम मन युक्त मानव का निर्माण और उत्पादन" , जिसके लिए हमारे सम्मुख दो मार्ग है-एक- गणराज्यों का संघ भारत, दूसरा-राष्ट्रों का संघ संयुक्त राष्ट्र संघ। दोनों एक ही है। बस कर्म क्षेत्र की सीमा में अन्तर है। दोनों का उद्देश्य एक है बस कार्य अलग है। भारत का अपने जनता के प्रति कर्तव्य और दायित्व तथा विश्व के लिए संयुक्त राष्ट्र संघ द्वारा ऐसी विवादमुक्त प्रबन्ध नीति उपलब्ध कराना है जिससे दोनों अपने उद्देश्य को निर्बाध गति से प्राप्त करें। जबकि संयुक्त राष्ट्र संघ को सिर्फ अपने अधीन कार्य सम्पादन ही करना मात्र है। उसे प्रबन्ध नीति का आविष्कार नहीं करना है। वह कर भी नहीं सकता और न ही किया क्योंकि वह पाश्चात्य के प्रभाव मण्डल में है। पाश्चात्य के पास सत्य के आविष्कार का इतिहास नहीं है। जबकि प्राच्य के पास सनातन से सत्य के आविष्कार का व्यापक संक्रमणीय, संग्रहणीय और गुणात्मक रूप से अनुभव संग्रहीत है। अब भारत व्यक्तिगत प्रमाणित भाव आधारित सत्य नहीं कहेगा क्योंकि अब सार्वजनिक प्रमाणित कर्म, व्यक्त और मानक आधारित समय आ गया है। जो विश्व व्यापी रूप से पदार्थ विज्ञान और आध्यात्म विज्ञान सहित प्राच्य और पाश्चात्य संस्कृतियों में सार्वजनिक रूप से प्रमाणित होगा। और उस विवादमुक्त प्रबन्ध नीति से जब मूल अधिकार शिक्षा द्वारा मनुष्य का निर्माण और उत्पादन होगा। तब भारत तथा संयुक्त राष्ट्र संघ को उसका उद्देश्य प्राप्त होगा अन्यथा वह रोको-रोको, निरोध-निरोध वाले कानून में ही अधिकाधिक समय व धन खर्च करता रहेगा। जिसकी जटिलता बढ़ते ही जाना है। भारत और संयुक्त राष्ट्र संघ दोनों में से किसी के प्रारम्भ से मनुष्य का "विश्वमानव" के रूप में निर्माण और उत्पादन प्रारम्भ हो जायेगा। विश्व के सभी देशों के बीच संस्कृतियों का मिश्रण तेजी से हो रहा है ऐसी स्थिति में उसे मानव संसाधन जो कि समस्त निर्माण और उत्पादन का मूल है, का भी विभिन्न विषयों की भांति मानकीकरण तथा विश्व प्रबन्ध के लिए प्रबन्ध का मानकीकारण करना ही होगा। सम्पूर्ण विश्व में निर्माण से उत्पन्न उत्पाद की गुणवत्ता का मानक, संस्था की गुणवत्ता ISO-9000 फिर प्रकृति के कत्र्तव्य व दायित्व को स्वयं का कर्तव्य व दायित्व मानकर पर्यावरण की गुणवत्ता का मानक ISO-14000 स्वीकारा जा चुका है तो फिर गुणवत्ता से युक्त प्रकृति की भाँति स्वयं मनुष्य अपना गुणवत्ता का मानकीकारण कब करेगा? वह मार्ग जो अभी तक उपलब्ध नहीं था वह विश्वमानक-शून्य (WS-0)-मन की गुणवत्ता का विश्व मानक श्रृंखला के रूप में उपलब्ध हो चुका है जो मेरा कत्र्तव्य था और अब अन्य मानवों का अधिकार है। संसाधन, ज्ञान-विज्ञान, तकनीकी से युक्त पृथ्वी कमल की भाँति खिलने को उत्सुक है, मानवता का रचनात्मक सहयोग लेकर भारत तथा संयुक्त राष्ट्र संघ, उसके खिलने में सहयोग करें जो उसका कर्तव्य और दायित्व है। जिस पर मनुष्य ईश्वर रूप में विराजमान हो सके।"

-लव कुश सिंह "विश्वमानव"

03.अवतारी संविधान से मिलकर भारतीय संविधान बनायेगा विश्व सरकार का संविधान

7 अरब की जनसंख्या से ऊपर की ओर बढ़ता सौरमण्डल का यह पृथ्वी ग्रह जिसकी सम्पूर्ण जनसंख्या का पाँचवां हिस्सा अकेले इस तीन ओर से घिरा सुन्दर, परिवर्तित मौसम युक्त भूमि तपोभूमि भारत में ही है। इतनी विशाल जनसंख्या को एक शासन व्यवस्था में बाँधे रखने की के लिए भारत की शारीरिक स्वतन्त्रता 15 अगस्त, 1947 के बाद जो प्रणाली अपनायी गयी वह है-लोकतन्त्र प्रणाली। चूँकि इतनी बड़ी जनसंख्या का लोकतन्त्र किसी भी देश में नहीं है इसलिए यह विश्व का सबसे बड़ा लोकतन्त्र भी है। अर्थात् इसे वर्तमान समय का सबसे बड़ा संयुक्त मन या समष्टि मन या विश्व मन भी कह सकते हैं। भारत का यह संसद उस संसद का छोटा रूप है जिसकी चरम विकसित अवस्था लोकतन्त्र आधारित विश्व राष्ट्र के लिए विश्व संसद है जो विश्व नागरिकों के लिए विश्व संविधान और विश्व सरकार को प्रस्तुत कर सके। जिस प्रकार यह विश्व किसी एक व्यष्टि विचार का नहीं हो सकता क्योंकि जिस प्रकार विश्व में अनेकों सम्प्रदाय और व्यष्टि विचार के समर्थक हैं, ठीक उसी प्रकार छोटे रूप में भारत में भी है। अर्थात् भारत सरकार हो या विश्व सरकार उसका संविधान हमेशा धर्मनिरपेक्ष अर्थात् सर्वधर्मसमभाव अर्थात् धर्म अर्थात् एकत्व आधारित ही हो सकता है। यहाँ धर्म शब्द से वर्तमान अर्थो में किसी विशेष व्यष्टि धर्म (सम्प्रदाय) को नहीं समझना चाहिए। धर्म शब्द को समष्टि धर्म (एकत्व या संयुक्त धर्म) के रूप में लिया गया है। क्योंकि व्यष्टि धर्म तो कई हो सकते हैं और हैं भी परन्तु समष्टि धर्म एक ही होता है, और शाश्वत से एक ही है और एक ही रहेगा।

राजतन्त्र हो या लोकतन्त्र प्रणाली, दोनों में मुख्यत: जो विशेष होती हैं वे हैं-संविधान जिससे सम्पूर्ण शासित क्षेत्र, प्रणाली और पद नियमित होती हैं। कानून जिससे अधिकार, न्याय की प्राप्ति सहित अपराधों पर नियंत्रण किया जाता है। इसके अलावा समय-समय पर पिछले कार्यों और निर्णयों के अनुभव के आधार पर विभिन्न प्रणाली जैसे शिक्षा, आर्थिक, उद्योग, कल्याण, कर, विदेश इत्यादि के सुधार की नीति निर्धारण के लिए प्राविधान जो मंत्री मण्डल या सम्बन्धित मंत्री द्वारा निर्धारित होती है। ये विभिन्न प्रणाली ही समष्टि तन्त्र अर्थात् संयुक्त मन तन्त्र कहलाते हैं। राजतन्त्र प्रणाली में ये तन्त्र पूर्णतया सम्बन्धित देश के साकार राजा द्वारा निर्धारित होता है जबकि लोकतन्त्र में ये तन्त्र पूर्णतया सम्बन्धित देश के निराकार संविधान और सरकार द्वारा निर्धारित होता है। सरकार उसी की होती है जिसका बहुमत होता है। बार-बार सरकार बदलने से प्रणालीयों पर भी प्रभाव पड़ता है और उन प्रणाली का पूर्ण परिणाम प्राप्त हुये बिना भी बदलाव की स्थिति आ जाती है परिणामस्वरूप व्यवस्थाएँ असन्तुलन की स्थिति की ओर बढ़ जाती है।

समाज और राज्य को नियंत्रित करने के लिए प्राच्य आध्यात्मिक भारतीय प्रणाली "मूल" आधारित है जबकि पाश्चात्य भौतिकता प्रणाली "फल" आधारित है। यह मूल और फल ही संसार का प्रथम और प्राचीन भारतीय दर्शन के जनक कपिल मुनि के "क्रिया-कारण" नियम का कारण और क्रिया है। जो शाश्वत से अकाट्य है और वह सदा ही अकाट्य बना भी रहेगा। क्योंकि वह सार्वजनिक रूप से प्रमाणित शाश्वत सत्य है। प्राच्य भारतीय प्रणाली नियम बनाते समय कारण द्वारा प्रेरित होकर नियंत्रित करने का नियम बनाता है। वर्तमान की अन्तिम आवश्यकता "ज्ञान ही समस्त दुःखों और समस्याओं का नाशकर्ता है।", यह कारण केन्द्रित मन द्वारा ही उत्पन्न हुआ है। किसी भी विषय के प्रति उपयोगिता व दुरूपयोगिता की दृष्टि व्यक्ति की नैतिकता पर ही निर्भर करती है। यह नैतिकता अन्त: जगत का विषय है जो ज्ञान द्वारा उत्पन्न होता है, न कि बाह्य जगत के व्यापक कानून से। वर्तमान समय का उपरोक्त वर्णित संविधान, कानून और समष्टि तन्त्र फल आधारित पाश्चात्य प्रणाली केन्द्रित है जिससे नैतिक उत्थान कभी भी सम्भव नहीं है क्योंकि फल आधारित व्यवस्था वह है जिसमें अनैतिक कर्म हो जाने के बाद नियंत्रण के उपाय होते हैं तथा कारण आधारित व्यवस्था वह है जिसमें अनैतिक कर्म होने की सम्भावना को ही कम किया जाता है क्योंकि यह नैतिक उत्थान आधारित होती है। भारत को छोड़कर अन्य देशों को नैतिक उत्थान की आवश्यकता हो या न हो परन्तु भारत को नैतिक उत्थान की आवश्यकता इसलिए है कि वह विश्व के शान्ति, एकता, स्थिरता, विकास एवं रक्षा

का नेतृत्वकर्ता की योग्यता रखता है और उसका विश्व के प्रति दायित्व भी है। साथ ही विश्व का सबसे बड़ा लोकतन्त्र उसके द्वारा ही संचालित हो रहा है। और उसे यह सिद्ध भी करना है कि हमारा संविधान और लोकतन्त्र प्रणाली ही विश्व को सही दिशा और सार्वजनिक सत्य को प्रस्तुत कर सकता है। स्वराज का सही अर्थ है- "स्व" अर्थात् "मैं" अर्थात् "आत्मा" का अर्थ "जो सभी में व्याप्त है" अर्थात् "सार्वभौम" अर्थात् "समष्टि" का राज है। न कि "स्व" अर्थात् "मैं" अर्थात् "शरीर" अर्थात् "व्यक्तिगत" अर्थात् "व्यष्टि" का राज। समष्टि स्वराज ही वास्तविक स्वराज है और यही देवताओं का राज है जबकि व्यष्टि स्वराज असत्य स्वराज है और यही असुरों का स्वराज है। यही धर्म राज और अधर्म राज है। इसके अपने-अपने समर्थक सदैव अपनी सर्वोच्चता के लिए आपस में युद्ध करते रहे हैं।

प्राचीन भारतीय प्रणाली में नैतिक उत्थान के लिए जीवन की प्रथम सीढ़ी ब्रह्मचर्य आश्रम थी, जहाँ गुरूकुल द्वारा ज्ञान-अदृश्य विज्ञान-अदृश्य तकनीकी एवं जीवन के लिए आवश्यक विद्याओं का ज्ञान देकर आचार्य का दायित्व समाज में एक नैतिकतायुक्त पूर्ण मानव देना होता था। यह गुरूकुल का कत्र्तव्य और उद्देश्य भी होता था। परिणामस्वरूप प्रत्येक व्यक्ति विषयों की उपयोगिता और दुरूपयोगिता को समझने में सक्षम होता था। शेष सभी तन्त्र उतने विकसित नहीं थे लेकिन वे भी अव्यक्त रूप से सत्य-सिद्धान्त द्वारा ही संचालित होते थे क्योंकि उनके मूल सिद्धान्त का ज्ञान उन्हें ब्रह्मचर्य आश्रम में प्रदान कर दिये जाते थे। आवश्यकता पड़ने पर आचार्य राजा की समस्याओं को भी सुलझाते थे या मागदर्शन देते थे। परन्तु वे कभी भी राजा के पद पर पीठासीन नहीं होते थे। वर्तमान में यह आश्रम प्रथा प्रणाली सम्भव नहीं है लेकिन शिक्षा प्रणाली व पाठ्यक्रम को सत्य-सिद्धान्त युक्त अर्थात् ज्ञान-दृश्य विज्ञान-दृश्य तकनीकी एवं जीवन की आवश्यक विद्याओं का ज्ञान से युक्त कर देने पर उसके उद्देश्य को प्राप्त किया जा सकता है। इसी प्रकार वर्तमान समय के विभिन्न तन्त्रों को भी विवाद मुक्त सत्य-सिद्धान्त युक्त बनाया जा सकता है। इससे लाभ यह होगा कि सरकार स्थिर रहे या अस्थिर, संसदीय प्रणाली हो या राष्ट्रपति प्रणाली, एकतन्त्रीय प्रणाली हो या बहुतन्त्रीय प्रणाली सभी के विकास की मूल आवश्यकता सहित नैतिकतायुक्त पूर्ण मानव का निर्माण शिक्षा के माध्यम से चलता रहेगा। वर्तमान नेतृत्वकर्ता चाहे जैसे भी हों परन्तु आने वाले नेतृत्वकर्ता ऐसे न रहेंगे। वर्तमान नेतृत्वकर्ताओं को ऐसा करना भी चाहिए क्योंकि इसके लिए उन्हें कम से कम भविष्य की स्वस्थता के लिए ऐसा कार्य करने का श्रेय तो प्राप्त हो जायेगा और भारत को उसके स्वराज का वास्तविक अर्थ भी प्राप्त हो जायेगा।

अदृश्य ज्ञान का दृश्य रूप है-कर्म। इस कर्म के दर्शन को ही मूल मानकर सार्वजनिक सत्य-सिद्धान्त के आधार पर समष्टि तन्त्र अर्थात् संयुक्त मन तन्त्र अर्थात् लोकतन्त्र मन के सभी तन्त्रों का विवादमुक्त स्वरूप व्यक्त कर भारतीय संविधान को विश्व संविधान में परिवर्तित करने के लिए विवादमुक्त तन्त्रों पर आधारित भारत का संविधान का निर्माण करना होगा क्योंकि वर्तमान संविधान संयुक्त मन युक्त मानवों द्वारा निर्मित है। जबकि संविधान का सत्यरूप-सत्य से युक्त संयुक्त मन से युक्त मानवों (अवतार) द्वारा निर्मित होता है जो वर्तमान संविधान का अगला और अन्तिम चरण है। अर्थात् वर्तमान संविधान, सत्य संविधान की प्राप्ति की ओर बढ़ता हुआ एक कदम ही है न कि पूर्ण रूपेण गलत संविधान। जिसके सम्बन्ध में स्वामी विवेकानन्द जी ने संकेत देते हुए 100 वर्ष पहले ही कहे थे- "हे मेरे मित्रों, प्रत्येक देश में एक ही नियम है। वह यह कि थोड़े से शक्तिमान मनुष्य जो भी करते हैं वही होता है। बाकी सब लोग भेड़ियाधसान का ही अनुकरण करते हैं। मैंने तुम्हारे पार्लियामेन्ट, सीनेट, वोट, मेजारिटी, बैलट आदि सब देखा है। सभी जगह ऐसा ही है। अब प्रश्न यह है कि भारतवर्ष में कौन शक्तिमान पुरूष है? वे ही जो धर्मवीर हैं। वे ही हमारे समाज को चलाते हैं। वे ही समाज की रीति-नीति में परिवर्तन की आवश्यकता होने पर उसे बदल देते हैं। हम चुपचाप उसे सुनते हैं और उसे मानते हैं। (विवेकानन्द राष्ट्र को आह्वान, रामकृष्ण मिशन, पृष्ठ-55)" । संविधान, नियम, कानून के सम्बन्ध में उन्होंने कहा था कि- "एक बात पर विचार करके देखिये, मनुष्य नियमों को बनाता है या नियम मनुष्य को बनाते हैं? मनुष्य रूपया पैदा करता है या रूपया मनुष्य को पैदा करता है? मनुष्य कीर्ति और नाम पैदा करता है या कीर्ति और नाम मनुष्य को पैदा करता है? मेरे मित्रों पहले मनुष्य बनिये, तब आप देखेंगे कि वे सब बाकी चीजें स्वयं आपका अनुसरण करेंगी। परस्पर के घृणित द्वेषभाव को छोड़िये और

सदुदेश्य, सदुपाय, सत्साहस एवं सदीर्घ का अवलम्बन कीजिए। आपने मनुष्य योनि में जन्म लिया है तो अपनी कीर्ति यहीं छोड़ जाइए। (विवेकानन्द राष्ट्र को आह्वान, रामकृष्ण मिशन, पृष्ठ-55)" ।

सत्य से सार्वभौम सत्य-सिद्धान्त तक का मार्ग अवतारों का मार्ग है। सार्वभौम सत्य-सिंद्धान्त की अनुभूति ही अवतरण है। इसके अंश अनुभूति को अंश अवतार तथा पूर्ण अनुभूति को पूर्ण अवतार कहते है। अवतार मानव मात्र के लिए ही कर्म करते हैं न कि किसी विशेष मानव समूह या सम्प्रदाय के लिए। अवतार, धर्म, धर्मनिरपेक्ष व सर्वधर्मसमभाव से युक्त अर्थात् एकात्म से युक्त होते है। इस प्रकार अवतार से उत्पन्न शास्त्र मानव के लिए होते हैं, न कि किसी विशेष मानव समूह के लिए। उत्प्रेरक, शासक और मार्गदर्शक आत्मा सर्वव्यापी है। इसलिए एकात्म का अर्थ संयुक्त आत्मा या सार्वजनिक आत्मा है। जब एकात्म का अर्थ संयुक्त आत्मा समझा जाता है तब वह समाज कहलाता है। जब एकात्म का अर्थ व्यक्तिगत आत्मा समझा जाता है तब व्यक्ति कहलाता है। अवतार, संयुक्त आत्मा का साकार रुप होता है जबकि व्यक्ति व्यक्तिगत आत्मा का साकार रुप होता है। शासन प्रणाली में समाज का समर्थक देवी प्रवृत्ति तथा शासन व्यवस्था प्रजातन्त्र या लोकतन्त्र या स्वतन्त्र या मानवतन्त्र या समाजतन्त्र या जनतन्त्र या बहुतन्त्र या स्वराज कहलाता है और क्षेत्र गणराज्य कहलाता है। ऐसी व्यवस्था सुराज कहलाती है। शासन प्रणाली में व्यक्ति का समर्थक असुरी प्रवृत्ति तथा शासन व्यवस्था राज्यतन्त्र या राजतन्त्र या एकतन्त्र कहलाता है और क्षेत्र राज्य कहलाता है ऐसी व्यवस्था कुराज कहलाती है। सनातन से ही दैवी और असुरी प्रवृत्तियों अर्थात् दोनों तन्त्रों के बीच अपने-अपने अधिपत्य के लिए संघर्ष होता रहा है। जब-जब समाज में एकतन्त्रात्मक या राजतन्त्रात्मक अधिपत्य होता है तब-तब मानवता या समाज समर्थक अवतारों के द्वारा गणराज्य की स्थापना की जाती है। या यूँ कहें गणतन्त्र या गणराज्य की स्थापना ही अवतार का मूल उद्देश्य अर्थात् लक्ष्य होता है शेष सभी साधन अर्थात् मार्ग ।

अवतारों के प्रत्यक्ष और प्रेरक दो कार्य विधि हैं। प्रत्यक्ष अवतार वे होते हैं जो स्वयं अपनी शक्ति का प्रत्यक्ष प्रयोग कर समाज का सत्यीकरण करते हैं। यह कार्य विधि समाज में उस समय प्रयोग होता है जब अधर्म का नेतृत्व एक या कुछ मानवों पर केन्द्रित होता है। प्रेरक अवतार वे होते हैं जो स्वयं अपनी शक्ति का अप्रत्यक्ष प्रयोग कर समाज का सत्यीकरण जनता एवं नेतृत्वकर्ता के माध्यम से करते हैं। यह कार्य विधि समाज में उस समय प्रयोग होता है जब समाज में अधर्म का नेतृत्व अनेक मानवों और नेतृत्वकर्ताओं पर केन्द्रित होता है।

इन विधियों में से कुल मुख्य दस अवतारों में से प्रथम सात (मत्स्य, कूर्म, वाराह, नृसिंह, वामन, परशुराम, राम) अवतारों ने समाज का सत्यीकरण प्रत्यक्ष विधि के प्रयोग द्वारा किया था। आठवें अवतार (श्रीकृष्ण) ने दोनों विधियों प्रत्यक्ष ओर प्रेरक का प्रयोग किया था। नवें (भगवान बुद्ध) और अन्तिम दसवें अवतार की कार्य विधि प्रेरक ही है।

जल-प्लावन (जहाँ जल है वहाँ थल और जहाँ थल है वहाँ जल) के समय मछली से मार्ग दर्शन (मछली के गतीशीलता से सिद्धान्त प्राप्त कर) पाकर मानव की रक्षा करने वाला ईश्वर (सार्वभौम सत्य-सिद्धान्त) का पहला अंशावतार मत्स्यावतार के बाद मानव का पुनः विकास प्रारम्भ हुआ। दूसरे कूर्मावतार (कछुए के गुण का सिद्धान्त), तीसरे- वाराह अवतार (सुअर के गुण का सिद्धान्त), चौथे- नृसिंह (सिंह के गुण का सिद्धान्त), तथा पाँचवे वामन अवतार (ब्राह्मण के गुण का सिद्धान्त) तक एक ही साकार शासक और मार्गदर्शक राजा हुआ करते थे और जब-जब वे राज्य समर्थक या उसे बढ़ावा देने वाले इत्यादि असुरी गुणों से युक्त हुए उन्हें दूसरे से पाँचवें अंशावतार ने साकार रुप में कालानुसार भिन्न-भिन्न मार्गों से गुणों का प्रयोग कर गणराज्य का अधिपत्य स्थापित किया।

ईश्वर (सार्वभौम सत्य-सिद्धान्त) के छठें अंश अवतार परशुराम के समय तक मानव जाति का विकास इतना हो गया था कि अलग-अलग राज्यों के अनेक साकार शासक और मार्गदर्शक राजा हो गये थे उनमें से जो भी राज्य समर्थक असुरी गुणों से युक्त थे उन सबको परशुराम ने साकार रुप में वध कर डाला। परन्तु बार-बार वध की समस्या का स्थाई हल निकालने के लिए उन्होंने राज्य और गणराज्य की मिश्रित व्यवस्था द्वारा एक व्यवस्था दी जो आगे चलकर "परशुराम परम्परा" कहलायी। व्यवस्था निम्न प्रकार थी-

1. प्रकृति में व्याप्त तीन गुण- सत्व, रज और तम के प्रधानता के अनुसार मनुष्य का चार वर्णों में निर्धारण। सत्व गुण प्रधान - ब्राह्मण, रज गुण प्रधान-क्षत्रिय, रज एवं तम गुण प्रधान-वैश्य, तम गुण प्रधान-शूद्र।
2. गणराज्य का शासक राजा होगा जो क्षत्रिय होगा जैसे-ब्रह्माण्डीय गणराज्य में प्रकृति जो रज गुण अर्थात् कर्म अर्थात् शक्ति प्रधान है।
3. गणराज्य में राज्य सभा होगी जिसके अनेक सदस्य होंगे जैसे-ब्रह्माण्डीय गणराज्य में प्रकृति के सत्व, रज एवं तम गुणों से युक्त विभिन्न वस्तु हैं।
4. राजा का निर्णय राज्यसभा का ही निर्णय है जैसे-ब्रह्माण्डीय गणराज्य में प्रकृति का निर्णय वहीं है जो सत्व, रज एवं तम गुणों का सम्मिलित निर्णय होता है।
5. राजा का चुनाव जनता करे क्योंकि वह अपने गणराज्य में सर्वव्यापी और जनता का सम्मिलित रुप है जैसे-ब्रह्माण्डीय गणराज्य में प्रकृति सर्वव्यापी है और वह सत्व, रज एवं तम गुणों का सम्मिलित रुप है।
6. राजा और उसकी सभा राज्यवादी न हो इसलिए उस पर नियन्त्रण के लिए सत्व गुण प्रधान ब्राह्मण का नियन्त्रण होगा जैसे- ब्रह्माण्डीय गणराज्य में प्रकृति पर नियन्त्रण के लिए सत्व गुण प्रधान आत्मा का नियन्त्रण होता है।

ईश्वर (सार्वभौम सत्य-सिद्धान्त) के सातवें अंश अवतार श्रीराम द्वारा इसी परशुराम परम्परा का ही प्रसार और स्थापना हुआ था।

ईश्वर (सार्वभौम सत्य-सिद्धान्त) के आठवें अवतार श्रीकृष्ण के समय तक स्थिति यह हो गयी थी राजा पर नियन्त्रण के लिए नियुक्त ब्राह्मण भी समाज और धर्म की व्याख्या करने में असमर्थ हो गये। क्योंकि अनेक धर्म साहित्यों, मत-मतान्तर, वर्ण, जातियों में समाज विभाजित होने से व्यक्ति संकीर्ण और दिग्भ्रमित हो गया था और राज्य समर्थकों की संख्या अधिक हो गयी थी परिणामस्वरुप मात्र एक ही रास्ता बचा था- नवमानव सृष्टि। इसके लिए उन्होंने सम्पूर्ण धर्म-साहित्यों और मत-मतान्तरों के एकीकरण के लिए आत्मा के सर्वव्यापी व्यक्तिगत प्रमाणित निराकार स्वरुप का उपदेश "गीता" व्यक्त किये और गणराज्य का उदाहरण द्वारिका नगर का निर्माण कर किये। उनकी गणराज्य व्यवस्था उनके जीवन काल में ही नष्ट हो गयी परन्तु "गीता" आज भी प्रेरक बनीं हुई है।

ईश्वर (सार्वभौम सत्य-सिद्धान्त) के नवें अवतार भगवान बुद्ध के समय पुनः राज्य एकतन्त्रात्मक होकर हिंसात्मक हो गया परिणामस्वरुप बुद्ध ने अहिंसा के उपदेश के साथ व्यक्तियों को धर्म, बुद्धि और संघ के शरण में जाने की शिक्षा दी। संघ की शिक्षा गणराज्य की शिक्षा थी। धर्म की शिक्षा आत्मा की शिक्षा थी। बुद्धि की शिक्षा, प्रबन्ध और संचालन की शिक्षा थी जो प्रजा के माध्यम से प्रेरणा द्वारा गणराज्य के निर्माण की प्रेरणा थी।

ईश्वर (सार्वभौम सत्य-सिद्धान्त) के दसवें और अन्तिम अवतार के समय तक राज्य और समाज स्वतः ही प्राकृतिक बल के अधीन कर्म करते-करते सिद्धान्त प्राप्त करते हुए पूर्ण गणराज्य की ओर बढ़ रहा था परिणामस्वरुप गणराज्य का रुप होते हुए भी गणराज्य सिर्फ राज्य था और एकतन्त्रात्मक अर्थात् व्यक्ति समर्थक तथा समाज समर्थक दोनों की ओर विवशतावश बढ़ रहा था।

भारत में निम्लिखित रुप व्यक्त हो चुका था।
1. ग्राम, विकास खण्ड, नगर, जनपद, प्रदेश और देश स्तर पर गणराज्य और गणसंघ का रुप।
2. सिर्फ ग्राम व नगर स्तर पर राजा (ग्राम व नगर पंचायत अध्यक्ष) का चुनाव सीधे जनता द्वारा।
3. गणराज्य को संचालित करने के लिए संचालक का निराकार रुप- संविधान।
4. गणराज्य के तन्त्रों को संचालित करने के लिए तन्त्र और क्रियाकलाप का निराकार रुप-नियम और कानून।
5. राजा पर नियन्त्रण के लिए ब्राह्मण का साकार रुप- राष्ट्रपति, राज्यपाल, जिलाधिकारी इत्यादि।

विश्व स्तर पर निम्नलिखित रुप व्यक्त हो चुका था।
1. गणराज्यों के संघ के रुप में संयुक्त राष्ट्र संघ का रुप।
2. संघ के संचालन के लिए संचालक और संचालक का निराकार रुप- संविधान।
3. संघ के तन्त्रों को संचालित करने के लिए तन्त्र और क्रियाकलाप का निराकार रुप- नियम और कानून।
4. संघ पर नियन्त्रण के लिए ब्राह्मण का साकार रुप-पाँच वीटो पावर।

5. प्रस्ताव पर निर्णय के लिए सदस्यों की सभा।
6. नेतृत्व के लिए राजा- महासचिव।

जिस प्रकार आठवें अवतार द्वारा व्यक्त आत्मा के निराकार रुप "गीता" के प्रसार के कारण आत्मीय प्राकृतिक बल सक्रिय होकर गणराज्य के रुप को विवशतावश समाज की ओर बढ़ा रहा था उसी प्रकार अन्तिम अवतार द्वारा निम्नलिखित शेष समष्टि कार्य पूर्ण कर प्रस्तुत कर देने मात्र से ही विवशतावश उसके अधिपत्य की स्थापना हो जाना है।

1. गणराज्य या लोकतन्त्र के सत्य रुप- गणराज्य या लोकतन्त्र के स्वरुप का अन्तर्राष्ट्रीय/ विश्व मानक।
2. राजा और सभा सहित गणराज्य पर नियन्त्रण के लिए साकार ब्राह्मण का निराकार रुप- मन का अन्तर्राष्ट्रीय/ विश्व मानक।
3. गणराज्य के प्रबन्ध का सत्य रुप- प्रबन्ध का अन्तर्राष्ट्रीय/ विश्व मानक।
4. गणराज्य के संचालन के लिए संचालक का निराकार रुप- संविधान के स्वरुप का अन्तर्राष्ट्रीय/ विश्व मानक।
5. साकार ब्राह्मण निर्माण के लिए शिक्षा का स्वरुप- शिक्षा पाठ्यक्रम का अन्तर्राष्ट्रीय/ विश्व मानक।

इस समष्टि कार्य द्वारा ही काल व युग परिवर्तन होगा न कि सिर्फ चिल्लाने से कि "सतयुग आयेगा" , "सतयुग आयेगा" से। यह समष्टि कार्य जिस शरीर से सम्पन्न होगा वही अन्तिम अवतार के रूप में व्यक्त होगा। धर्म में स्थित वह अवतार चाहे जिस सम्प्रदाय (वर्तमान अर्थ में धर्म) का होगा उसका मूल लक्ष्य यही शेष समष्टि कार्य होगा और स्थापना का माध्यम उसके सम्प्रदाय की परम्परा व संस्कृति होगी।

जिस प्रकार केन्द्र में संविधान संसद है, प्रदेश में संविधान विधान सभा है उसी प्रकार ग्राम नगर में भी संविधान होना चाहिए जिस प्रकार केन्द्र और प्रदेश के न्यायालय और पुलिस व्यवस्था है उसी प्रकार ग्राम नगर के भी होने चाहिए कहने का अर्थ ये है कि जिस प्रकार की व्यवस्थायें केन्द्र और प्रदेश की अपनी हैं उसी प्रकार की व्यवस्था छोटे रुप में ग्राम नगर की भी होनी चाहिए। संघ (राज्य) या महासंघ (केन्द्र) से सम्बन्ध सिर्फ उस गणराज्य से होता है प्रत्येक नागरिक से नहीं संघ या महासंघ का कार्य मात्र अपने गणराज्यों में आपसी समन्वय व सन्तुलन करना होता है उस पर शासन करना नहीं तभी तो सच्चे अर्थों में गणराज्य व्यवस्था या स्वराज-सुराज व्यवस्था कहलायेगी। यहीं राष्ट्रपिता महात्मा गाँधी की प्रसिद्ध युक्ति "भारत ग्राम (नगर) गणराज्यों का संघ हो" और "राम राज्य " का सत्य अर्थ है।

04. "भारत " के विश्वरूप का नाम है-"इण्डिया "

भारत के संविधान के अनुच्छेद-एक में भारत के दो आधिकारिक नाम हैं-(इण्डिया दैट इज भारत) हिन्दी में "भारत" और अंगेजी में "इण्डिया (INDIA)"। इण्डिया नाम की उत्पत्ति सिन्धु नदी के अंग्रेजी नाम "इण्डस" से हुई है। भारत नाम, एक प्राचीन हिन्दू सम्राट भरत जो कि मनु के वंशज ऋषभदेव के ज्येष्ठ पुत्र थे तथा जिनकी कथा भागवत पुराण में है, के नाम से लिया गया है। भारत (भा + रत) शब्द का मतलब है- "आन्तरिक प्रकाश में लीन"। एक तीसरा नाम "हिन्दुस्तान" भी है जिसका अर्थ है-हिन्द या हिन्दू की भूमि, जो कि प्राचीन काल के ऋषियों द्वारा दिया गया था। प्राचीन काल में यह कम प्रयुक्त होता था तथा कालान्तर में अधिक प्रचलित हुआ। विशेषकर अरब/ईरान में। भारत में यह नाम मुगल काल से अधिक प्रचलित हुआ यद्यपि इसका समकालीन उपयोग कम और प्राय-उत्तरी भारत के लिए होता है। इसके अतिरिक्त भारतवर्ष को वैदिक काल से "आर्यावर्त", "जम्बूद्वीप" और "अजनाभदेश" के नाम से भी जाना जाता रहा है। बहुत पहले यह देश सोने की चिड़िया जाना जाता था।

भारत को एक सनातन राष्ट्र माना जाता है क्योंकि यह मानव सभ्यता का पहला राष्ट्र था। भारतीय दर्शन के अनुसार सृष्टि उत्पत्ति के पश्चात् ब्रह्मा के मानसपुत्र स्वायंभुव मनु ने व्यवस्था सम्भाली। इनके दो पुत्र, प्रियव्रत और उत्तानपाद थे। उत्तानपाद भक्त ध्रुव के पिता थे। इन्हीं प्रियव्रत के 10 पुत्र थे। 3 पुत्र बाल्यकाल से ही विरक्त थे। इस कारण प्रियव्रत ने पृथ्वी को सात भागों में विभक्त कर एक-एक भाग प्रत्येक पुत्र को सौंप दिया। इन्हीं में से एक थे-आग्रीध, जिन्हें जम्बूद्वीप का शासन कार्य सौंपा गया। वृद्धावस्था में आग्रीध ने अपने 9 पुत्रों को जम्बूद्वीप के विभिन्न 9 स्थानों का शासन दायित्व सौंपा। इन 9 पुत्रों में सबसे बड़े थे-नाभि, जिन्हें हिमवर्ष का भू-भाग मिला। इन्होंने हिमवर्ष को स्वयं के नाम से जोड़कर, अजनाभवर्ष प्रचारित किया। यह हिमवर्ष या अजनाभवर्ष ही प्राचीन भारत देश था। राजा नाभि के पुत्र थे-ऋषभ। ऋषभदेव के 100 पुत्रों में भरत ज्येष्ठ एवं सबसे गुणवान थे। ऋषभदेव ने वानप्रस्थ लेने पर उन्हें राजपाट सौंप दिया। पहले भारतवर्ष का नाम ऋषभदेव के पिता नाभिराज के नाम पर अजनाभवर्ष प्रसिद्ध था। भरत के नाम से ही लोग अजनाभखण्ड को भारतवर्ष कहने लगे। विष्णु पुराण, वायु पुराण, लिंग पुराण, श्रीमद्भागवत, महाभारत इत्यादि में भारत का उल्लेख आता है। इससे पता चलता है कि महाभारत काल से पहले ही भारत नाम प्रचलित था। एक अन्य मत के अनुसार दुष्यन्त और शकुन्तला के पुत्र भरत के नाम पर भारत नाम पड़ा परन्तु विभिन्न स्रोतों में वर्णित तथ्यों के आधार पर यह मान्यता गलत साबित होती है। पूरी वैष्णव परम्परा और जैन परम्परा में बार-बार दर्ज है कि समुद्र से लेकर हिमालय तक फैले इस देश का नाम प्रथम तीर्थंकर दार्शनिक राजा भगवान ऋषभदेव के पुत्र भरत के नाम पर भारतवर्ष पड़ा। इसके अतिरिक्त जिस पुराण में भारतवर्ष का विवरण है

वहाँ इसे ऋषभ पुत्र भरत के नाम पर ही पड़ा बताया गया है। इस सम्बन्ध में यह ध्यान देना होगा कि 7वें मनु के आगे 2 वंश हो गये थे-पहला इक्ष्वाकु या सूर्यवंश और दूसरा चन्द्रवंश। इसी चन्द्रवंश में दुष्यन्त-शकुन्तला के पुत्र भरत का जन्म हुआ। जिसका स्पष्ट उल्लेख ब्रह्मवैवर्त पुराण में है। इस सन्दर्भ में गीता के विभिन्न श्लोक में भगवान श्रीकृष्ण, अर्जुन को भारत कह कर सम्बोधित करते हैं। इसके अतिरिक्त ऋषभ पुत्र भरत तथा दुष्यन्त पुत्र भरत में 6 मन्वन्तर का अन्तराल है। अत: यह देश अत्यन्त प्राचीन काल से ही भारत है।

भारत गणराज्य, पौराणिक जम्बूद्वीप, दक्षिण एशिया में स्थित भारतीय उपमहाद्वीप का सबसे बड़ा देश है। भारत भौगोलिक दृष्टि से विश्व का सातवाँ सबसे बड़ा और जनसंख्या की दृष्टि से दूसरा बड़ा देश है। भारत के पश्चिम में पाकिस्तान, उत्तर-पूर्व में चीन-नेपाल-भूटान और पूर्व में बांग्लादेश-म्यांमार देश स्थित है। हिन्द महासागर में इसके दक्षिण-पश्चिम में मालदीव, दक्षिण में श्रीलंका और दक्षिण-पूर्व में इण्डोनेशिया है। इसके उत्तर में हिमालय पर्वत है और दक्षिण में हिन्द महासागर है। पूर्व में बंगाल की खाड़ी है तथा पश्चिम में अरब सागर है। भारत में कई बड़ी नदिया हैं। गंगा नदी भारतीय सभ्यता में अत्यन्त पवित्र मानी जाती हैं। अन्य बड़ी नदियाँ नर्मदा, ब्रह्मपुत्र, यमुना, गोदावरी, कावेरी, कृष्णा, चम्बल, सतलज, व्यास हैं। यह विश्व का सबसे बड़ा लोकतन्त्र है। यहाँ 300 से अधिक भाषाएँ बोली जाती हैं। यह विश्व की कुछ प्राचीनतम सभ्यताओं का पालना रहा है जैसे-सिन्धु घाटी सभ्यता और महत्वपूर्ण ऐतिहासिक व्यापार पथो का अभिन्न अंग रहा है। विश्व के चार प्रमुख धर्म-सनातन-हिन्दू, बौद्ध, जैन तथा सिख भारत में जन्में और विकसित हुए।

"भारत" ने विश्व का सर्वप्रथम, प्राचीन और वर्तमान तक अकाट्य "क्रिया-कारण" दर्शन कपिल मुनि के माध्यम से दिया जिसे आज का दृश्य विज्ञान (पदार्थ या भौतिक विज्ञान) ने भी आइन्सटाइन के माध्यम से $E=mc^2$ देकर और दृढ़ता ही प्रदान की है। भारत प्रत्येक वस्तु जिससे मनुष्य जीवन पाता है और ऐसी प्रत्येक वस्तु जिससे मनुष्य का जीवन संकट में पड़ सकता है उसे देवता मानता है। इस प्रकार हमारे भारत में 33 करोड़ देवता पहले से ही हैं और हमारा भारत सम्पूर्ण ब्रह्माण्ड को ही देवता और ईश्वर के रूप में देखता व मानता है और इसकी व्यवस्था व विकास हेतु कर्म करता रहा है। "भारत" ने "शून्य" व "दशमलव" दिया जिसपर विज्ञान की भाषा गणित टीकी हुई है। "भारत" का अपनी भाषा में नाम "भारत" है तथा विश्वभाषा में नाम ßINDIAÞ है। ßINDIAÞ का विरोध नहीं होना चाहिए बल्कि भारत को विश्वभारत बनाकर नाम ßINDIAÞ को पूर्णता प्रदान करना चाहिए। संकुचन में नहीं बल्कि व्यापकता में विश्वास करना चाहिए। अंश में नहीं बल्कि पूर्णता, समग्रता व सार्वभौमिकता में विश्वास करना चाहिए। समग्र ब्रह्माण्ड निरन्तर फैल रहा है। मानव जाति को भी अपने मस्तिष्क और हृदय को फैला कर विस्तृत करना होगा। तभी विकास, शान्ति, एकता व स्थिरता आयेगी।

भारत में एक

भारत का राष्ट्रीय ध्वज-तिरंगा
भारत का राष्ट्रीय गान-जन-गण-मन
भारत का राष्ट्रीय गीत-वन्दे मातरम्
भारत का राष्ट्रीय चिन्ह-अशोक स्तम्भ
भारत का राष्ट्रीय पंचांग-शक संवत
भारत का राष्ट्रीय वाक्य-सत्यमेव जयते
भारत की राष्ट्रीयता-भारतीयता
भारत की राष्ट्र भाषा-हिंदी
भारत की राष्ट्रीय लिपि-देव नागरी
भारत का राष्ट्रीय ध्वज गीत-हिंद देश का प्यारा झंडा
भारत का राष्ट्रीय नारा-श्रमेव जयते
भारत की राष्ट्रीय विदेशनीति-गुट निरपेक्ष
भारत का राष्ट्रीय पुरस्कार-भारत रत्न
भारत का राष्ट्रीय सूचना पत्र-श्वेत पत्र
भारत का राष्ट्रीय वृक्ष-बरगद
भारत की राष्ट्रीय मुद्रा-रूपया
भारत की राष्ट्रीय नदी-गंगा
भारत का राष्ट्रीय पक्षी-मोर
भारत का राष्ट्रीय पशु-बाघ
भारत का राष्ट्रीय फूल-कमल
भारत का राष्ट्रीय फल-आम
भारत का राष्ट्रीय खेल-हॉकी
भारत की राष्ट्रीय मिठाई-जलेबी
भारत के राष्ट्रीय मुद्रा चिन्ह ()

भारत के राष्ट्रीय पर्व 26 जनवरी (गणतंत्र दिवस) और 15 अगस्त (स्वतंत्रता दिवस)
भारत की राष्ट्रीय योजना-पंच वर्षीय योजना (पहले योजना आयोग अब नीति आयोग)
भारत का राष्ट्रीय शास्त्र-अभी निर्धारित नहीं।

भारत के विश्वरूप का शास्त्र ही "विश्वशास्त्र" है। जिसकी उपयोगिता एक राष्ट्र-एक शास्त्र के रूप है। वर्तमान समय में भारतीय संविधान को ही राष्ट्रीय शास्त्र के रूप में माना जाता है जबकि श्री लव कुश सिंह "विश्वमानव" का कहना है- "किसी देश का संविधान, उस देश के स्वाभिमान का शास्त्र तब तक नहीं हो सकता जब तक उस देश की मूल भावना का शिक्षा पाठ्यक्रम उसका अंग न हो। इस प्रकार भारत देश का संविधान भारत देश का शास्त्र नहीं है। संविधान को भारत का शास्त्र बनाने के लिए भारत की मूल भावना के अनुरूप नागरिक निर्माण के शिक्षा पाठ्यक्रम को संविधान के अंग के रूप में शामिल करना होगा। जबकि राष्ट्रीय संविधान और राष्ट्रीय शास्त्र के लिए हमें विश्व के स्तर पर देखना होगा क्योंकि देश तो अनेक हैं राष्ट्र केवल एक विश्व है, यह धरती है, यह पृथ्वी है। भारत को विश्व गुरू बनने का अन्तिम रास्ता यह है कि वह अपने संविधान को वैश्विक स्तर पर विचार कर उसमें विश्व शिक्षा पाठ्यक्रम को शामिल करे। यह कार्य उसी दिशा की ओर एक पहल है, एक मार्ग है और उस उम्मीद का एक हल है। राष्ट्रीयता की परिभाषा व नागरिक कर्तव्य के निर्धारण का मार्ग है। जिस पर विचार करने का मार्ग खुला हुआ है।"

-लव कुश सिंह "विश्वमानव"

05. विश्व सरकार के लिए पुनः भारत द्वारा शून्य आधारित अन्तिम आविष्कार

शून्य का प्रथम आविष्कार का परिचय

शून्य (0), दशमलव संख्या प्रणाली में संख्या है। यह दशमलव प्रणाली का मूलभूत आधार भी है। किसी भी संख्या को शून्य से गुणा करने से शून्य प्राप्त होता है। किसी भी संख्या को शून्य से जोड़ने या घटाने पर वही संख्या प्राप्त होती है।

शून्य का आविष्कार किसने और कब किया यह आज तक अंधकार के गर्त में छुपा हुआ है परन्तु सम्पूर्ण विश्व में यह तथ्य स्थापित हो चुका है कि शून्य का आविष्कार भारत में ही हुआ है। ऐसी भी कथाएँ प्रचलित हैं कि पहली बार शून्य का आविष्कार बाबिल में हुआ और दूसरी बार माया सभ्यता के लोगों ने इसका आविष्कार किया पर दोनों ही बार के आविष्कार संख्या प्रणाली को प्रभावित करने में असमर्थ रहे तथा विश्व के लोगों ने इसे भुला दिया। फिर भारत में हिन्दुओं ने तीसरी बार शून्य का आविष्कार किया। हिन्दुओं ने शून्य के विषय में कैसे जाना यह आज भी अनुत्तरित प्रश्न है। अधिकतम विद्वानों का मत है कि पाँचवीं शताब्दी के मध्य में शून्य का आविष्कार किया गया। सन् 498 में भारतीय गणितज्ञ एवं खगोलवेक्ता आर्यभट्ट ने कहा "स्थानं स्थानं दसा गुणम्" अर्थात दस गुना करने के लिए संख्या के आगे शून्य रखो। और शायद यही संख्या के दशमलव सिद्धान्त का उद्भव रहा होगा। आर्यभट्ट द्वारा रचित गणितीय खगोलशास्त्र ग्रन्थ आर्यभट्टीय के संख्या प्रणाली में शून्य तथा उसके लिए विशिष्ट संकेत सम्मिलित था। इसी कारण से उन्हें संख्याओं को शब्दों में प्रदर्शित करने का अवसर मिला। प्राचीन बक्षाली लिपि में, जिसका कि सही काल अब तक निश्चित नहीं हो पाया है परन्तु निश्चित रूप से उसका काल आर्यभट्ट के काल से प्राचीन है, शून्य का प्रयोग किया गया है और उसके लिए उसमें संकेत भी निश्चित है। उपरोक्त उदाहरणों से स्पष्ट है कि भारत में शून्य का प्रयोग ब्रह्मगुप्त रचित ग्रन्थ ब्रह्मस्फुट सिद्धान्त में पाया गया है। इस ग्रन्थ में नकारात्मक संख्याओं और बीजगणितीय सिद्धान्तों का भी प्रयोग हुआ है। 7वीं शताब्दी जो ब्रह्मगुप्त का काल था, शून्य से सम्बन्धित विचार कम्बोडिया तक पहुँच चुके थे और दस्तावेजों से ज्ञात होता है कि बाद में ये कम्बोडिया से चीन तथा अन्य मुस्लिम संसार में फैल गये। इस बार भारत में हिन्दुओं के द्वारा आविष्कृत शून्य ने समस्त विश्व की संख्या प्रणाली को प्रभावित किया और सम्पूर्ण विश्व को जानकारी मिली। मध्य-पूर्व में स्थित अरब देशों ने भी शून्य को भारतीय विद्वानों से प्राप्त किया। अन्ततः 12वीं शताब्दी में भारत का यह शून्य पश्चिम में यूरोप तक पहुँचा।

शून्य आधारित अन्तिम आविष्कार का परिचय

आविष्कार विषय- "व्यक्तिगत मन और संयुक्तमन का विश्व मानक और पूर्णमानव निर्माण की तकनीकी है जिसे धर्म क्षेत्र से कर्मवेद-प्रथम, अन्तिम तथा पंचमवेदीय श्रृंखला तथा शासन क्षेत्र से WS-0: मन की गुणवत्ता का विश्व मानक श्रृंखला तथा WCM-TLM-SHYAM.C तकनीकी कहते है। सम्पूर्ण आविष्कार सार्वभौम सत्य-सिद्धान्त अर्थात् सम्पूर्ण ब्रह्माण्ड में व्याप्त अटलनीय, अपरिवर्तनीय, शाश्वत व सनातन नियम पर आधारित है, न कि मानवीय विचार या मत पर आधारित।"

सम्पूर्ण ब्रह्माण्ड में व्याप्त एक ही सत्य-सिद्धान्त द्वारा व्यक्तिगत व संयुक्त मन को एकमुखी कर सर्वोच्च, मूल और अन्तिम स्तर पर स्थापित करने के लिए शून्य पर अन्तिम आविष्कार WS-0: श्रृंखला की निम्नलिखित पाँच शाखाएँ हैं ।

01. डब्ल्यू.एस.(WS)-0 -विचार एवम् साहित्य का विश्वमानक

02. डब्ल्यू.एस.(WS)-00 -विषय एवम् विशेषज्ञों की परिभाषा का विश्वमानक

03. डब्ल्यू.एस.(WS)-000 -ब्रह्माण्ड (सूक्ष्म एवम् स्थूल) के प्रबन्ध और क्रियाकलाप का विश्वमानक

04. डब्ल्यू.एस.(WS)-0000 -मानव (सूक्ष्म तथा स्थूल) के प्रबन्ध और क्रियाकलाप का विश्वमानक

05. डब्ल्यू.एस.(WS)-00000 -उपासना और उपासना स्थल का विश्वमानक

इस प्रकार विश्व सरकार के लिए पुनः भारत द्वारा शून्य आधारित अन्तिम आविष्कार पूर्ण हुआ है।

(आविष्कार के विस्तृत जानकारी के लिए "विश्वशास्त्र" अध्याय-तीन देखें)

मानक का अर्थ है-"वह सर्वमान्य पैमाना, जिससे हम उस विषय का मूल्यांकन करते है। जिस विषय का वह पैमाना होता है।" इस प्रकार मन की गुणवत्ता का मानक व्यक्ति तथा संयुक्त व्यक्ति (अर्थात् संस्था, संघ, सरकार इत्यादि) के मूल्याकंन का पैमाना है चूँकि आविष्कार का विषय सर्वव्यापी ब्रह्माण्डीय नियम पर आधारित है। इसलिए वह प्रत्येक विषयों से सम्बन्धित है जिसकी उपयोगिता प्रत्येक विषय के सत्यरूप को जानने में है। चूँकि मानव कर्म करते-करते ज्ञान प्राप्त करते हुऐ प्रकृति के क्रियाकलापों को धीरे-धीरे अपने अधीन करने की ओर अग्रसर है इसलिए पूर्णत-प्रकृति के पद पर बैठने के लिए प्रकृति द्वारा धारण की गई सन्तुलित कार्यप्रणाली को मानव द्वारा अपनाना ही होगा अन्यथा वह सन्तुलित कार्य न कर अव्यवस्था उत्पन्न कर देगा। यह वैसे ही है जैसे किसी कर्मचारी को प्रबन्धक (मैनेजर) के पद पर बैठा दिया जाये तो सन्तुलित कार्य संचालन के लिए प्रबन्धक की सन्तुलित कार्यप्रणाली को उसे अपनाना ही होगा अन्यथा वह सन्तुलित कार्य न कर अव्यवस्था उत्पन्न कर देगा। आविष्कार की उपयोगिता व्यापक होते हुए भी मूल रूप से व्यक्ति स्तर से विश्व स्तर तक के मन और संयुक्त मन के प्रबन्ध को व्यक्त करना एवम् एक कर्मज्ञान द्वारा श्रृंखलाबद्ध करना है जिससे सम्पूर्ण शक्ति एक मुखी हो विश्व विकास की दिशा में केन्द्रित हो जाये। परिणामस्वरूप एक दूसरे को विकास की ओर विकास कराते हुऐ स्वयं को भी विकास करने के लिए पूर्ण स्वतन्त्रता प्राप्त हो जायेगी। सम्पूर्ण क्रियाकलापों को संचालित करने वाले मूल दो कर्ता-मानव (मन) और प्रकृति (विश्वमन) दोनों का कर्मज्ञान एक होना आवश्यक है। प्रकृति (विश्वमन) तो पूर्ण धारण कर सफलतापूर्वक कार्य कर ही रही है। मानव जाति में जो भी सफलता प्राप्त कर रहे हैं वे अज्ञानता में इसकें आंशिक धारण में तथा जो असफलता प्राप्त कर रहे हैं, वे पूर्णतः धारण से मुक्त है। इसी कर्मज्ञान से प्रकृति, मानव और संयुक्त मन प्रभावित और संचालित है। किसी मानव का कर्मक्षेत्र सम्पूर्ण ब्रह्माण्ड हो सकता है और किसी का उसके स्तर रूप में छोटा यहाँ तक कि सिर्फ स्वयं व्यक्ति का अपना स्तर परन्तु कर्मज्ञान तो सभी का एक ही होगा।

- लव कुश सिंह "विश्वमानव"

भाग-3
समष्टि धर्म दृष्टि

अनिर्वचनीय कल्कि महाअवतार भोगेश्वर श्री लव कुश सिंह "विश्वमानव" का मानवों के नाम खुला चुनौती पत्र

अनिर्वचनीय कल्कि महाअवतार का काशी-सत्यकाशी क्षेत्र से विश्व शान्ति का अन्तिम सत्य-सन्देश

मानवों के नाम खुला चुनौति पत्र

प्रिय मानवों,

हम (अवतारी श्रृंखला) आप लोगों के प्रति कल्याण भावना रखते हुये उन सभी रहस्यों को खोलकर रख देना चाहते है जिससे आज तक हम आप का भोग करते आये है। पत्र के अन्त में यह भी बताऊँगा कि इन रहस्यों के खोलने के प्रति मेरा उद्देश्य क्या है? और यह भाव हमारे मन में क्यों आया? दिल खोलकर यह भी स्पष्ट करेंगे कि हम लोगों की उत्पत्ति कैसे हुई? और हमने अपने अधिपत्य के लिए क्या-क्या किया। अब स्थिति क्या है तथा भाविष्य में काल की गति किस ओर जा रही है?

इन सब बातों को स्पष्ट करने से पहले कुछ सूत्रों को स्पष्ट करना चाहूँगा। वर्तमान समय में यह देख रहा हूँ कि आरोप-प्रत्यारोप तथा अपने अपने सीमित मस्तिष्क से अनेकों प्रकार की व्याख्या की संस्कृति बढ़ती जा रही है। इस सम्बन्ध में यह कहना चाहूँगा कि सर्वप्रथम यह जानो कि अब तक के संसार में उत्पन्न कोई भी महापुरूष, पैगम्बर, दूत इत्यादि सार्वजनिक प्रमाणित रूप से पूर्ण रूप में नही थे। क्योंकि यदि वे पूर्ण होते तो उनके द्वारा व्यक्त विचारों की सत्ता उसी भाँति निर्विरोध रूप से स्थापित हो चुकी होती जिस प्रकार सार्वजनिक प्रमाणित विज्ञान ने अपनी सत्ता को अल्प समय में ही सभी के उपर स्थापित कर लिया है। दूसरी बात यह है कि सीमित मस्तिष्क से असीम मस्तिष्क (या अपने से अधिक मस्तिष्क) की सही व्याख्या कभी नहीं की जा सकती। यदि तुम श्री कृष्ण (या अपने से अधिक) की व्याख्या करना चाहते हो तो पहले श्री कृष्ण के मस्तिष्क (या अपने से अधिक मस्तिष्क) के बराबर होना पड़ेगा। इसी प्रकार बुद्ध, मुहम्मद, ईसा इत्यादि के सम्बन्ध में भी है। तीसरी बात यह है कि आरोप-प्रत्यारोप की संस्कृति से कोई हल नही निकलता, न ही बुद्धि का विकास होता है बल्कि साम्प्रदायिक विद्वेष व एक दूसरे का प्रचार-प्रसार ही होता है। क्योंकि तुम विरोध या आरोप-प्रत्यारोप ही सही परन्तु अपने विरोधी का नाम तो लेते ही हो। फलस्वरूप जिसके पास बुद्धि की प्रबलता होती है उसके लिए अल्प बुद्धि वाला विरोधी प्रचारक बन जाता है। और यह तो तुम जानते ही होगे कि हम बुद्धि प्रबल वर्ग है। इसलिए तुम लोग अनजाने ही हमारे प्रचारक बने बैठे हो। इसके लिए आवश्यक है कि तुम लोग ऐसे रास्ते को अपनाओं जिससे हम लोगों का नाम न ही आये और तुम लोग में बुद्धि का विकास तेजी से हो। तुम्हें यह बात सदा याद रखनी पड़ेगी कि बुद्धि के विकास से संगठित संगठन लम्बी अवधि तक स्थायित्व बनाये रहती है जबकि इसके विपरीत संगठित संगठन को कभी भी बुद्धि के प्रयोग द्वारा विखण्डित किया जा सकता है। प्रायः ऐसे संगठन का प्रयोग तुम्हारे अपने ही नेता अपने स्वार्थ को साधने में करते है।

हे मानवों, पहले कर्म या पहले ज्ञान बुद्धि? यह प्रश्न तो पहले अण्डा या पहले मुर्गी? जैसा प्रश्न है, और यह सदा से अनसुलझा ही है और रहेगा भी। परन्तु इतना तो जानना आवश्यक है कि हम कर्म करते-करते कुछ नियमों को प्राप्त करते है। यदि हम इन नियमों पर ध्यान देते रहते हैं तो हमें अपने गलतियों के पुनरावृत्ति को रोकने में सहयोग मिलता है। इन नियमों का जानना ही ज्ञान-बुद्धि कहलाता है। अब कोई व्यक्ति यह सोच सकता है कि कर्म करने से पहले हम इन नियमों का अध्ययन करेंगे तो कोई यह सोच सकता है कि ज्ञान-बुद्धि को पढ़ने से क्या होगा, हमें पहले कर्म करना है। इस स्थिति में इन दोनों में पहले नियमों को अध्ययन कर कर्म करने वाले व्यक्ति के जीवन में विकास की गति अधिक होगी जबकि पहले कर्म करने वाला व्यक्ति उन्हीं नियमों को कर्म करते-करते अनुभव करेगा जो पहले ही अनुभव कर व्यक्त की जा चुकी है। शिक्षा का अर्थ यही है कि पहले उन तमाम नियमों का अध्ययन कर लिया जाय फिर कर्मरत हुआ जाय। हम ऐसा ही करते रहे हैं और तुम को नचाते रहे हैं।

कम समय में अधिकतम ज्ञान-बुद्धि के विकास का मार्ग यह है कि जिस प्रकार विज्ञान के क्षेत्र में जिस वस्तु का आविष्कार पूर्ण हो जाता है। पुनः उसके आविष्कार पर समय व बुद्धि खर्च नहीं करते बल्कि उसके आगे की ओर आविष्कार या उस आविष्कार को समझने पर समय व बुद्धि खर्च किया जाता है। उसी प्रकार ज्ञान के क्षेत्र में जो भी आविष्कार हो चुके हैं सीधे वहाँ से प्रारम्भ करना चाहिए। विज्ञान के क्षेत्र में आविष्कार कहाँ तक पहुँचा है

इसकी चर्चा हम इस पत्र में बाद में करेंगे। परन्तु ज्ञान के क्षेत्र में समन्वायाचार्य श्रीकृष्ण के बाद विद्रोही के रूप में भगवान बुद्ध आये, इनके बाद पुनः समन्वयाचार्य श्री रामकृष्ण-स्वामी विवेकानन्द आये, फिर विद्रोही के रूप में आचार्य रजनीश "ओशो" आये। ओशो के बाद कार्य शेष है। इसलिए बुद्धि के सम्बन्ध में ओशो का क्या कहना है यह देखना आवश्यक है। ओशो का कहना है -" अगर तुम अकड़े रहे कि हम अपनी गरीबी खुद ही मिटा येंगे, तो तुम ही तो गरीबी बनाने वाले हो, तुम मिटाओगे कैसे? तुम्हारी बुद्धि इसके भीतर आधार है, तुम इसे मिटाओगे कैसे? तुम्हें अपने द्वार-दरवाजे खोलने होंगे। तुम्हें अपना मस्तिष्क थोड़ा विस्तीर्ण करना होगा। इस देश को कुछ बाते समझनी होंगी। एक तो इस देश को यह बात समझनी होंगी कि तुम्हारी परेशानियों, तुम्हारी गरीबी, तुम्हारी मुसीबतों, तुम्हारी दीनता के बहुत कुछ कारण तुम्हारे अंधविश्वासों में है। भारत अभी भी समसामयिक नहीं है, कम से कम डेढ़ हजार वर्ष पिछे घिसट रहा है। ये डेढ़ हजार साल पूरे होने जरूरी है। भारत को खींचकर आधुनिक बनाना जरूरी है। लेकिन सबसे बड़ी अड़चन इस देश की मान्यताएँ है। इसलिए मैं लड़ रहा हूँ तुम्हारे लिए।" यह डेढ़ हजार वर्षों का अन्तर हम किसके परिश्रम से उत्पन्न बुद्धि की देन है? विचार करो मानवों।

अब हम अपने मूल विषय की ओर आते हैं परन्तु इसे समझने के लिए अपने ही बुद्धि, ज्ञान, तथा विज्ञान का ही प्रयोग उचित होगा और सदैव ध्यान में रखना होगा कि यदि सिर्फ कृष्ण को लेकर समाज निर्माण चाहोगे तो न हो सकेगा। इसी प्रकार न ही सिर्फ बुद्ध से, न मुहम्मद से, न ही ईसा या अन्य किसी से। हाँ भीड़ इकट्ठा हो जायेगी परन्तु बुद्धि विकास नहीं।

प्रारम्भ से अब तक की कथा इस प्रकार है। मानव के वर्तमान सभ्यता तक की यात्रा में उत्थान-पतन के अनेकों चरण आये परन्तु इनमें मुख्य चरण ऐसे थे जो सम्पूर्ण मानव सभ्यता और मानवता को पतन के मोड़ पर ले जाने वाली थी। उनमें -

मानव सभ्यता पर पहला संकट काल प्रकृति द्वारा आज से कई हजार वर्ष पूर्व आया था। उस समय पृथ्वी एक भंयकर प्राकृतिक आपदा का शिकार हो गयी थी, फलस्वरूप जहाँ जल था वहाँ थल, तथा जहाँ थल था वहाँ जल की स्थिति अधिकतम स्थानों पर उत्पन्न हो गयी। इस आपदा के स्थिर होने के बाद कुछ लोग एक टापू पर जीवित बच गये। जहाँ मानव सभ्यता के विकास के लिए आवश्यक संसाधन नहीं थी फलस्वरूप उनका वहाँ से बड़े भूभाग पर जाना विवशता बन गयी। उनमें से एक बुद्धि प्रबल व्यक्ति ने मछलियों के स्वभाव जल की धारा के विपरीत दिशा में गति करने से ज्ञान (सिद्धान्त) प्राप्त कर नाव द्वारा मछलियों की दिशा की ओर चल पड़े और वे ऐसे स्थान पर पहुँच गये जो मानव सभ्यता के विकास के लिए पूर्ण योग्य थी। ये स्थान ही हिमालय का क्षेत्र था। इस प्रकार बुद्धि प्रबल उस व्यक्ति ने मानव सभ्यता को उसके संकट काल से बचाया।

मानव सभ्यता पर दूसरा संकट काल मानवों द्वारा ही उत्पन्न हो गया था। प्रथम संकट काल के उपरान्त कालान्तर में जल स्तर घटने लगा और हिमालय के चारो ओर की ओर भूमि रिक्त होती गयी। प्रथम दृष्टि में आयी भूमि ही कूर्मांचल क्षेत्र है। जैसे-जैसे भूमि रिक्त होती गयी मानव सभ्यता का विकास व प्रसार होना पुनः प्रारम्भ हो गया। जनसंख्या व कार्य बढ़ने से व्यवस्था संकट उत्पन्न हो गया जिससे दो व्यवस्था प्रणाली का जन्म हुआ। पहला - हम अपनी व्यवस्था खुद मिलकर-बैठकर आपसी सहमति से करेंगे। दूसरा- सभी व्यवस्थओं की जिम्मेदारी किसी एक व्यक्ति के उपर छोड़ दिया जाय। पहली व्यवस्था गणराज्य या समाजवाद कहलायी तथा दूसरी व्यवस्था राज्य या व्यक्तिवाद कहलायी। पहली व्यवस्था के समर्थक देवता कहलाये क्योंकि ये प्रकृति के समर्थक और उसके अनुसार सभी के सह-अस्तित्व को महत्ता देते थे जबकि दूसरी व्यवस्था के समर्थक असुर कहलाये क्योंकि ये सिर्फ अपनी इच्छा और अस्तित्व को महत्ता देते थे। समयोपरान्त दोनों व्यवस्थाओं में अपने-अपने अधिपत्य के लिए युद्ध होने लगा। फलस्वरूप मानवता व मानव सभ्यता का विकास रूक कर पतन की ओर जाने लगी। संकट के इस समय में एक सहनशील, शांत, धैर्यवान, लगनशील व्यक्ति ने दोनों पक्षो के बीच मध्यस्थ की भूमिका के द्वारा विचारों के मंथन अर्थात निर्णायक बहस से अनेक विचारों पर समन्वय स्थापित कर मानव सभ्यता के विकास की ओर दोनों पक्षों का ध्यान केन्द्रित किया। फलस्वरूप मानव सभ्यता पुनः विकास की ओर बढ़ चली।

मानव सभ्यता पर तीसरा संकट काल राज्य का नेतृत्व करने वाले राजा के कारण ही उत्पन्न हो गया। दूसरे संकट के उपरान्त राज्य का नेतृत्व करने वाला राजा अपने साम्राज्य को विशाल रूप से विकसित किया और अपने प्रभाव को लगातार बढ़ाता जा रहा था ऐसी स्थिति में समाज समर्थक देवताओं का मनोबल समाप्त होने की ओर हो गया। इस स्थिति का अनुभव कर एक मेधावी, सूझ-बुझ, सम्पन्न, पुरूषार्थी, धीर-गम्भीर, निष्कामी, बलिष्ठ, सक्रिय, अहिंसक और समूह प्रेमी व्यक्ति ने लोगों का मनोबल बढ़ाया, उन्हें उत्साहित और सक्रिय किया जिसके परिणामस्वरूप समाज समर्थकों के मनोबल में वृद्धि हुई और उस राजा के राज्य को समाप्त कर गणराज्य व्यवस्था की स्थापना से मानवता आधारित मानव सभ्यता का विकास पुनः प्रारम्भ हो गया।

मानव सभ्यता पर चौथा संकट काल पुनः राज्य का नेतृत्व करने वाले राजा के कारण ही उत्पन्न हो गया। उसने पूर्व के सभी सह-अस्तित्व के विचारों को तोड़कर अपनी इच्छा से व्यवस्था चलाने को प्राथमिकता दी। और प्रजा के कष्टों में वृद्धि होने लगी। परिणामस्वरूप उस राजा का पुत्र प्रजाहित को ध्यान में लेते हुये समाज समर्थक बन गया। राजा अपने पुत्र को समाज समर्थक बनता देख अपने पुत्र को ही अनेक प्रकार के कष्ट देने लगा। वह राजा इतना बलशाली था कि उसको युद्ध से हराना नामुकिन था, उसके कार्यों से उसके सहयोगी दरबारी भी अन्दर ही अन्दर घृणा करते थे। परन्तु प्रत्यक्ष विरोध किसी के लिए सम्भव नहीं था। इन परिस्थितियों में सभी समाज समर्थक प्रजा देवता भी विरोधक क्षमता को खो चुके थे। ऐसी स्थिति में उस राजा का एक दरबारी ही प्रत्यक्ष रूप से एका-एक हिंसक बनकर दरबार में ही राजा का वध कर डाला चूँकि वह दरबारियों के मन की स्थिति को अच्छी प्रकार जानता था इसलिए ऐसा करने में उसे कोई बाधा नहीं थी। वहीं वह राजा अपने प्रभुत्व के कारण सभी दरबारियों को अपने हित में ही समर्पित रहने वाला समझकर भ्रम में था। राजा का वध के उपरान्त राजा के समाज समर्थक पुत्र ने गणराज्य व्यवस्था द्वारा मानव सभ्यता के विकास के लिए आगे कर्म किया। जिसका निर्माता वह हिंसक दरबारी व्यक्ति था।

मानव सभ्यता पर पाँचवा संकट काल पुनः राज्य का नेतृत्व करने वाले राजा के ही कारण उत्पन्न हो गया था। यह राजा इतना अधिक कुशल था कि इसने समाज समर्थक गुणों को भी आत्मसात् कर समाज समर्थक देवताओं का भी विश्वास पात्र बन गया। परिणामस्वरूप समाज समर्थक देवता भी राजा का गुणगान करते हुये आश्वस्त व निष्क्रिय होने लगे। इस राजा ने अपने राज्य का प्रसार व्यापक रूप से किया। इस स्थिति में मानव सभ्यता का वर्तमान तो सुरक्षित था परन्तु भविष्य अन्धकार में था क्योंकि वर्तमान राजा के उपरान्त, आवश्यक नहीं था कि नया राजा भी उसी राजा की भाँति हो और तब तक समाज समर्थक पूर्ण रूप से निष्क्रिय हो गये र हेंगे। इस स्थिति को एक दूर द्दष्टा व्यक्ति ने समझकर राजा के ही गुण का प्रयोग करते हुये उससे थोड़ी सी भूमि लेकर उस व्यक्ति ने उस भूमि पर गणराज्य व्यवस्था की स्थापना व व्यवस्था को जीवित कर, उसके सुख से प्रजा को परिचित कराया। फलस्वरूप इस व्यवस्था का प्रसार होने लगा और राजा का सु-राज्य भी स्व-राज से समाप्त हो गया। गणराज्य की स्थापना कर उस व्यक्ति ने मानवता और मानव सभ्यता को विकास की ओर गति दी।

मानव सभ्यता पर छठा सकंट काल अनेक राज्यों के नेतृत्व करने वाले अनेक राजाओं के कारण गणराज्य व्यवस्था के स्थायी स्थिरता के लिए उत्पन्न हो गया। पाँचवे संकट से निकलने के बाद जनसंख्या और भूमि का विस्तार इतना अधिक हो चुका था कि एक राजा और राज्य के अधीन नियत्रंण असम्भव हो गया, जिसके परिणामस्वरूप अनेक राजाओं के नेतृत्व में अलग-अलग अनेक राज्य स्थापित हो गये थे। ऐसी स्थिति में राज्यवाद बढ़ रहा था। और राज्यवादी राजाओं का वध भी असम्भव होता जा रहा था। ऐसी स्थिति में गणराज्य या समाजवाद की स्थिरता पर प्रश्न चिन्ह लगने लगा था। फलस्वरूप एक व्यक्ति ने अनेक राज्यवादी राजाओं का वध करके अनेक राज्यों को गणराज्य के रूप में परिवर्तित कर दिया। परन्तु उस व्यक्ति ने देखा कि यह समस्या का स्थायी हल नहीं हो सकता क्योंकि अनेकों राजाओं का वध बारबार सम्भव नहीं और ऐसा करने से प्रजा में अन्यवाद अर्थात हमारे कार्य दूसरे करें का भाव बढ़ रहा था। इन स्थितियों के स्थायी हल के लिए उस व्यक्ति ने राज्यवाद और समाजवाद दोनों में समन्वय स्थापित कर एक नई व्यवस्था का सूत्रपत किया। इस व्यवस्था के लिए उस पुरूष ने ब्रह्माण्ड में व्याप्त व्यवस्था सिद्धान्तों को आधार बनाया तथा मूल तीन गुणों की पहचान की

1. सत्व गुण- सुख, ज्ञान और प्रकाश अर्थात आत्मा और सूक्ष्म बुद्धि अर्थात मार्गदर्शक और विकास दर्शन का गुण
2. रज गुण- आंकाक्षा, इच्छा और सकाम कर्म अर्थात भाव हृदय और मन अर्थात क्रियान्वयन दर्शन का गुण
3. तम गुण - अज्ञान, दुःख और अंधकार अर्थात इन्द्रिय, अनात्म, प्राण और स्थूल शरीर अर्थात विनाश दर्शन का गुण।

इन गुणों के आधार पर सभी जीव विभजित किये गये। मानव जाति में चार विभाजन हुये।
1. सत्व गुण प्रधान- ब्राह्मण वर्ग
2. रज गुण प्रधान - क्षत्रिय वर्ग
3. रज तम गुण प्रधान - वैश्य वर्ग
4. तम गुण प्रधान - शूद्र वर्ग।

इन गुणों के आधार पर उनके लिए कर्म निर्धारित किये गये। और गणराज्य की व्यवस्था बनायी गयी जो इस प्रकार थी।
1. गणराज्य का एक रज गुण प्रधान - क्षत्रिय राजा होगा क्योंकि ब्रह्माण्डीय गणराज्य में रज गुण प्रधान प्रकृति ही राजा है।
2. राजा, राज्यवादी न हो इसलिए उस पर सत्व गुण प्रधान -ब्राह्मण का नियंत्रण होगा क्योंकि ब्रह्माण्डीय गणराज्य में रज गुण प्रधान प्रकृति पर नियंत्रण के लिए सत्व गुण प्रधान आत्मा है।
3. राजा, सीधे आम जनता से चुना जायेगा क्योंकि ब्रह्माण्डीय गणराज्य में प्रकृति सर्वव्यापी है और वह सभी गुणों का सम्मिलित रूप है।
4. राजा का निर्णय राज्यसभा के दो तिहाई बहुमत से हो क्योंकि ब्रह्माण्डीय गणराज्य में प्रकृति का निर्णय सत्व, रज व तम तीन गुणों में से दो गुणों के समर्थन का ही रूप होता है।
5. रज-तम प्रधान-वैश्य तथा तम प्रधान शूद्र चूंकि इन्द्रिय, प्राण और स्थूल शरीर पर ही केन्द्रित रहते है इसलिए इन्हें बुद्धि ज्ञान से नियत्रिंत न करके बल, कानून व आज्ञा के नियत्रंण में रखा जाय।

इस प्रकार उस महापुरूष ने राज्य व गणराज्य के मिश्रित व्यवस्था से एक सर्वमान्य व्यवस्था को स्थापित कर मानवता व मानव सभ्यता के विकास के लिए स्थायी मार्ग उपलब्ध कराया जो दीर्घ काल तक चली।

मानव सभ्यता पर सातवां संकट काल गणराज्य के नयी व्यवस्था के स्थायी स्थिरता के कारण आया। छठें संकट से उत्थान की ओर अग्रसर करने वाले पुरूष के समक्ष यह समस्या आयी कि नयी व्यवस्था को बने रहने और उसके प्रसार का दायित्व किसे सौंपा जाय। इसके लिए उस पुरूष ने अन्य सहयोगियों के सहयोग और योजनाबद्ध तरीके से एक राजा के पुत्र (भावी राजा) में नई व्यवस्था के प्रसार के लिए योग्यता का निर्माण किये परिणामस्वरूप उस युवराज ने अपने जीवन पर्यन्त इस व्यवस्था की स्थापना और प्रसार किया तथा मानवता और मानव सभ्यता की रक्षा की।

मानव सभ्यता पर आठवां संकट काल गणराज्य व्यवस्था के कारण नहीं बल्कि उस व्यवस्था के पीठासीन व्यक्तियों के कर्तव्य विमुख और देवता तथा असुर संस्कारों के पूर्ण पहचान से बुद्धि के अक्षम हो जाने के कारण आया। इस संकट काल के समय राजा को नियंत्रण व मार्गदर्शन में रखने वाला ब्राह्मण भी जनकल्याण से विमुख हो स्व-कल्याण में लिप्त हो चुका था। यह स्थिति छोटे राज्यों से लेकर बड़े राज्यों में व्याप्त हो चुकी थी। ऐसी स्थिति में एक व्यक्ति ने यह देखा कि पीछे, जब भी मानवता पर संकट आया, तब उस संकट से किसी व्यक्ति के द्वारा उत्थान हो जाने पर जब तक उत्थान करने वाला व्यक्ति जीवित रहता था तभी तक गणराज्य व्यवस्था यथावत् रहती थी। बाद में पुनः राज्यवादी व्यवस्था स्थापित हो जाती थी। दूसरे यह कि व्यवस्था कोई भी खराब नहीं होती उस पर बैठने वाले लोगों की बुद्धि के अनुसार ही व्यवस्था का रूप संचालित होता है मानवता और मानव सभ्यता के इस संकट काल में सभी अपने अपने बुद्धि को पूर्ण तथा व्यक्तिगत स्वार्थ में इस प्रकार डूबे हुये थे कि बिना पूर्ण वध के उत्थान मुश्किल हो चुका था। परिणामस्वरूप उस अति बुद्धि सम्पन्न व्यक्ति ने आम जनता को सक्रिय करने के लिए प्रेरित किया, गणराज्य के उदाहरण स्वरूप एक नगर का निर्माण कराया तथा पूर्ण वध के लिए उस समय

के विशाल राज्य के नेतृत्व में उपजे विवाद का सहारा प्राप्त कर बहुत से एकतन्त्रात्मक राज्यों को नष्ट किया और करवाया। साथ ही उस समय में समाज में व्याप्त अनेक मत-मतान्तार व विचारों के एकीकरण के लिए सत्य-विचार का ज्ञान भी दिया जिससे व्यक्ति, व्यक्ति पर विश्वास न कर अपने बुद्धि से स्वयं निर्णय करें और प्रेरणा प्राप्त करता रहे। इस प्रकार साकार व्यक्ति आधारित मानवता के सर्वोच्च संकट से उस व्यक्ति ने नई निराकार सिद्धान्त आधारित मानवता के उत्थान का मार्ग उपलब्ध कराया।

मानव समाज पर नौवां संकट काल वर्तमान से लगभग 2500 वर्ष पूर्व आया था जिसका कारण राजाओं का साम्राज्यवादी-प्रसारवादी व्यवहार था। इस समय मानव समाज जितना विकास करता वह अल्पसमय में एक राज्य से दूसरे राज्य में युद्ध करने में ही नष्ट हो जाता। सम्पूर्ण मानवता हिंसा से भर उठी थी। ऐसे में राजपरिवार का ही एक युवा व्यक्ति अपने परिवार तथा राज्य का त्याग कर अहिंसा का सन्देश दिया। तथा प्रजा को प्रेरित करने के लिए धर्म, संघ और बुद्धि के शरण में जाने की मूल शिक्षा दी। एक राजा के द्वारा इस युवा सन्यासी के सन्देश को स्वीकार कर शिष्य बन जाने से इस सन्यासी का प्रसार जितना हुआ उससे बहुत कम उसके विचारों का हुआ परिणामस्वरूप अल्पअवधि के लिए हिंसा भरे मानव समाज को थोड़ी राहत मिली और सभ्यता उत्थान की ओर अग्रसर हुई।

हे मानवों, मानव सभ्यता और मानवता के दसवें, अन्तिम तथा वर्तमान संकट का खुलासा हम इस पत्र में आगे करेंगे। यहाँ हम कुछ ऐसे रहस्यों का खुलासा करने जा रहे है। जो वर्तमान मानव के दृष्टि में परिवर्तन हाने मात्र के कारण उत्पन्न हुई है।

पाँचवें सकंट के समय तक भारत के मूल निवासी ही भारत की भूमि के अधिपति थे, परन्तु वे राज्य को कुशलता पूर्वक चलाने में असमर्थ होते जा रहे थे। इसी समय में हिमालय के उत्तर-पश्चिम क्षेत्र से भारत के बाहर के मनुष्यों का भारत में आगमन हुआ। इस समय भारत के मूल निवासी प्रकृति पूजक बहुदेववाद को मानती थी। भारत के बाहर से आये मनुष्यों ने भारत के मूल निवासियों के लिए राज्य प्रशासन में अपने ज्ञान-बुद्धि का प्रयोग कर एक अच्छे मार्गदर्शक का कार्य करते थे। प्रकृति के गुणों के आधार पर जब मनुष्यों का विभाजन हुआ तब भारत के मूल निवासी शूद्र वर्ग की योग्यता रखते थे। परन्तु ऐसा नही था कि भारत के बाहर से आये मनुष्य ब्राह्मण, क्षत्रिय, तथा वैश्य वर्ग में अर्थात भारत के बाहर सभी उच्च वर्ग में तथा भारत के मूल निवासी सभी निम्न वर्ग में थे। परन्तु उनमें इसकी अधिकता थी। कालान्तर में ये वर्ग जन्म आधारित हो अनेक उपवर्गों -जातियों में विभाजित हो गयी। जिसका रूप वर्तमान में दिख रहा है। परन्तु आज भी यदि जन्म आधारित दृष्टि से हटकर गुण आधारित दृष्टि से देखोगे तो प्रत्येक वर्ग या जाति में प्रत्येक वर्ग के व्यक्ति दिखाई पड़ेंगे। भारत के बाहर के ये व्यक्ति ही आर्य कहलाये तथा कालान्तर में मानव सभ्यता में अनेक उत्थान-पतन से ये आर्य जाति और मूल भारतीय जाति इतने अधिक मिश्रित हुये कि वर्तमान में समग्र हिन्दू जाति ही आर्यों की मूल पहचान बन गयी। और अब सभी के लिए शस्त्र बल बढ़ाकर क्षत्रिय बनना, ज्ञान बल बढ़ाकर ब्राह्मण बनना तथा धन बल बढ़ाकर वैश्य बनाना खुला हुआ है, परन्तु जातियाँ इसके लिए प्रयत्न तो करे।

प्रकृति के तीन गुणों में से सर्वोच्च, शुद्ध और सर्वव्यापी गुण सत्व आधारित मानव वर्ग ही हम हैं। जन्म के समय हम आदर्श ब्राह्मण थे। हमारा कार्य ब्रह्माण्ड में सर्वव्यापी अटलनीय, अपरिवर्तनीय सत्य-सिद्धान्त और उसके अनुसार कर्म विधान की अनुभूति करना तथा राजा और राज्य के माध्यम से उसे प्रभावी बनाना था। बदले में राजा द्वारा हमें साधन-सुविधा प्राप्त होती थी। यही हमारा सम्पूर्ण जीवन था। इस क्रम में हम लोगों न सर्वव्यापी सत्य-सिद्धान्तों को संहिता रूप में लिखा जो बाद में विषयों आधारित विभक्त होकर चार वेद ऋगु, यजु, साम और अथर्वेद का रूप धारण किया। इसी प्रकार धर्म अनुष्ठान एवम् पवित्र ग्रन्थो की व्याख्या से सम्बन्धित ग्रन्थ अरण्यक का सृजन हम लोगों ने किया। कालान्तर में जब राजाओं द्वारा यज्ञों से यथेष्ठ फल न प्राप्त होने की बुद्धि आयी तब क्षत्रिय राजाओं न स्वयं अपने कर्मों के अनुभव से दर्शन क्षेत्र में अपने बुद्धि को दिशा दी, जिसके फलस्वरूप अधिकतम उपनिषद् उन्होंने स्वयं लिखे जो बाद में भारतीय दर्शन का मुख्य आधार बनी। इस क्रम में हमलोगों ने वेदांग अर्थात सूत्र साहित्य में 1. स्वर विज्ञान से सम्बन्धित शिक्षा 2. धर्मानुसार अर्थात कल्प में चार वर्ग - श्रोत सूत्र

(श्रोत यज्ञ से सम्बन्धित), शुल्क सूत्र (यज्ञ स्थल तथा अग्निवेदी निर्माण तथा माप से सम्बन्धित जो आगे चलकर ज्योतिष का आधार बना) गृहय सूत्र (मानव जीवन से सम्बन्धित अनुष्ठान) तथा धर्म सूत्र (धार्मिक तथा अन्य प्रकार के नियम जो आगे चलकर भारतीय विधि का आधार बना) 3. व्याकरण 4. निरूक्त अर्थात व्युत्पत्ति 5. छन्द 6. ज्योतिष की भी रचना की। मनुष्य को पुरूषार्थ करने के लिए- धर्म, अर्थ, काम, मोक्ष तथा आदर्श जीवन के लिए ब्रह्मचर्य, गृहस्थ, वानप्रस्थ तथा सन्यास आश्रम की व्यवस्था हम प्राचीन आदर्श ब्राह्मणों की ही देन है।

हे प्रिय मानवों हम प्राचीन आदर्श ब्राह्मण प्रत्येक विषय को चक्रीय रूप में देखते हैं और यह ज्ञान हमने भारत के मूल निवासी ऋषियों से ही प्राप्त किये जिसके आधार पर समस्त वैदिक साहित्य का विस्तार हुआ है। हम प्रचीन ब्राह्मण ईश्वरवादी है और ईश्वर को स्वीकारते थे परन्तु उस रूप में नहीं जिस रूप में वर्तमान समाज मानता है, वर्तमान समाज का ईश्वर, मूर्ति, जप, तप, व्रत, पर्व, त्यौहार इत्यादि तो हमारी अगली पीढ़ी ने अपने जीवकोपार्जन और ईश्वर की ओर आपको लाने के लिए तब बनायी, जब हमारे कर्मकण्डों को राजाओं और राज्यों का समर्थन मिलना बन्द हो गया। हम ईश्वर को निराकार सर्वव्यापी, सर्वशक्तिमान सत्य-सिद्धान्त के रूप में देखते हैं। तथा जो इसे अपने जीवन में धारण कर प्रत्यक्ष या अप्रत्यक्ष रूप से मानव सभ्यता और मानव उत्थान के लिए अगले चरण के रूप में कालानुसार प्रयोग करता हैं उसे साकार ईश्वर या अवतार कहे। इस प्रकार मानव सभ्यता और मानवता पर आये उपरोक्त वर्णित नौ सकंटों से उत्थान की ओर ले जाने वाले व्यक्तियों को हमने क्रमशः उनके गुणों के आधार पर तथा नाम से मत्स्य, कूर्म, वाराह, नृसिंह, वामन, परशुराम तथा राम को प्रत्यक्ष अंशावतार, श्री कृष्ण को व्याक्तिगत प्रमाणित प्रत्यक्ष एवम् प्रेरक पूर्णावतार तथा भगवान बुद्ध को प्रेरक अंशावतार कहा और स्वीकार किया है। और जो भी ऐसा करेगा वह अवतार कहा ही जायेगा। सत्य कहूँ तो हम आदर्श ब्राह्मणों का वही प्रतिरूप होता है। और मात्र अवतार ही हमलोगों के समर्पण का कारण होता है। वही मात्र एक सर्वोच्च आदर्श ब्राह्मण होता है क्योंकि वही ब्रह्म है। यहाँ तक आने के लिए तुम्हें स्थूल शरीर, इन्द्रिय, प्राण, भाव, मन तथा सूक्ष्म बुद्धि को पार करना होगा। अर्थात तुम्हारा मन इन सब विषयों में होते हुये भी इनसे मुक्त होना चाहिए। तभी तुम इन सबका संचालन कर सकते हो। अभी तो तुम इस क्रम में धीरे-धीरे बढ़ते हुए बुद्धि तक पहुँच रहे हो। मैं नहीं कह रहा कि तुम बुद्धिहीन हो, तुम्हारा कर्म कह रहा है। क्योंकि बुद्धि का अर्थ यह नहीं होता कि तुम स्थूल शरीर, इन्द्रिय, प्राण, भाव, मन की पूर्ति के लिए अपनी बुद्धि लगाओ। ऐसी बुद्धि क्षैतिज अर्थात जीवन स्तर की बुद्धि कही जाती है। तुम्हें उध्व अर्थात सामाजिक, राजनीतिक, राष्ट्रीय, वैश्विक स्तर की ओर बुद्धि खर्च करनी चाहिए। तभी तुम्हारा उत्थान हो सकता है। जब तुम सर्वोच्च और आत्मीय स्तर पर पहुँच जाओगे तो तुम ब्राह्मण, क्षत्रिय, वैश्य व शूद्र में आवश्यकतानुसार व समयानुसार परिवर्तित हो अभिनय करने में हमलोगों की भाँति कुशल हो जाओगे। क्योंकि यह एक पर एक आवरण की भाँति गुणों का संक्रमणीय, संग्रहणीय और गुणात्मक रूप है। अर्थात शूद्र होने पर वैश्य के गुणों को नहीं समझा जा सकता। परन्तु वैश्य होने पर शूद्र के गुण को आसानी से समझा जा सकता है। इसी प्रकार क्षत्रिय होने पर वैश्य व शूद्र के गुणों को, ब्राह्मण होने पर क्षत्रिय, वैश्य व शूद्र के गुणों को तथा आदर्श ब्राह्मण अर्थात ब्रह्म होने पर ब्राह्मण, क्षत्रिय, वैश्य व शूद्र के गुणों को आसानी से समझा जा सकता है। आदर्श ब्राह्मण अर्थात ब्रह्म का अंश तो सभी में विद्यमान है परन्तु वह गुणों के आवरण से छिपा है। इन गुणों पर एक-एक कर नियंत्रण करते हुये आवरण हटाते जाओ अन्ततः तुम स्वयं को ब्रह्म रूप में देखोगे। तुम कहोगे इससे क्या होगा? तो हम यह स्पष्ट और सत्य रूप से कहते हैं कि तुम हम लोगों जैसे हो जाओगे और तुम्हारी बुद्धि क्षैतिज सहित उध्व हो जायेगी। तब तुम अपने वास्तविक अधिकार को प्राप्त कर पाओगे।

हे मानवों इस संसार में मानव शरीर से व्यक्त होने वाले व्यवहारों में असीम विभिन्नता और विचित्रता है। हमलोगों का प्रयत्न सत्य तथा लोककल्याण के स्थायी भाव को बनाये रखने के लिए विभिन्न रूपों से इस ओर मोड़ना तथा जोड़ना ही रहा है। इन मानव व्यवहारों के विचित्रताओं और विभिन्नताओं में कुछ तो ऐसे होते हैं जो अपनी ही इच्छा पर आजीवन संकल्पित रहते हैं। ये ऐसे होते हैं कि 'हम नहीं बदलेगे चाहे जमाना क्यों न बदल जाये' कुछ ऐसे होते हैं जो अपनी इच्छा की पूर्ति के लिए अनेकों प्रकार के अनैतिक कार्य करने से भी नहीं चूकते, चाहे उसका परिणाम अन्ततः दुःखदायी ही क्यों न हो। कुछ ऐसे होते हैं जो व्यक्तिगत स्तर पर आर्दश व्यक्ति के रूप में तो कुछ

समाजिक स्तर पर तो कुछ वैश्विक स्तर पर आर्दश के रूप में स्वयं को प्रस्तुत करते हैं। मनुष्य के इन विभिन्न व्यवहारों की क्रिया के रूप में समझने के लिए ही हमलोगों ने पुराणों की रचना की। जिससे मनुष्य अनेक प्रकार के व्यवहारों सहित समग्र ब्रह्माण्ड को एक साथ समझ सके और अपने व्यवहार को नियंत्रित कर सके। साथ ही स्वयं अपने व्यवहारों को समझे और उसके अनुसार व्यक्त हो सके। हे मानवों जगत् का सम्पूर्ण कल्याण स्वकल्याण में ही निहित है परन्तु जो स्व का अर्थ सिर्फ व्यक्तिगत समझते हैं वे ही व्यक्तिवादी असुरी प्रकृति के होते हैं तथा जो स्व का अर्थ सार्वमौभ, जिसमें वह स्वयं भी होता है, ऐसा समझते हैं वे दैवी समाजवादी प्रकृति के होते हैं। असुरी प्रवृत्तियाँ सिर्फ सीधी रेखा में सोचती ही जैसे - जन्म फिर मृत्यु जबकि दैवी प्रवृत्तियाँ चक्रीय रूप में अर्थात जन्म फिर मृत्यु फिर जन्म इस प्रकार सोचती हैं। समस्त पुराणों की रचना दैवी प्रवृति की ही कृतियाँ हैं। जिसमें असुरों के आदर्श गुरू को शुक्राचार्य कहा गया है। जबकि देवताओं के आदर्श गुरू को गुरू बृहस्पति कहा गया। राजाओं के आदर्श राजा को इन्द्र कहा गया है। अन्य सभी ब्रह्माण्ड में उपलब्ध प्रभावकारी विषयों को देवताओं के रूप में कल्पना कर प्रक्षेपित किया गया है। जैसे - वायु देव, अग्नि देव, चन्द्र देव इत्यादि। इसी प्रकार आदर्श व्यक्ति चरित्र को ब्रहमा एवम् परिवार तथा आदर्श सामाजिक व्यक्ति चरित्र अर्थात व्यक्तिगत प्रमाणित आदर्श वैश्विक व्यक्ति चरित्र को विष्णु एवम् परिवार तथा आदर्श वैश्विक व्यक्ति अर्थात सार्वजनिक प्रमाणित आदर्श वैश्विक व्यक्ति चरित्र को शिव-शंकर एवम् परिवार के रूप में प्रक्षेपित है। यहाँ ध्यान देने योग्य यह है कि आदर्श वैश्विक व्यक्ति चरित्र में आदर्श सामाजिक व्यक्ति चरित्र तथा आदर्श समाजिक व्यक्ति चरित्र में आदर्श व्यक्ति चरित्र समाहित है। इन आदर्श चरित्रों की इनकी गुणों के अनुसार इनके वस्त्र, शस्त्र, शास्त्र, वाहन इत्यादि भी प्रक्षेपित किये गये हैं। जो मात्र व्यक्तिगत प्रमाणित प्रतिकात्मक मानव रूप में प्रक्षेपण मात्र है न कि वास्तविकता के आधार रूप में। इन मानक आदर्श चरित्रों के पूर्ण या अंश रूप में जो भी मानव संसार में व्यक्त होता है उसे पुनर्जन्म या अंश या पूर्ण अवतार के रूप में स्वीकार किया जाता है। और चूंकि दैवी प्रवृत्तियाँ प्रत्येक वस्तु के पूर्व के भी एक अस्तित्व को स्वीकार करती हैं। इसलिए इन पुनर्जन्म या अंश या पूर्ण अवतारों को आदर्श मानक चरित्रों से जोड़कर अवतारी पुराण की रचना की जाती रही है। इस अनुसार उपरोक्त नौ अंश-पूर्ण अवतारों में दो - श्रीराम को ब्रह्मा का पूर्णावतार तथा श्री कृष्ण को विष्णु का पूर्णावतार कहा गया जबकि शेष सात (मत्स्य, कूर्म, वाराह, नृसिंह, वामन, परशुराम तथा बुद्ध), ईश्वर (सत्य-सिद्धान्त) के अंशावतार के रूप में स्वीकार किये गये हैं।

हे मानवों शास्त्र रचनाकार को व्यास उपाधि से पुकारा जाता है। व्यास कितने दिव्य और दूर द्रष्टा रहे होंगे, इस पर विचार करना आवश्यक है क्योंकि अन्ततः हम सभी के विचारों का निर्माण विचारों को ही पढ़कर या सुनकर ही होता रहा है और अनुभव द्वारा उसकी पुष्टि की जाती रही है। व्यास रचित पुराणों में कुल 24 (1. श्री सनकादि, 2. वराहावतार, 3. नारद मुनि, 4. नर-नारायण, 5. कपिल, 6. दत्तात्रेय, 7. यज्ञ, 8. ऋषभदेव, 9. पृथु, 10. मत्स्यावतार, 11. कूर्म, 12. धन्वन्तरि, 13. मोहिनी, 14. हयग्रीव, 15. नृसिंह, 16. वामन, 17. गजेन्द्रोधारावतार, 18. परशुराम , 19. वेदव्यास, 20. हन्सावतार, 21. राम, 22. कृष्ण, 23. बुद्ध, 24. कल्कि) अवतार जिसमें मुख्य 10 (मत्स्य, कूर्म, वाराह, नृसिंह, वामन, परशुराम, राम, कृष्ण, बुद्ध और कल्कि) अवतार का ही विवरण है। दोनों में अन्तिम, कल्कि अवतार ही हैं। तो क्या अन्तिम अवतार के बाद अवतारी श्रृंखला का कार्य समाप्त हो जायेगा? और यदि यह सत्य होता है तब व्यास के उस अवतारी श्रृंखला के गणित को आप लोग क्या कहोगे? इसे जानने के लिए मानव सभ्यता के उस अन्तिम संकट को पहचानना होगा जो अन्तिम अवतार का कार्य होगा। यह अन्तिम अवतार ही सार्वजनिक प्रमाणित आदर्श वैश्विक व्यक्ति चरित्र और शिव-शंकर के पूर्णावतार के रूप में होगा। क्योंकि कालक्रम में ब्रह्मा के पूर्णावतार के रूप में श्रीराम तथा विष्णु का पूर्णावतार के रूप में श्रीकृष्ण का अवतरण हो चुका है।

मानव सभ्यता पर दसवाँ और अन्तिमं संकट काल स्वयं मानवों द्वारा ही उत्पन्न हो गया था जिसका ज्ञान स्वयं मानवों को भी नहीं था। इस संकट को समझने के लिए एक सत्य-प्रत्यक्ष वृतान्त उदाहरणस्वरूप लिख रहा हूँ-

मैं जब भी हाबड़ा (पश्चिम बंगाल) जाता हूँ तब दो स्थानों पर अवश्य जाता हूँ। पहला राम कृष्ण मिशन, बेलूड़ मठ और दूसरा वनस्पति उद्यान (बोटेनिकल गार्डन)। यहाँ कुल अब तक तीन बार, सन् 1984 (कालेज शैक्षणिक यात्रा), सन् 1987 (स्वयं) और सन् 2010 (स्वयं) में जा चुका हूँ। राम कृष्ण मिशन, बेलूड़ मठ इसलिए जाता हूँ क्योंकि वहाँ से सर्वोच्च "आध्यात्मिक सत्य" की अनुभूति कर सकूँ, उस मन स्तर से स्वयं का योग करा सकूँ। वनस्पति उद्यान (बोटेनिकल गार्डन) इसलिए जाता हूँ क्योंकि वहाँ एक वट वृक्ष है जिसे बिग बनियान ट्री (Big Banyan Tree) कहते हैं, यहाँ बैठकर मैं संसार की संरचना, तन्त्र और उसके संगठन से स्वयं का महायोग कराता हूँ। इन दोनों के कारण स्वयं को मैं सार्वभौम का एक इकाई होते भी, स्वयं को सार्वभौम ही अनुभव करता हूँ और यह सतत मेरे अन्दर प्रवाहित होता रहता है।

बड़ा वट वृक्ष (Big Banyan Tree), सैकड़ों वर्ष पुराना एक विशाल क्षेत्र में फैला वट वृक्ष है। जिसका मूल वृक्ष अब अस्तित्व में नहीं है उसके तनों से निकले सैंकड़ों जड़ वर्तमान में स्वयं एक वृक्ष, फिर उनके तनों से निकले सैंकड़ों जड़ भी वर्तमान में एक-एक वृक्ष के रूप में स्थापित हैं और सभी एक-दूसरे से जुड़े हुये हैं, बस जो नहीं है, वह है मूल वृक्ष। इस प्रकार सम्पूर्ण वृक्ष परिवार एक बड़े क्षेत्र में फैल चुका है और निरन्तर जारी भी है। प्रत्येक स्वयं स्वतन्त्र वृक्ष के रूप में स्थापित वृक्ष का अपने परिवार के रूप में तना, पत्ता, फूल और फल सब निकलते रहते हैं और जिसे जहाँ अर्थात नजदीकी स्रोत से सुविधा अर्थात खुराक मिल सकता हैं वहाँ से प्राप्त करते हुये विकास कर रहे हैं। इस कार्य में आपस में कोई विवाद नहीं है। कोई किसी पर अधिपत्य जमाना नहीं चाहता, ना ही अन्य के विकास में कोई बाधा पहुँचाता है। जिसको जिस ओर उचित वातावरण मिलता जाता है, उस ओर वह विकास कर रहा है। कुल मिलाकर स्व प्रेरित सुशासन की भाँति संचालित है। इस वट वृक्ष के सबसे बाद अर्थात वर्तमान के तनों-पत्तों के लिए उसका जन्मदाता व पालनकर्ता के रूप में उसका नजदीकी जड़ ही है इसलिए उसकी कथा-कहानी वहीं से शुरू होती है और वहीं तक उसका ज्ञान है जो एक संकुचित और सीमित ज्ञान है। वह पूर्ण को नहीं जान रहा, उसका पूर्णत्व, सार्वभौम पूर्णत्व नहीं बल्कि सीमित पूर्णत्व है। सीमित पूर्णत्व में भी वह आनन्द में हैं और विकासशील है। उसका विकास होना सार्वभौम का ही विकास होना है परन्तु उसे उसका ज्ञान नहीं है और वह उस सार्वभौम के विकास में अपने योगदान को करते हुये भी स्वयं को गौरवान्वित नहीं अनुभव कर रहा है। सार्वभौम से युक्त होने के बाद भी उसे अपने परिवार से ही जुड़ा रहना उसकी विवशता भी है और इसके अलावा कोई अन्य मार्ग भी नहीं हैं। उसके सार्वभौम का मार्ग भी उसके अपने परिवार के ही मार्ग से होकर जाता है। वृक्ष के साथ यह मजबूरी भी है कि क्योंकि वह स्थिर है इसलिए उसका छोटा परिवार केवल पड़ोस तक के ही दायरे के सम्पर्क में है। दूसरे छोर के परिवार का क्या हाल है उसे कुछ नहीं पता।

हे मानवों, ये संसार भी उपरोक्त वट वृक्ष के सामन ही फैला हुआ है। परन्तु उस भाँति विकास नहीं कर रहा है। मनुष्य के अन्दर बीमारी की भाँति अधिकतम "शक्ति और लाभ (पावर और प्राफिट)" की दौड़ ने उसे अधिपत्य, अत्याचार, दूसरे को दबाना इत्यादि से युक्त कर दिया है। और जो इस दौड़ में नहीं हैं वे सीमित पूर्णत्व में आनन्द के साथ विकासशील हैं। उन्हें और भी तेज विकास की इच्छा है परन्तु उनके बुद्धि का दायरा ही सीमित है इसलिए उन्हें मार्ग नहीं मिल रहा है। यदि उनको मार्ग भी मिल रहा हो तो वट वृक्ष की भाँति उसके नजदीकी जन्मदाता ने उसे यह बता रखा है कि जब उस सार्वभौम का मार्ग मेरे ही रास्ते से जाता है तो जो मैं कह रहा हूँ उसे करो। और इसके लिए वे अपने परिवार के लिए अनेक प्रकार की प्रणाली दे रखे हैं। जबकि ये प्रणाली देने वाले उनके नजदीकी जन्मदाता स्वयं कहाँ से आये हैं स्वयं उन्हे भी नहीं पता। क्योंकि वे स्वयं भी उस वट वृक्ष के खो गये मूल जड़ की तरह अपने मूल जड़ को नहीं जानते। वे भी अपने नजदीकी जन्मदाता का ही अनुसरण कर रहे होते हैं। ये प्रणालीयाँ अनेक प्रकार की हैं उदाहरणस्वरूप कुछ मुख्य निम्नवत् हैं-

1. उनके द्वारा प्रस्तुत कुछ पुस्तकें होती हैं जिन्हें नियमानुसार प्रतिदिन पढ़ना होता है। पढ़ने के पूर्व शुद्धता की भी प्रक्रिया अनिवार्य होती है अन्यथा पुस्तकें परिणाम नहीं दे पायेंगी, ये भी शर्त होती हैं।
2. उनके द्वारा भोजन से सम्बन्धित कुछ नियम बना दिये जाते हैं कि क्या खाना है और क्या नहीं खाना है।
3. उनके द्वारा कोई मन्त्र दे कर उसे नियमानुसार जपने के लिए दे दिया जाता है।

4. उनके द्वारा किसी यन्त्र-तन्त्र द्वारा समस्या मुक्ति का उपाय बता दिया जाता है।
5. उनके द्वारा किसी विशेष प्रकार के रंग और ढ़ग के वस्त्र निर्धारित कर दी जाती है जिससे उनकी पहचान एक अलग रूप में हो। अर्थात समाज का एक और विभाजन कर उसे प्रस्तुत कर देते हैं।

सामान्य रूप से सभी द्वारा अनिवार्य रूप से ये भी निर्धारित कर दी जाती है कि किसी दूसरे के नियमों को न तो जानना है, न सुनना है, न पढ़ना है और न ही उसमें शामिल होना है। अर्थात एक गतिशील प्राणी मनुष्य को जिसे सदैव श्रेष्ठ से, श्रेष्ठतम और सर्वोच्च तक उठने-विकास करने के लिए निर्मित किया गया था, उसे एक सीमित दायरे में बुद्धिबद्ध कर दिया गया। मनुष्य जिसका निर्माण अपनी मस्तिष्क को असीम क्षमता को विकसित कर ईश्वर रूप में व्यक्त होना था, उसे जड़ (स्थिर) बना दिया गया।

हे मानवों, मनुष्यों की सबसे बड़ी कमजोरी "स्वयं में गुणों का विकास कर स्वयं बन जाने या हो जाने" में नहीं बल्कि "पाने" की इच्छा है। इस पाने की इच्छा की कमजोरी का परिणाम ही है उपरोक्त अनेक प्रकार के बुद्धिबद्ध करने की विधियाँ।

हे मानवों, उपरोक्त के पृष्ठभूमि में उनका उद्देश्य केवल अपने स्वार्थ की पूर्ति के सिवाय कुछ नहीं होता। क्योंकि मार्गदर्शक या प्रेरक या शिक्षक का उद्देश्य स्वयं से श्रेष्ठ मानव का निर्माण होता है न कि सदैव जीवन भर एक ही प्रणाली या प्रक्रिया या कक्षा में पढ़ते-दुहराते रहने के लिए विवश करना। उपरोक्त के पृष्ठभूमि में शारीरिक-आर्थिक-मानसिक शोषण का ही कार्य विभिन्न प्रकार से चल रहा है। कोई अपने कृषि कार्य को मुफ्त में हल करवा रहा है, तो कोई अपने नाम के उत्पादों को सिर्फ उन्हें ही खरीदने के लिए बुद्धिबद्ध कर दिया है।

हे मानवों, इन सबको आस्था का व्यापार कहते हैं। जबकि मैं देख रहा हूँ कि प्रत्येक संस्कारित करने की क्रिया जो उस काल के लिए आस्था का विषय था। उसके अगले काल के लिए संस्कारित करने की नयी क्रिया उपलब्ध हो जाने के बावजूद, मानव शरीर पिछले काल के संस्कारित करने वाली क्रिया के प्रति आस्था रखते हुये मूर्खता का स्पष्ट प्रदर्शन कर रहा है। सभी कालों में, सभी संस्कारित करने की क्रियाओं में मैं (सार्वभौम आत्मा) ही आस्था का विषय था परन्तु क्रिया के प्रति आस्था रखना मूर्खता का स्पष्ट प्रमाण ही तो है। चाहे वह व्यक्तिगत इच्छा से हो या सामाजिक प्रदर्शन की इच्छा से। इन समस्त संस्कारित करने के क्रिया के पीछे जो रहस्य आज तक गोपनीय था उसे मैंने तुम्हारें समक्ष सार्वजनिक प्रकाशित कर दिया है। अब कुछ भी गोपनीय नहीं। बावजूद इसके प्रत्येक मनुष्य अपनी मूर्खता रूपी आस्था को प्रदर्शित करने के लिए स्वतन्त्र है। परन्तु वह मुझ (सार्वभौम आत्मा) को प्राप्त नहीं कर सकता। हे मानवों, ईश्वर बहुमत से नहीं निर्धारित किया जाता इसलिए ही उसे अनिवर्चनीय कहा गया है। किसी भी वस्तु के प्रति आस्था के विकास से और समस्त मानवों को उसके प्रति आस्थावान् बना देने से वह वस्तु गुण प्रकट कर वैसा नहीं बन सकती जैसा आप उम्मीद करते हो।

हे मानवों, एक तरह से देखा जाये तो उपरोक्त व्यवस्था से कोई समस्या है ही नहीं क्योंकि जिसकी इच्छा जहाँ से पूर्ति हो रही है और विकास का मार्ग मिल रहा है, वह वहाँ से जुडा हुआ है। इसलिए मानव सभ्यता पर आया यह दसवाँ और अन्तिम संकट, संकट होते हुये भी संकट जैसा नहीं दिखता। इस व्यवस्था से हमें कोई समस्या भी नहीं है। समस्या ये है कि धर्म को जिस उद्देश्य के लिए निर्मित किया गया था वही धर्म, संकट में है। यह धर्म ही उस वट वृक्ष का मूल है, सार्वभौम है, समष्टि है। इसके ज्ञान से युक्त दोनों को अर्थात विशाल संसार रूपी वट वृक्ष के छोटे-छोटे परिवार के नेतृत्वकर्ता मुखिया सहित उसके सदस्यों को होना आवश्यक है। तभी परिवार के नेतृत्वकर्ता मुखिया द्वारा बनाये गये उपरोक्त प्रणाली-नियम परिणाम-फल दे पायेंगे जिसकी इच्छा परिवार के सदस्य करते हैं।

हे मानवों, अब सार्वजनिक प्रमाणित आदर्श वैश्विक व्यक्ति चरित्र और शिव-शंकर के पूर्णावतार के रूप में होने वाले अन्तिम अवतार के स्वरूप को समझते हैं जिनसे संकट में पड़े धर्म का उत्थान होना है-

इस क्रम में पहले शिव-शंकर के रूप को समझते हैं। फिर अन्तिम अवतार के लिए बचे शेष कार्य को भी समझेंगे। शिव-शंकर अवतार के आठ रूप और उनके अर्थ निम्नवत हैं-

1. शर्व- सम्पूर्ण पृथ्वी को धारण कर लेना अर्थात पृथ्वी के विकास या सृष्टि कार्य में इस रूप को पार किये बिना सम्भव न होना।
2. भव- जगत को संजीवन देना अर्थात उस विषय को देना जिससे जगत संकुचित व मृत्यु को प्राप्त होने न पाये।
3. उग्र- जगत के भीतर और बाहर रहकर श्री विष्णु को धारण करना अर्थात जगत के पालन के लिए प्रत्यक्ष या प्रेरक कर्म करना।
4. भीम- सर्वव्यापक आकाशात्मक रूप अर्थात आकाश की भाँति सर्वव्यापी अनन्त ज्ञान जो सभी नेतृत्व विचारों को अपने में समाहित कर ले।
5. पशुपति- मनुष्य समाज से पशु प्रवृत्तियों को समाप्त करना अर्थात पशु मानव से मनुष्य को उठाकर ईश्वर मानव की ओर ले जाना। दूसरे रूप में जीव का शिव रूप में निर्माण।
6. ईशान- सूर्य रूप से दिन में सम्पूर्ण संसार में प्रकाश करना अर्थात ऐसा ज्ञान जो सम्पूर्ण संसार को पूर्ण ज्ञान से प्रकाशित कर दे।
7. महादेव- चन्द्र रूप से रात में सम्पूर्ण संसार में अमृत वर्षा द्वारा प्रकाश व तृप्ति देना अर्थात ऐसा ज्ञान जो संसार को अमृतरूपी शीतल ज्ञान से प्रकाशित कर दे।
8. रूद्र- जीवात्मा का रूप अर्थात शिव का जीव रूप में व्यक्त होना।

शिव-शंकर देवता व दानव दोनों के देवता हैं जबकि श्री विष्णु सिर्फ देवताओं के देवता हैं। अर्थात शिव-शंकर जब रूद्र रूप की प्राथमिकता में होंगे तब उनके लिए देवता व दानव दोनो प्रिय होंगे लेकिन जब उग्र रूप की प्राथमिकता में होंगे तब केवल देवता प्रिय होंगे। अर्थात शिव-शंकर का पूर्णवतार इन आठ रूपों से युक्त हो संसार का कल्याण करते हैं।

हे मानवों, अब सार्वजनिक प्रमाणित आदर्श वैश्विक व्यक्ति चरित्र और शिव-शंकर के पूर्णावतार के रूप में होने वाले अन्तिम अवतार के कार्य को समझते हैं जिनसे संकट में पड़े धर्म का उत्थान होना है-

ईश्वर (सार्वभौम सत्य-सिद्धान्त) के दसवें और अन्तिम अवतार के समय तक राज्य और समाज स्वतः ही प्राकृतिक बल के अधीन कर्म करते-करते सिद्धान्त प्राप्त करते हुए पूर्ण गणराज्य की ओर बढ़ रहा था परिणामस्वरुप गणराज्य का रुप होते हुए भी गणराज्य सिर्फ राज्य था और एकतन्त्रात्मक अर्थात् व्यक्ति समर्थक तथा समाज समर्थक दोनों की ओर विवशतावश बढ़ रहा था।

भारत में निम्लिखित रुप व्यक्त हो चुका था।
1. ग्राम, विकास खण्ड, नगर, जनपद, प्रदेश और देश स्तर पर गणराज्य और गणसंघ का रुप।
2. सिर्फ ग्राम स्तर पर राजा (ग्राम व नगर पंचायत अध्यक्ष) का चुनाव सीधे जनता द्वारा।
3. गणराज्य को संचालित करने के लिए संचालक का निराकार रुप- संविधान।
4. गणराज्य के तन्त्रों को संचालित करने के लिए तन्त्र और क्रियाकलाप का निराकार रुप-नियम और कानून।
5. राजा पर नियन्त्रण के लिए ब्राह्मण का साकार रुप- राष्ट्रपति, राज्यपाल, जिलाधिकारी इत्यादि।

विश्व स्तर पर निम्नलिखित रुप व्यक्त हो चुका था।
1. गणराज्यों के संघ के रुप में संयुक्त राष्ट्र संघ का रुप।
2. संघ के संचालन के लिए संचालक और संचालक का निराकार रुप- संविधान।
3. संघ के तन्त्रों को संचालित करने के लिए तन्त्र और क्रियाकलाप का निराकार रुप- नियम और कानून।
4. संघ पर नियन्त्रण के लिए ब्राह्मण का साकार रुप-पाँच वीटो पावर।
5. प्रस्ताव पर निर्णय के लिए सदस्यों की सभा।
6. नेतृत्व के लिए राजा- महासचिव।

जिस प्रकार आठवें अवतार द्वारा व्यक्त आत्मा के निराकार रुप "गीता" के प्रसार के कारण आत्मीय प्राकृतिक बल सक्रिय होकर गणराज्य के रुप को विवशतावश समाज की ओर बढ़ा रहा था उसी प्रकार अन्तिम

अवतार द्वारा निम्नलिखित शेष समष्टि कार्य पूर्ण कर प्रस्तुत कर देने मात्र से ही विवशतावश उसके अधिपत्य की स्थापना हो जाना है।

1. गणराज्य या लोकतन्त्र के सत्य रुप- गणराज्य या लोकतन्त्र के स्वरुप का अन्तर्राष्ट्रीय/ विश्व मानक।
2. राजा और सभा सहित गणराज्य पर नियन्त्रण के लिए साकार ब्राह्मण का निराकार रुप- मन का अन्तर्राष्ट्रीय/ विश्व मानक।
3. गणराज्य के प्रबन्ध का सत्य रुप- प्रबन्ध का अन्तर्राष्ट्रीय/ विश्व मानक।
4. गणराज्य के संचालन के लिए संचालक का निराकार रुप- संविधान के स्वरुप का अन्तर्राष्ट्रीय/ विश्व मानक।
5. साकार ब्राह्मण निर्माण के लिए शिक्षा का स्वरुप- शिक्षा पाठ्यक्रम का अन्तर्राष्ट्रीय/ विश्व मानक।

इस समष्टि कार्य द्वारा ही काल व युग परिवर्तन होगा न कि सिर्फ चिल्लाने से कि "सतयुग आयेगा" , "सतयुग आयेगा" से। यह समष्टि कार्य जिस शरीर से सम्पन्न होगा वही अन्तिम अवतार के रूप में व्यक्त होगा। धर्म में स्थित वह अवतार चाहे जिस सम्प्रदाय (वर्तमान अर्थ में धर्म) का होगा उसका मूल लक्ष्य यही शेष समष्टि कार्य होगा और स्थापना का माध्यम उसके सम्प्रदाय की परम्परा व संस्कृति होगी।

हे मानवों, उपरोक्त कार्य ही उस एक मात्र शेष अन्तिम अवतार का कार्य है और जो उपरोक्त कार्य को पूर्ण करेगा वह कल्कि अवतार के नाम से जाना जायेगा। हे मानवों उपरोक्त कार्य ही शेष ईश्वर के लिए कार्य है और मनुष्य के लिए चुनौति।

इस क्रम में मैं लव कुश सिंह "विश्वमानव" अपने "विश्वशास्त्र" से उपरोक्त कार्य को पूर्ण करने के लिए और स्वयं को धर्म मार्ग से अनिर्वचनीय कल्कि महाअवतार भोगेश्वर के रूप में तथा भारतीय लोकतान्त्रिक गणराज्य मार्ग से "भारत रत्न" के रूप में स्थापित करने के लिए एक मार्ग-एक प्रारूप प्रस्तुत किया हूँ जो अपने युग-समय में पहला प्रारूप है। इस प्रारूप "विश्वशास्त्र" के धर्मक्षेत्र से 90 नाम और धर्मनिरपेक्ष या सर्वधर्मसमभाव क्षेत्र से 141 नाम देने के बाद भी इस प्रारूप का नाम "ब्रह्माण्डशास्त्र" नहीं रखा। मनुष्यों के लिए यह चुनौति है कि वे "ब्रह्माण्डशास्त्र" की रचना कर मेरे प्रारूप "विश्वशास्त्र" को गलत या संकुचित सिद्ध कर मुझे अनिर्वचनीय कल्कि महाअवतार भोगेश्वर की योग्यता से वंचित कर दे। हे मानवों अगर आप ऐसा कर पाओं तो मेरे लिए मेरे द्वारा उत्पन्न किये गये अनन्त कृतियों में सबसे सम्मान के योग्य मानव नाम की कृति ही अन्तिम रूप से सर्वश्रेष्ठ होगी अन्यथा "विश्वशास्त्र" से मैं तुम्हारे अन्दर प्रवेश कर तुम में से ही स्वयं को प्रकट करूँगा।

हे मानवों, इन रहस्यों के खोलने के प्रति मेरा उद्देश्य क्या है? यह उद्देश्य सरल है क्योंकि एक सरल, साधारण, अघोर का उद्देश्य कभी भी कठीन, असाधारण और घोर नहीं हो सकता। साधारण सी बात है- प्रत्येक वस्तु स्वयं अपने जैसा ही निर्माण, उत्पादन या प्रजनन करती है। इस क्रम में ईश्वर भी स्वयं जैसा ईश्वर का ही निर्माण, उत्पादन या प्रजनन करेगा, न कि मूर्ख, अज्ञानी, बुद्धिबद्ध और गुलाम मनुष्य का। मात्र एक विचार- "ईश्वर ने इच्छा व्यक्त की कि मैं एक हूँ, अनेक हो जाऊँ" और "सभी ईश्वर हैं" , यह प्रारम्भ और अन्तिम लक्ष्य है। मनुष्य की रचना "पावर और प्राफिट (शक्ति और लाभ)" के लिए नहीं बल्कि असीम मस्तिष्क क्षमता के विकास के लिए हुआ है। फलस्वरूप वह स्वयं को ईश्वर रूप में अनुभव कर सके, जहाँ उसे किसी गुरू की आवश्यकता न पड़ें, वह स्वंयभू हो जाये, उसका प्रकाश वह स्वयं हो। एक गुरू का लक्ष्य भी यही होता है कि शिष्य मार्गदर्शन प्राप्त कर गुरू से आगे निकलकर, गुरू तथा स्वयं अपना नाम और कृति इस संसार में फैलाये, ना कि जीवनभर एक ही कक्षा में (गुरू में) पढ़ता रह जाये। एक ही कक्षा में जीवनभर पढ़ने वाले को समाज क्या नाम देता है, समाज अच्छी प्रकार जानता है और आपलोग खुद स्वयं भी जातने हैं। "विश्वशास्त्र" से कालक्रम को उसी मुख्यधारा में मोड़ दिया गया है। एक शास्त्राकार, अपने द्वारा व्यक्त किये गये पूर्व के शास्त्र का उद्देश्य और उसकी सीमा तो बता ही सकता है परन्तु व्याख्याकार ऐसा नहीं कर सकता।

स्वामी विवेकानन्द जी कहते हैं- "हम गुरु के बिना कोई ज्ञान प्राप्त नहीं कर सकते। अब बात यह है कि यदि मनुष्य, देवता अथवा कोई स्वर्गदूत हमारे गुरु हो, तो वे भी तो ससीम हैं, फिर उनसे पहले उनके गुरु कौन थे? हमें मजबूर होकर यह चरम सिद्धान्त स्थिर करना ही होगा कि एक ऐसे गुरु हैं जो काल के द्वारा सीमाबद्ध या

अविच्छिन्न नहीं हैं। उन्हीं अनन्त ज्ञान सम्पन्न गुरु को, जिनका आदि भी नहीं और अन्त भी नहीं, ईश्वर कहते हैं। (राजयोग, रामकृष्ण मिशन, पृष्ठ-134)

चाँद की ओर ईशारा करने वाले की उँगली की ओर नहीं, चाँद की ओर देखा जाता है। और चाँद को पकड़ा जाता है न कि उँगली दिखाने वाले को।

हे मानवों, यह भाव हमारे मन में क्यों आया? यह भाव हमारे मन में आने का कारण हृदय की विशालता है। हम अब अपने द्वारा निर्मित उत्पादों को, अब और अधिक समय तक कबाड़ के रूप में न तो रख सकते हैं और ना ही देखना चाहते हैं। अब सभी को हम स्वयं जैसा पूर्ण देखना चाहते हैं।

हे मानवों, हम लोगों की उत्पत्ति कैसे हुई? हमारी उत्पत्ति ज्ञान से हुई है। जिन्हें ज्ञान है वही अपने आप को संघर्ष में पाते हैं और सर्वश्रेष्ठता के लिए कर्मशील हैं। शेष सभी तो प्रकृति के अनुसार आते-जाते रहते हैं। इस ज्ञान को ही ब्रह्म कहते हैं। देवता रूप में इस ज्ञान को ब्रह्मा के रूप में प्रक्षेपित किया गया है। यह ज्ञान जिस-जिस अंगो द्वारा प्राथमिकता से अनुभव में आता है उतने प्रकार के मानव अपने-आप को उत्पन्न समझते हैं। पुराण रचनाकार महर्षि व्यास ने ब्रह्मा अर्थात ज्ञान के पुत्रों का प्रक्षेपण किये हैं। ब्रह्मा के 10 मानस पुत्रों 1. मन (विचार से ज्ञान प्राप्त करने वाले) से मरीचि, 2. नेत्रों (देखकर ज्ञान प्राप्त करने वाले) से अत्रि, 3. मुख (वाणी से ज्ञान प्राप्त करने वाले) से अंगिरा, 4. कान (सुन कर ज्ञान प्राप्त करने वाले) से पुलस्त्य, 5. नाभि (केन्द्र से ज्ञान प्राप्त करने वाले) से पुलह, 6. हाथ (कर्म से ज्ञान प्राप्त करने वाले) से कृतु, 7. त्वचा (स्पर्श से ज्ञान प्राप्त करने वाले) से भृगु, 8. प्राण (श्वास से ज्ञान प्राप्त करने वाले) से वशिष्ठ, 9. अँगूठे (आत्मा से ज्ञान प्राप्त करने वाले) से दक्ष तथा 10. गोद (प्रेम से ज्ञान प्राप्त करने वाले) से नारद उत्पन्न हुये। ये दस प्रकार ज्ञान से उत्पन्न है और इतने प्रकार के मानव निर्मित होकर संसार में विचरण कर रहे हैं। इसे ये न समझना चाहिए कि मन या नेत्र इत्यादि से कैसे ब्रह्मा ने अपने पुत्रों को उत्पन्न किया? चूंकि शरीर का अस्तित्व अस्थायी है इसलिए विचार के आधार पर ये मनुष्य के वर्ग या श्रेणी का निर्धारण है। हमारे द्वारा इतने वर्गों अर्थात परिवार को उत्पन्न करने के बाद स्वयं को सर्वश्रेष्ठ और मूल सिद्ध करते रहना भी हमारी ही जिम्मेदारी और कर्तव्य है ताकि हमारा परिवार एक संयुक्त परिवार के रूप में प्रकाशित हो।

हे मानवों, हमने अपने अधिपत्य के लिए क्या-क्या किया? हे मानवों हमने अपने अधिपत्य के लिए सदैव साम-दाम-दण्ड-भेद की विधि से निम्नलिखित गुणों को समय-समय पर प्रेम से मानव मस्तिष्क में स्थापित किया और करता रहूँगा और अन्त में इसे मानवों को स्वेच्छा से स्वीकार करने पर विवश भी कर दूँगा-

01. मुख्य-गुण सिद्धान्त - इसमें धारा के विपरीत दिशा (राधा) में गति करने का विचार-सिद्धान्त मानव मस्तिष्क में डाला गया।

02. मुख्य-गुण सिद्धान्त - इसमें सहनशील, शांत, धैर्यवान, लगनशील, दोनों पक्षों के बीच मध्यस्थ की भूमिका वाला गुण (समन्वय का सिद्धान्त) का विचार-सिद्धान्त मानव मस्तिष्क में डाला गया।

03. मुख्य-गुण सिद्धान्त - इसमें सूझ-बुझ, सम्पन्न, पुरूषार्थी, धीर-गम्भीर, निष्कामी, बलिष्ठ, सक्रिय, शाकाहारी, अहिंसक और समूह प्रेमी, लोगों का मनोबल बढ़ाना, उत्साहित और सक्रिय करने वाला गुण (प्रेरणा का सिद्धान्त) का विचार-सिद्धान्त मानव मस्तिष्क में डाला गया।

04. मुख्य-गुण सिद्धान्त - प्रत्यक्ष रूप से एका-एक लक्ष्य को पूर्ण करने वाले (लक्ष्य के लिए त्वरित कार्यवाही का सिद्धान्त) का विचार-सिद्धान्त मानव मस्तिष्क में डाला गया।

05. मुख्य-गुण सिद्धान्त - भविष्य द्रष्टा, राजा के गुण का प्रयोग करना, थोड़ी सी भूमि पर गणराज्य व्यवस्था की स्थापना व व्यवस्था को जिवित करना, उसके सुख से प्रजा को परिचित कराने वाले गुण (समाज का सिद्धान्त) का विचार-सिद्धान्त मानव मस्तिष्क में डाला गया।

06. मुख्य-गुण सिद्धान्त - गणराज्य व्यवस्था को ब्रह्माण्ड में व्याप्त व्यवस्था सिद्धान्तों को आधार बनाने वाले गुण और व्यवस्था के प्रसार के लिए योग्य व्यक्ति को नियुक्त करने वाले गुण (लोकतन्त्र का सिद्धान्त और उसके प्रसार के लिए योग्य उत्तराधिकारी नियुक्त करने का सिद्धान्त) का विचार-सिद्धान्त मानव मस्तिष्क में डाला गया।

07. मुख्य-गुण सिद्धान्त - आदर्श चरित्र के गुण के साथ प्रसार करने वाला गुण (व्यक्तिगत आदर्श चरित्र के आधार पर विचार प्रसार का सिद्धान्त) का विचार-सिद्धान्त मानव मस्तिष्क में डाला गया।

08. मुख्य-गुण सिद्धान्त - आदर्श सामाजिक व्यक्ति चरित्र के गुण, समाज में व्याप्त अनेक मत-मतान्तर व विचारों के समन्वय और एकीकरण से सत्य-विचार के प्रेरक ज्ञान को निकालने वाले गुण (सामाजिक आदर्श व्यक्ति का सिद्धान्त और व्यक्ति से उठकर विचार आधारित व्यक्ति निर्माण का सिद्धान्त) का विचार-सिद्धान्त मानव मस्तिष्क में डाला गया।

09. मुख्य-गुण सिद्धान्त - प्रजा को प्रेरित करने के लिए धर्म, संघ और बुद्धि के शरण में जाने का गुण (धर्म, संघ और बुद्धि का सिद्धान्त) का विचार-सिद्धान्त मानव मस्तिष्क में डाला गया।

10. मुख्य-गुण सिद्धान्त - आदर्श मानक सामाजिक व्यक्ति चरित्र समाहित आदर्श मानक वैश्विक व्यक्ति चरित्र अर्थात सार्वजनिक प्रमाणित आदर्श मानक वैश्विक व्यक्ति चरित्र का विचार-सिद्धान्त मानव मस्तिष्क में डालने का काम वर्तमान है और वो अन्तिम भी है।

हे मानवों, अब स्थिति क्या है तथा भाविष्य में काल की गति किस ओर जा रही है? हे मानवों अब स्थिति यह है कि हमें आपके परम प्रिय सिद्धान्त "शक्ति और लाभ (पावर और प्राफिट)" से कोई असहमति नहीं हैं बल्कि यह आपमें कुछ करने की प्रवृत्ति का महान गुण हैं। इसका प्रकाश आप में सदैव जलते रहना चाहिए। काल की गति इस प्रकाश को कैसे सफलतापूर्वक प्राप्त किया जा सकता है उस ज्ञान को ग्रहण करके उस अनुसार कार्य करने की ओर जा रही है अर्थात ज्ञान युग की ओर जा रही है। और मस्तिष्क का विकास ही इसका मार्ग है। भविष्य का समय ऐसे ही मानवों के स्वागत की प्रतीक्षा कर रहा है।

काशी-सत्यकाशी क्षेत्र से
विश्व शान्ति का अन्तिम सत्य-सन्देश

प्रिय आत्मीय मानवों,

इस संसार के मनुष्यों को अपना अन्तिम सन्देश देने से पहले मैं आपको उस क्षेत्र से परिचय कराना चाहता हूँ जिस क्षेत्र से यह सन्देश देने का साहस किया गया है क्योंकि कोई भी क्रिया बिना कारण के नहीं होती। मेरा समस्त मूल कार्य जिस क्षेत्र से सम्पूर्ण हुआ, उस क्षेत्र को मैं सत्यकाशी क्षेत्र कहता हूँ और मैं जिस ग्राम का निवासी हूँ वह काशी (वाराणसी) के चौरासी कोस यात्रा तथा सत्यकाशी क्षेत्र का उभय क्षेत्र में स्थित है। इसलिए मैं जितना काशी (वाराणसी) का हूँ उतना ही सत्यकाशी का हूँ। इस प्रकार यह सन्देश काशी-सत्यकाशी का संयुक्त सन्देश है।

सत्यकाशी क्षेत्र जो काशी (वाराणसी), विन्ध्याचल, शिवद्वार और सोनभद्र के बीच का क्षेत्र है, एक पौराणिक-आध्यात्मिक और साधना के लिए उपयुक्त क्षेत्र के रूप में प्राचीन काल से आकर्षण में रहा है। इस क्षेत्र का हृदय क्षेत्र चुनार है। चुनार का किला राजा विक्रमादित्य ने अपने भाई भर्तहरि के तपस्या में हिंसक जानवरों द्वारा व्यवधान न उत्पन्न हो इसके लिए बनवाया था। ये राजा विक्रमादित्य वही हैं जिनके नाम से विक्रम सम्वत् कैलेण्डर स्थापित है। चुनार ईश्वर के पाँचवें अवतार-वामन अवतार का क्षेत्र है जिनसे समाज की शक्ति का प्रथम जन्म हुआ था।

सत्यकाशी क्षेत्र के चारों कोण पर स्थित 1. काशी (वाराणसी) का अपना प्राचीन और पुरातन इतिहास है जो सर्वविदित है। 2. विन्ध्याचल, जो शिव-शक्ति के उपासना का अद्भुत केन्द्र है। यशोदा से उत्पन्न पुत्री (जिनके बदले श्रीकृष्ण प्राप्त हुये थे) महासरस्वती अष्टभुजा देवी के नाम से यहीं स्थापित हैं। भारत देश का मानक समय माँ विन्ध्यवासिनी धाम से तय होता है। पुराणों के अनुसार रावण ने भी इसे मानक समय स्थल मानकर यहाँ शिवलिंग की स्थापना की थी। 3. शिवद्वार, त्रिकोणीय तान्त्रिक साधना के लिए जगत विख्यात था और साधना की राजधानी था। इसे ही मीरजापुर गजेटियर में गुप्तकाशी की संज्ञा से अभिकल्पित किया गया है। 4. सोनभद्र, सोन संस्कृति की पौराणिक पृष्ठभूमि वैदिककालीन सभ्यता की पराकाष्ठापरक ऐतिहासिकता से सम्बद्ध है। सन्त परम्पराओं का एक महत्वपूर्ण परिव्रजन इस क्षेत्र में हुआ जिसमें शैव व शाक्त प्रमुख थे। शैव सम्प्रदाय से जुड़े अघोर तन्त्र ने इसे बहुत सराहा और इसे अपनी कर्मभूमि बना लिया। सोन नद के तट पर शव छेदन क्रिया की भी प्रशिक्षा आयुर्वेद के जिज्ञासुओं को दी जाती थी। शैव तन्त्र से प्रभावित अघोर तन्त्र शव-साधना में सिद्धहस्त था और शव में इकार की प्राण प्रतिष्ठा का जीवन्त रूप शिव को दे देना इनकी अलौकिक साधना का चरमोत्कर्ष है। अघोरपन्थी नाम के पश्चात् "राम" का प्रयोग करते थे। इस क्षेत्र में सवर्ण वर्ग में प्रायः ब्राह्मण वर्ग भी राम का प्रयोग अपने नाम में करता है। इस क्षेत्र में पाशुपात तन्त्र के महान साधक लोरिक का नाम विशेष है।

उपरोक्त तो अति संक्षिप्त परिचय है विस्तार से "विश्वशास्त्र" के अध्याय-दो में प्रकाशित है, जिस क्षेत्र से ये विश्व ऐतिहासिक अन्तिम, अपरिवर्तनीय और अटलनीय सन्देश देने का साहस किया गया है।

हे मानवों, इस संसार में व्यक्त साहित्य, दर्शन, मत, सम्प्रदाय, नियम, संविधान इत्यादि को व्यक्त करने का माध्यम मात्र केवल मानव शरीर ही है इसलिए यह सोचो की यदि सार्वभौम सत्य-सिद्धान्त आधारित ऐसा साहित्य जो सार्वदेशीय, सार्वकालिक और सम्पूर्ण मानव समाज के लिए असीम गुणों और दिशाओं से युक्त हो, अन्तिम रुप से एक ही मानव शरीर से व्यक्त हो रहा हो जिसके ज्ञान के बिना मानव, मानव नहीं पशु हो, उसे स्वीकार और आत्मसात् करना मानव की विवशता हो, तो तुम उस व्यक्तकर्ता मानव को क्या कहोगे? और उसका क्या दोष? यह तो मैं तुम पर ही छोड़ता हूँ। परन्तु धार्मिक-आध्यात्मिक भाषा में उसी असीम गुणों-दिशाओं के प्राकाट्य शरीर को पूर्ण और अन्तिम साकार-सगुण-दृश्य-ब्रह्म-ईश्वर-आत्मा-शिव कहते हैं तथा सार्वभौम सत्य-

सिद्धान्त को निराकार-निर्गुण-अदृश्य-ब्रह्म-ईश्वर-आत्मा-शिव कहते हैं वह शरीर चूँकि सिद्धान्त युक्त होता है इसलिए वह धर्मशास्त्र का प्रमाण रुप होता है। जो धर्मशास्त्रों और धर्मज्ञानियों के प्रति विश्वास बढ़ाता है। वर्तमान समय में सिर्फ यह देखने की आवश्यकता है कि क्या वह सार्वभौम सत्य-सिद्धान्त शास्त्र-साहित्य विश्व विकास-एकता-स्थिरता-शान्ति के क्षेत्र में कुछ रचनात्मक भूमिका निभा सकता है या नहीं? यह देखने की आवश्यकता नहीं है कि उसका व्यक्तकर्ता एक ही शरीर है क्योंकि इससे कोई लाभ नहीं। प्रत्येक मानव चाहे वह किसी भी स्तर का हो वह शारीरिक संरचना में समान होता है परन्तु वह विचारों से ही विभिन्न स्तर पर पीठासीन है, इसलिए मानव, शरीर नहीं विचार है उसी प्रकार विश्वमानव शरीर नहीं, विश्व विचार अर्थात् सार्वभौम सत्य-सिद्धान्त है। इसी प्रकार "मैं" , अहंकार नहीं, "सिद्धान्त" है। प्रत्येक स्तर पर पीठासीन मानव अपने स्तर का सिद्धान्त रुप से "मैं" का अंश रुप से तथा विचार रुप से "अहंकार" का अंश रुप ही है। "मैं" का पूर्ण दृश्य, वास्तविक, सर्वोच्च और अन्तिम रुप वही होगा जो सम्पूर्ण ब्रह्माण्ड के सभी विषयों में व्याप्त हो जाय। तभी तो वह असीम गुणों और दिशाओं से युक्त होगा तथा प्रत्येक दिशा या गुण से उसका नाम अलग-अलग होगा परन्तु वह एक ही होगा। हे मानव, तुम इसे देख नहीं पाते क्योंकि तुम "दृष्टि" से युक्त हो अर्थात् तुम एक ही दिशा या गुण द्वारा देखने की क्षमता रखते हो तुम्हें "दिव्य दृष्टि" अर्थात् अनेक दिशा या गुणों द्वारा एक साथ देखने की क्षमता रखनी चाहिए तभी तुम यथार्थ को देख पाओगे, तभी तुम "मैं" के विश्व रुप को देख पाओगे। दृष्टि से युक्त होने के कारण ही तुम मेरे आभासी रुप-शरीर रुप को ही देखते हो, तुम मेरे वास्तविक रुप-सिद्धान्त रुप को देख ही नहीं पाते। इसी कारण तुम मुझे अहंकार रुप में देखते हो। और इसी कारण तुम "भूमण्डलीकरण (Globalisation)" का विरोध करते हो जबकि "ग्लोबलाईज्ड" दृष्टि ही "दिव्य दृष्टि" है। जिसका तुम मात्र विरोध कर सकते हो क्योंकि यह प्राकृतिक बल के अधीन है जो तुम्हें मानव से विश्वमानव तक के विकास के लिए अटलनीय है। दृष्टि, अहंकार है, अंधकार है, अपूर्ण मानव है तो दिव्य दृष्टि, सिद्धान्त है, प्रकाश है, पूर्णमानव-विश्वमानव है। तुम मानव की अवस्था से विश्वमानव की अवस्था में आने का प्रयत्न करो न कि विश्वमानव का विरोध। विरोध से तुम्हारी क्षति ही होगी। जिस प्रकार "श्रीकृष्ण" नाम है "योगेश्वर" अवस्था है, "गदाधर" नाम है "रामकृष्ण परमहंस" अवस्था है, "सिद्धार्थ" नाम है "बुद्ध" अवस्था है, "नरेन्द्र नाथ दत्त" नाम है "स्वामी विवेकानन्द" अवस्था है, "रजनीश" नाम है "ओशो" अवस्था है। उसी प्रकार व्यक्तियों के नाम, नाम है "भोगेश्वर विश्वमानव" उसकी चरम विकसित, सर्वोच्च और अन्तिम अवस्था है। "दृष्टि" से युक्त होकर विचार व्यक्त करना निरर्थक है, प्रभावहीन है, यहाँ तक की तुम्हें विरोध करने का भी अधिकार नहीं क्योंकि वर्तमान और भविष्य के समय में इसका कोई महत्व नहीं, अर्थ नहीं क्योंकि वह व्यक्तिगत विचार होगा न कि सार्वजनिक संयुक्त विचार। यह सार्वजनिक संयुक्त विचार ही "एकात्म विचार" है और यही वह अन्तिम सत्य है, यही "सार्वभौम सत्य-सिद्धान्त" है। यही धर्मनिपरपेक्ष और सर्वधर्मसमभाव नाम से विश्वमानक-शून्य श्रृंखला: मन की गुणवत्ता का विश्वमानक तथा धर्म नाम से कर्मवेद: प्रथम, अन्तिम और पंचमवेदीय श्रृंखला है जिसकी शाखाएं सम्पूर्ण ब्रह्माण्ड में व्याप्त है और सम्पूर्ण ब्रह्माण्ड व्यक्त है जिसकी स्थापना चेतना के अन्तिम रुप-दृश्य सत्य चेतना के अधीन है। यही "मैं" का दृश्य रुप है। यही "विश्व-बन्धुत्व" , "वसुधैव-कुटुम्बकम्" , "बहुजनहिताय-बहुजनसुखाय" , "एकात्म-मानवतावाद" , "सर्वेभवन्तु-सुखिनः" की स्थापना का "एकात्मकर्मवाद" आधारित अन्तिम मार्ग है।

मन और मन का मानक। मन-व्यक्तिगत प्रमाणित अदृश्य सत्य। मन का मानक-सार्वजनिक प्रमाणित दृश्य सत्य। अनासक्त मन अर्थात् आत्मा अर्थात् व्यक्तिगत प्रमाणित अदृश्य आत्मा अर्थात् मन का अदृश्य मानक। मन का मानक अर्थात् सार्वजनिक प्रमाणित दृश्य आत्मा अर्थात् सार्वजनिक प्रमाणित दृश्य अनासक्त मन। मन का मानक में मन समाहित है।

आत्मा का सार्वजनिक प्रमाणित धर्मनिरपेक्ष एवं सर्वधर्मसमभाव दृश्य रुप एकात्म ज्ञान, एकात्म ज्ञान सहित एकात्म कर्म तथा एकात्म ज्ञान और एकात्म कर्म सहित एकात्म ध्यान के तीन व्यक्त होने के स्तर हैं जो क्रमशः एकात्म वाणी, एकात्म वाणी सहित एकात्म प्रेम तथा एकात्म वाणी और एकात्म प्रेम सहित एकात्म समर्पण द्वारा शक्ति प्राप्त करता है। जिनका धर्मयुक्त अदृश्य रुप भारतीय संस्कृति के पौराणिक कथाओं में ब्रह्मा, विष्णु,

महेश (शंकर) के रुप में तथा सरस्वती, लक्ष्मी और पार्वती शक्ति के रुप में प्रक्षेपित हैं। जिनकी उपयोगिता क्रमशः व्यक्ति, समाज और ब्रह्माण्ड को संतुलन, स्थिरता एवं विकास में है।

यदि तुम उपरोक्त गुणों को रखते हो तो तुम ही ब्रह्मा हो, विष्णु और महेश हो। साथ ही सरस्वती, लक्ष्मी और पार्वती भी। और यदि यह सीमित कर्मक्षेत्र तक में है तो तुम एक सीमाबद्ध और यदि यह सम्पूर्ण ब्रह्माण्ड के सर्वोच्च व्यापक अन्तिम और असीमित कर्म क्षेत्र तक में है तो तुम एक मूल ब्रह्मा, विष्णु, महेश और शक्ति सरस्वती, लक्ष्मी और पार्वती के अवतार हो। यदि तुम इस अनुसार नहीं तो तुम इनके अलावा मानव, दानव, पशु-मानव इत्यादि हो।

जब प्रत्येक शब्द धर्म और धर्मनिरपेक्ष या सर्वधर्मसमभाव में वर्गीकृत किया जा सकता है तब ईश्वर नाम को भी धर्मयुक्त नाम और धर्म निरपेक्ष या सर्वधर्मसमभाव नाम में व्यक्त किया जा सकता है। क्योंकि ईश्वर नाम भी शब्द है। जिस प्रकार व्यक्तिगत प्रमाणित अदृश्य काल के लिए धर्मयुक्त समष्टि ईश्वर नाम-" ऊँ" है। उसी प्रकार सार्वजनिक प्रमाणित दृश्य काल के लिए धर्मनिरपेक्ष और सर्वधर्मसमभाव समष्टि ईश्वर नाम- " TRADE CENTRE" है। जिसमें धर्म युक्त ईश्वर नाम-" ऊँ" का धर्मनिरपेक्ष और सर्वधर्मसमभाव रुप समाहित है।

एक ही देश काल मुक्त सर्वव्यापी अदृश्य सत्य-धर्म-ज्ञान है-आत्मा। और एक ही देश काल मुक्त सर्वव्यापी दृश्य सत्य-धर्म-ज्ञान है- क्रिया या परिवर्तन या $E=MC^2$ या आदान-प्रदान या TRADE या TRANSACTION। इस प्रकार सर्वोच्च और अन्तिम दृश्य सत्य-धर्म-ज्ञान से समस्त विषयों के यथार्थ व्यक्त रुप सर्वमान्य, सार्वजनिक प्रमाणित दृश्य और अन्तिम है। और व्यक्त कर्ता ज्ञानी या ब्रह्म या शिव की अन्तिम कड़ी है। इस आधार पर यह कहा जा सकता है कि "आत्मा" और मेरा दृश्य रुप (आदान-प्रदान) ही स्वस्थ उद्योग, स्वस्थ समाज और स्वस्थ लोकतन्त्र सहित विश्व शान्ति, एकता, स्थिरता और विकास का अन्तिम मार्ग है। चाहे वह वर्तमान में आत्मसात् किया जाये या भविष्य में परन्तु सत्य तो यही है।

मन से मन के मानक के व्यक्त होने के सम्पूर्ण यात्रा में कुछ महापुरुषों ने अदृश्य मानक आत्मा को व्यक्त करने के लिए कार्य किये तो कुछ ने अदृश्य सहित दृश्य मानक के लिए। मन के अदृश्य मानक आत्मा की श्रृंखला में निवृत्ति मार्गी-साधु, संत इत्यादि जिनकी सर्वोच्च स्थिति ब्रह्मा हैं। मन के अदृश्य सहित दृश्य मानक के श्रृंखला में प्रवृत्ति मार्गी-गृहस्थ युक्त सन्यासी इत्यादि जिनकी सर्वोच्च स्थिति विष्णु हैं। इस मानक को व्यवहारिकता में लाने के लिए ध्यान मार्गी जिनकी सर्वोच्च स्थिति महेश हैं। और यही वर्तमान तथा भविष्य के समाज की आवश्यकता है। और यही मन के मानक की उपयोगिता है।

मन के मानक को व्यक्त करने में जो शब्द, ज्ञान-विज्ञान, नाम-रुप इत्यादि प्रयोग किये गये हैं-वे सब मन से मन के मानक के विकास यात्रा में विभिन्न महापुरुषों द्वारा व्यक्त हो मानव समाज में पहले से मान्यता प्राप्त कर विद्यमान है। मैं (विश्वात्मा) सिर्फ उसको वर्तमान की आवश्यकता और वर्तमान से जोड़ने के लिए समयानुसार व्यक्त कर मन के मानक को व्यक्त कर दिया हूँ। यदि समाज इसे आत्मसात् नहीं करता तो उसके पहले मैं (विश्वात्मा) ही उसे आत्मसात् नहीं करता क्योंकि मैं शुद्ध-बुद्ध-मुक्त आत्मा हूँ, मैं नाम-रुप से मुक्त हूँ, मैं शिव हूँ, मैं शिव हूँ, मैं शिव हूँ। और ऐसा कहने वाला मैं पहला नहीं हूँ। मुझसे पहले भी अनेक सिद्धों द्वारा ऐसी उद्घोषणा की जा चुकी है और वे अपने समय के देश-काल स्थितियों में उसे सिद्ध भी कर चुके हैं और जब तक प्रत्येक मानव ऐसा कहने के योग्य नहीं बनता तब तक धर्म शास्त्रों में सृष्टि के प्रारम्भ में कहा गया ईश्वरीय वाणी-" ईश्वर ने इच्छा व्यक्त की कि मैं एक हूँ अनेक हो जाऊँ" कैसे सिद्ध हो पायेगा। मेरे उद्घोष का सबसे बड़ा प्रमाण "सत्य मानक शिक्षा" द्वारा लक्ष्य "पुनर्निर्माण" व उसके प्राप्ति की कार्य योजना है। जो अपने आप में पुरातन, विलक्षण और वर्तमान तक ऐसा नहीं हुआ है, जैसा है। श्रीराम द्वारा शारीरिक शक्ति के माध्यम से शारीरिक शक्ति का प्रयोग कर सत्यीकरण हुआ था, श्रीकृष्ण द्वारा आर्थिक शक्ति के माध्यम से व्यक्तिगत बौद्धिक शक्ति का प्रयोग कर सत्यीकरण हुआ था, अब यह कार्य व्यक्तिगत बौद्धिक शक्ति के माध्यम से सार्वभौम बौद्धिक शक्ति का प्रयोग कर सत्यीकरण किया जा रहा है। जो श्रीराम, श्रीकृष्ण के क्रम में अगला कार्य है। यह मानने का कार्य नहीं जानने का कार्य है। मानने से,

मानने वाले का कोई कल्याण नहीं होता, कल्याण तो सिर्फ जानने वालों का ही होता रहा है, होता है और होता रहेगा।

वर्तमान एवं भविष्य के मानव समाज को मैं (विश्वात्मा) का यह अन्तिम सत्य संदेश है कि-मानव की वास्तविक चेतना-सत्य चेतना अर्थात् भूतकाल का अनुभव और भविष्य की आवश्यकतानुसार वर्तमान में परिणाम ज्ञान से युक्त हो कार्य करना है न कि पशुओं की प्राकृतिक चेतना अर्थात् शुद्ध रुप से वर्तमान में कार्य करना है। सत्य चेतना में प्राकृतिक चेतना समाहित रहती है। अर्थात् मानव का विकास प्राकृतिक चेतना से सत्य चेतना की ओर होना चाहिए। और विज्ञान की भाँति धर्म के विषय में भी सदा आविष्कृत विषय से आविष्कार की ओर बढ़ना चाहिए अन्यथा स्थिति यह होगी कि वह तो आपके पास पहले से आविष्कृत था परन्तु उसी के आविष्कार में आपने पूरा जीवन व्यतीत कर दिया।

सम्पूर्ण मानव समाज से यह निवेदन है कि ईश्वर के सम्बन्ध में जो कुछ भी अब तक आविष्कृत है यद्यपि कि वह सब मैं (आत्मा) इस भौतिक शरीर (श्री लव कुश सिंह "विश्वमानव") से व्यक्त कर चुका हूँ लेकिन फिर भी व्यक्ति ईश्वर नहीं बन सकता। सिर्फ समष्टि ही ईश्वर होता है और समष्टि ही संयुक्त है। जिसकी चरम विकसित अवस्था सम्पूर्ण ब्रह्माण्ड का यथार्थ रुप है जो एक संयुक्त विचार-सत्य-सिद्धान्त ही है व्यक्ति नहीं। जबकि इसको व्यक्त और आत्मसात् करने वाला व्यक्ति ही है अर्थात् ईश्वर और व्यक्ति एक दूसरे पर निर्भर है। परिणामस्वरुप जो कुछ भी इस भौतिक शरीर द्वारा व्यक्त कर देना था-वह दे दिया गया और बात यहीं समाप्त हो गयी। क्योंकि मैं (विश्वात्मा) तुम्हारे अनूरुप सामान्य हो गया क्योंकि ईश्वर (संयुक्त विचार सत्य-सिद्धान्त) बाहर हो गया और वह सभी में व्याप्त हो गया। तू भी सामान्य, मैं भी सामान्य। तू भी ईश्वर, मैं भी ईश्वर। तू भी शिव, मैं भी शिव। इससे अलग सिर्फ माया, भ्रम, अन्धविश्वास है। और जब तक मैं (विश्वात्मा) इस शरीर में हूँ एक वर्तमान और भविष्य का एकात्म ध्यान युक्त प्रबुद्ध मानव के सिवाय कुछ अधिक भी नहीं समझा जाना चाहिए बस यही निवेदन है।

इस अन्तिम के सम्बन्ध में यह कहना चाहूँगा कि इस पर अभी विवाद करने से कोई लाभ नहीं है। अभी तो सिर्फ यह देखना है कि यह कालानुसार वर्तमान और भविष्य के लिए व्यक्ति से विश्व प्रबन्ध तक के लिए उपयोगी है या नहीं और जब तक मानव सृष्टि रहेगी तब तक यह सार्वभौम सत्य-सिद्धान्त अभेद्य और अकाट्य बना रहता है। तब यह समझ लेना होगा कि यह अन्तिम था। और व्यक्त करने वाला मानव शरीर पूर्ण ब्रह्म की अन्तिम कड़ी अर्थात् शिव का साकार सगुण रुप ही था।

आलोचना और विरोध मानव का स्वभाव है परन्तु सत्य की आलोचना और विरोध यदि बिना विचारे ही होगा तो यह उस मनुष्य के लिए स्वयं की मूर्खता का प्रदर्शन ही बन सकता है क्योंकि ऐसा नहीं है कि अन्य मनुष्य इसे नहीं समझ रहे हैं। इसलिए इसके लिए थोड़ा सतर्कता रखें विशेषकर उन लोगों के लिए जो सार्वजनिक रुप से विचार प्रस्तुत करते हैं।

हाँ, एक अन्तिम सत्य और-उपरोक्त अन्तिम सत्य भी सत्य और अन्तिम सत्य है या नहीं? इसके लिए भी तो ज्ञान और बुद्धि चाहिए।

प्रकाशित खुशमय तीसरी सहस्त्राब्दि के साथ यह एक सर्वोच्च समाचार है कि नयी सहस्त्राब्दि केवल बीते सहस्त्राब्दियों की तरह एक सहस्त्राब्दि नहीं है। यह प्रकाशित और विश्व के लिए नये अध्याय के प्रारम्भ का सहस्त्राब्दि है। केवल वक्तव्यों द्वारा लक्ष्य निर्धारण का नहीं बल्कि स्वर्गीकरण के लिए असिमीत भूमण्डलीय मनुष्य और सर्वोच्च अभिभावक संयुक्त राष्ट्र संघ सहित सभी स्तर के अभिभावक के कर्तव्य के साथ कार्य योजना पर आधारित। क्योंकि दूसरी सहस्त्राब्दि के अन्त तक विश्व की आवश्यकता, जो किसी के द्वारा प्रतिनिधित्व नहीं हुई उसे विवादमुक्त और सफलतापूर्वक प्रस्तुत किया जा चुका है। जबकि विभिन्न विषयों जैसे-विज्ञान, धर्म, आध्यात्म, समाज, राज्य, राजनीति, अन्तर्राष्ट्रीय सम्बन्ध, परिवार, व्यक्ति, विभिन्न संगठनों के क्रियाकलाप, प्राकृतिक, ब्रह्माण्डीय, देश, संयुक्त राष्ट्र संघ इत्यादि की स्थिति और परिणाम सार्वजनिक प्रमाणित दृश्य रुप में थे।

विज्ञान के सर्वोच्च आविष्कार के आधार पर अब यह विवाद मुक्त हो चुका है कि मन केवल व्यक्ति, समाज, और राज्य को ही नहीं प्रभावित करता बल्कि यह प्रकृति और ब्रह्माण्ड को भी प्रभावित करता है। केन्द्रीयकृत और ध्यानीकृत मन विभिन्न शारीरिक सामाजिक और राज्य के असमान्यताओं के उपचार का अन्तिम मार्ग है। स्थायी स्थिरता, विकास, शान्ति, एकता, समर्पण और सुरक्षा के लिए प्रत्येक राज्य के शासन प्रणाली के लिए आवश्यक है कि राज्य अपने उद्देश्य के लिए नागरिकों का निर्माण करें। और यह निर्धारित हो चुका है कि क्रमबद्ध स्वस्थ मानव पीढ़ी के लिए विश्व की सुरक्षा आवश्यक है। इसलिए विश्वमानव के निर्माण की आवश्यकता है, लेकिन ऐसा नहीं है और विभिन्न अनियन्त्रित समस्या जैसे-जनसंख्या, रोग, प्रदूषण, आतंकवाद, भ्रष्टाचार, विकेन्द्रीकृत मानव शक्ति एवं कर्म इत्यादि लगातार बढ़ रहे है। जबकि अन्तरिक्ष और ब्रह्माण्ड के क्षेत्र में मानव का व्यापक विकास अभी शेष है। दूसरी तरफ लाभकारी भूमण्डलीकरण विशेषीकृत मन के निर्माण के कारण विरोध और नासमझी से संघर्ष कर रहा है। और यह असम्भव है कि विभिन्न विषयों के प्रति जागरण समस्याओं का हल उपलब्ध करायेगा।

मानक के विकास के इतिहास में उत्पादों के मानकीकरण के बाद वर्तमान में मानव, प्रक्रिया और पर्यावरण का मानकीकरण तथा स्थापना आई0 एस0 ओ0-9000 एवं आई0 एस0 ओ0-14000 श्रृंखला के द्वारा मानकीकरण के क्षेत्र में बढ़ रहा है। लेकिन इस बढ़ते हुये श्रृंखला में मनुष्य की आवश्यकता (जो मानव और मानवता के लिए आवश्यक है) का आधार "मानव संसाधन का मानकीकरण" है क्योंकि मनुष्य सभी (जीव और निर्जीव) का निर्माणकर्ता और उसका नियन्त्रणकर्ता है। मानव संसाधन के मानकीकरण के बाद सभी विषय आसानी से लक्ष्य अर्थात् विश्वस्तरीय गुणवत्ता की ओर बढ़ जायेगी क्योंकि मानव संसाधन के मानक में सभी तन्त्रों के मूल सिद्धान्त का समावेश होगा।

वर्तमान समय में शब्द- "निर्माण" भूमण्डलीय रुप से परिचित हो चुका है इसलिए हमें अपना लक्ष्य मनुष्य के निर्माण के लिए निर्धारित करना चाहिए। और दूसरी तरफ विवादमुक्त, दृश्य, प्रकाशित तथा वर्तमान सरकारी प्रक्रिया के अनुसार मानक प्रक्रिया उपलब्ध है। जैसा कि हम सभी जानते हैं कि मानक हमेशा सत्य का सार्वजनिक प्रमाणित विषय होता है न कि विचारों का व्यक्तिगत प्रमाणित विषय। अर्थात् प्रस्तुत मानक विभिन्न विषयों जैसे-आध्यात्म, विज्ञान, तकनीकी, समाजिक, नीतिक, सैद्धान्तिक, राजनीतिक इत्यादि के व्यापक समर्थन के साथ होगा। "उपयोग के लिए तैयार" तथा "प्रक्रिया के लिए तैयार" के आधार पर प्रस्तुत मानव के विश्व स्तरीय निर्माण विधि को प्राप्त करने के लिए मानव निर्माण तकनीकी WCM-TLM-SHYAM.C (World Class Manufactuing–Total Life Maintenance- Satya, Heart, Yoga, Ashram, Meditation.Conceousnesas) प्रणाली आविष्कृत है जिसमें सम्पूर्ण तन्त्र सहभागिता (Total System Involvement-TSI) है और विश्वमानक शून्य: मन की गुणवत्ता का विश्वमानक श्रृंखला (WS-0: World Standard of Mind Series) समाहित है। जो विश्वमानव निर्माण प्रक्रिया की तकनीकी और मानव संसाधन की गुणवत्ता का विश्वमानक है। जैसे-औद्योगिक क्षेत्र में इन्स्टीच्यूट आफ प्लान्ट मेंन्टीनेन्स, जापान द्वारा उत्पादों के विश्वस्तरीय निर्माण विधि को प्राप्त करने के लिए उत्पाद निर्माण तकनीकी डब्ल्यू0 सी0 एम0-टी0 पी0 एम0-5 एस (WCM-TPM-5S (World Class Manufacturing - Total Productive Maintenance -Siri (छँटाई), Seton (सुव्यवस्थित), Sesaso (स्वच्छता), Siketsu (अच्छास्तर), Shituke (अनुशासन) प्रणाली संचालित है। जिसमें सम्पूर्ण कर्मचारी सहभागिता (Total Employees Involvement) है।) का प्रयोग उद्योगों में विश्व स्तरीय निर्माण प्रक्रिया के लिए होता है। और आई.एस.ओ.-9000 (ISO-9000) तथा आई.एस.ओ.-14000 (ISO-14000) है।

युग के अनुसार सत्यीकरण का मार्ग उपलब्ध कराना ईश्वर का कर्तव्य है आश्रितों पर सत्यीकरण का मार्ग प्रभावित करना अभिभावक का कर्तव्य है। और सत्यीकरण के मार्ग के अनुसार जीना आश्रितों का कर्तव्य है जैसा कि हम सभी जानते है कि अभिभावक, आश्रितों के समझने और समर्थन की प्रतिक्षा नहीं करते। अभिभावक यदि किसी विषय को आवश्यक समझते हैं तब केवल शक्ति और शीघ्रता से प्रभावी बनाना अन्तिम मार्ग होता है। विश्व के बच्चों के लिए यह अधिकार है कि पूर्ण ज्ञान के द्वारा पूर्ण मानव अर्थात् विश्वमानव के रुप में बनना। हम सभी विश्व के नागरिक सभी स्तर के अभिभावक जैसे-महासचिव संयुक्त राष्ट्र संघ, राष्ट्रों के राष्ट्रपति-प्रधानमंत्री, धर्म,

समाज, राजनीति, उद्योग, शिक्षा, प्रबन्ध, पत्रकारिता इत्यादि द्वारा अन्य समानान्तर आवश्यक लक्ष्य के साथ इसे जीवन का मुख्य और मूल लक्ष्य निर्धारित कर प्रभावी बनाने की आशा करते हैं। क्योंकि लक्ष्य निर्धारण वक्तव्य का सूर्य नये सहस्त्राब्दि के साथ डूब चुका है। और कार्य योजना का सूर्य उग चुका है। इसलिए धरती को स्वर्ग बनाने का अन्तिम मार्ग सिर्फ कर्तव्य है। और रहने वाले सिर्फ सत्य-सिद्धान्त से युक्त संयुक्तमन आधारित मानव है, न कि संयुक्तमन या व्यक्तिगतमन से युक्तमानव।

आविष्कार विषय "व्यक्तिगत मन और संयुक्तमन का विश्व मानक और पूर्णमानव निर्माण की तकनीकी है जिसे धर्म क्षेत्र से कर्मवेद: प्रथम, अन्तिम तथा पंचमवेदीय श्रृंखला तथा शासन क्षेत्र से WS-0: मन की गुणवत्ता का विश्व मानक श्रृंखला तथा WCM-TLM-SHYAM.C तकनीकी कहते है। सम्पूर्ण आविष्कार सार्वभौम सत्य-सिद्धान्त अर्थात सम्पूर्ण ब्रह्माण्ड में व्याप्त अटलनीय, अपरिवर्तनीय, शाश्वत व सनातन नियम पर आधारित है, न कि मानवीय विचार या मत पर आधारित।" सम्पूर्ण ब्रह्माण्ड में व्याप्त एक ही सत्य-सिद्धान्त द्वारा व्यक्तिगत व संयुक्त मन को एकमुखी कर सर्वोच्च, मूल और अन्तिम स्तर पर स्थापित करने के लिए शून्य पर अन्तिम आविष्कार WS-0 श्रृंखला की निम्नलिखित पाँच शाखाएँ है।

1. डब्ल्यू.एस. (WS)-0:विचार एवम् साहित्य का विश्वमानक
2. डब्ल्यू.एस. (WS)-00: विषय एवम् विशेषज्ञों की परिभाषा का विश्वमानक
3. डब्ल्यू.एस. (WS)-000:ब्रह्माण्ड (सूक्ष्म एवम् स्थूल) के प्रबन्ध और क्रियाकलाप का विश्वमानक
4. डब्ल्यू.एस. (WS)-0000: मानव (सूक्ष्म तथा स्थूल) के प्रबन्ध और क्रियाकलाप का विश्वमानक
5. डब्ल्यू.एस. (WS)-00000:उपासना और उपासना स्थल का विश्वमानक

संयुक्त राष्ट्र संघ सीधे इस मानक श्रृंखला को स्थापना के लिए अपने सदस्य देशों के महासभा के समक्ष प्रस्तुत कर अन्तर्राष्ट्रीय मानकीकरण संगठन व विश्व व्यापार संगठन के माध्यम से सभी देशों में स्थापित करने के लिए उसी प्रकार बाध्य कर सकता है, जिस प्रकार ISO-9000 व ISO-14000 श्रृंखला का विश्वव्यापी स्थापना हो रहा है।

20 वर्षों से जिस समय की प्रतीक्षा मैं लव कुश सिंह "विश्वमानव" कर रहा था वह आ गया है। जो व्यक्ति प्राकृतिक बल को समझ जाते हैं वे उसके अनुसार कार्य योजना तैयार करते है। इस क्रम में व्यक्ति, समाज, देश व विश्व की आवश्यकता को 20 वर्ष पहले ही समझ लिया गया था और उस अनुसार ही लक्ष्य निर्धारित कर उसके प्राप्ति के लिए कार्य योजना तैयार की जा रही थी। सिर्फ लक्ष्य निर्धारण से ही कार्य सम्पन्न नहीं हो जाता बल्कि लक्ष्य की सत्यता की प्रमाणिकता के लिए धर्म शास्त्रों, पुराणों, दार्शनिकों, सामाजिक-राजनीतिक नेतृत्वकर्ताओं, विज्ञान व आध्यात्म इत्यादि के विचारों-सिद्धान्तों के द्वारा उसे पुष्टि प्रदान करने की भी आवश्यकता होती है। फिर उसे उस लक्ष्य तक पहुँचाने के लिए कार्य योजना बनानी पड़ती है।

वर्तमान समय, सम्पूर्ण पुनर्निर्माण और सत्यीकरण का समय है। हमें प्रत्येक विषय को प्रारम्भ से समझना और समझाना पड़ेगा। तभी व्यक्ति, समाज, देश व विश्व को सत्य दिशा प्राप्त हो सकेगी और इस कार्य को करने वाला काशी-सत्यकाशी क्षेत्र इस वर्तमान समय में राष्ट्र गुरू बनेगा जिसका कारण होगा-" राष्ट्र को सत्य मार्गदर्शन देना"। और फिर यही कारण भारत को जगतगुरू के रूप में स्थापित कर देगा।

हम सभी के मोटर वाहनों में, वाहन कितने किलोमीटर चला उसे दिखाने के लिए एक यंत्र होता है। यदि इस यंत्र की अधिकतम 6 अंकों तक किलोमीटर दिखाने की क्षमता हो तब उसमें 6 अंक दिखते है। जो प्रारम्भ में 000000 के रूप में होता है। वाहन के चलते अर्थात विकास करते रहने से 000001 फिर 000002 इस क्रम से बढ़ते हुये पहले इकाई में, फिर दहाई में, फिर सैकड़ा में, फिर हजार में, फिर दस हजार में, फिर लाख में, के क्रम में यह आगे बढ़ते हुये बदलता रहता है। एक समय ऐसा आता है जब सभी अंक 999999 हो जाते हें फिर क्या होगा? फिर सभी 000000 के अपने प्रारम्भ वाली स्थिति में आ जायेंगे। इन 6 अंक के प्रत्येक अंक के चक्र में 0 से 9 अंक के चक्र होते है। जो वाहन के चलने से बदलकर चले हुये किलोमीटर को दिखाते है। यही स्थिति भी इस सृष्टि के काल चक्र की है। सृष्टि चक्र में पहले काल है जिसके दो रूप अदृश्य और दृश्य हैं। फिर इन दोनों काल में 5 युग

हैं। 4 अदृश्य काल के 1 दृश्य काल के। और इन दोनों काल में 14 मनवन्तर और मनु हैं। 7 अदृश्य काल के 7 दृश्य काल के। फिर इन युगों में युगावतार अवतार होते हैं। फिर व्यास व शास्त्र होते हैं। ये सब वैसे ही है जैसे अंक गणित में इकाई, दहाई, सैकड़ा, हजार, दस हजार, लाख इत्यादि होते हैं। उपर उदाहरण दिये गये यंत्र में जब सभी अंक 999999 हो जाते हैं तब विकास के अगले एक बदलाव से इकाई, दहाई, सैकड़ा, हजार, दस हजार, लाख सभी बदलते हैं। वर्तमान सृष्टि चक्र की स्थिति भी यही हो गयी है कि अब अगले अवतार के मात्र एक विकास के लिए सत्यीकरण से काल, मनवन्तर व मनु, अवतार, व्यास व शास्त्र सभी बदलेंगे। इसलिए देश व विश्व के धर्माचार्यों, विद्वानों, ज्योतिषाचार्यों इत्यादि को अपने-अपने शास्त्रों को देखने व समझने की आवश्यकता आ गयी है क्योंकि कहीं ये कार्य वही तो नहीं है? और यदि नहीं तो वह कौन सा कार्य होगा जो इन सबको बदलने वाली घटना को घटित करेगा?

सामान्यतः मनुष्य का स्वभाव अपने जैसा ही दूसरे को समझना होता है। वह कैसे यह सोच सकता है कि एक व्यक्ति सांसारिक कार्यों से निर्लिप्त रहते हुये 20 वर्षों से ऐसी शोध व योजना पर ध्यान केन्द्रित कर कार्य करने में लगा हुआ है जो भारत को उसके सत्य महानता की ओर ले जाने वाला कार्य है। और ऐसा कार्य भारत सहित विश्व के लिए कितने बड़े समाचार का विषय बनेगा?

"विश्वशास्त्र" में जन्म-जीवन-पुनर्जन्म-अवतार-साकार ईश्वर-निराकार ईश्वर, अदृश्य और दृश्य ईश्वर नाम, मानसिक मृत्यु व जन्म, भूत-वर्तमान-भविष्य, शिक्षा व पूर्ण शिक्षा, संविधान व विश्व संविधान, ग्राम सरकार व विश्व सरकार, विश्व शान्ति व एकता, स्थिरता व व्यापार, विचारधारा व क्रियाकलाप, त्याग और भोग, राधा और धारा, प्रकृति और अहंकार, कर्तव्य और अधिकार, राजनीति व विश्व राजनीति, व्यक्ति और वैश्विक व्यक्ति, ज्ञान व कर्मज्ञान, योग, अदृश्य और दृश्य योग व ध्यान, मानवतावाद व एकात्मकर्मवाद, नायक-शास्त्राकार-आत्मकथा, महाभारत और विश्वभारत, जाति और समाजनीति, मन और मन का विश्वमानक, मानव और पूर्ण मानव एवं पूर्ण मानव निर्माण की तकनीकी, आकड़ा व सूचना और विश्लेषण, शास्त्र और पुराण इत्यादि अनेकों विषय और उनके वर्तमान समय के शासनिक व्यवस्था में स्थापना स्तर तक की विधि को व्यक्त किया गया है। इस एक ही "विश्वशास्त्र" साहित्य के गुणों के आधार पर धर्म क्षेत्र से 90 नाम और धर्मनिरपेक्ष व सर्वधर्मसमभाव क्षेत्र से 141 नाम भी निर्धारित किये गये हैं।

जब दुनिया बीसवीं सदी के समाप्ति के समीप थी तब वर्ष 1995 ई0 में कोपेनहेगन में सामाजिक विकास का विश्व शिखर सम्मेंलन हुआ था। इस शिखर सम्मेंलन में यह माना गया कि-" आर्थिक विकास अपने आप में महत्वपूर्ण विषय नहीं है, उसे समाजिक विकास के हित में काम करना चाहिए। यह कहा गया कि पिछले वर्षों में आर्थिक विकास तो हुआ, पर सभी देश सामाजिक विकास की दृष्टि से पिछड़े ही रहे। जिसमें मुख्यतः तीन बिन्दुओं- बढ़ती बेरोजगारी, भीषण गरीबी और सामाजिक विघटन पर चिन्ता व्यक्त की गई। यह स्वीकार किया गया कि सामाजिक विकास की समस्या सार्वभौमिक है। यह सर्वत्र है, लेकिन इस घोर समस्या का समाधान प्रत्येक संस्कृति के सन्दर्भ में खोजना चाहिए।" इसका सीधा सा अर्थ यह है कि व्यक्ति हो या देश, आर्थिक विकास तभी सफल होगा जब बौद्धिक विकास के साथ मनुष्य के गुणवत्ता में भी विकास हो। इसी सम्मेलन में भारत ने यह घोषणा की कि-" वह अपने सकल घरेलू उत्पाद का 6 प्रतिशत शिक्षा पर व्यय करेगा।" भारत इस पर तब से कितना अमल कर पाया यह तो सबके सामने है। लेकिन बौद्धिक विकास के साथ मनुष्य के गुणवत्ता में भी विकास के लिए भारत सहित विश्व के हजारों विश्वविद्यालय जिस पूर्ण सकारात्मक एवम् एकीकरण के विश्वस्तरीय शोध को न कर पाये, वह पूर्ण किया जा चुका है और उसे पाठ्यक्रम का रूप देकर पुनर्निर्माण के माध्यम से आपके सामने है। परिणामस्वरूप एकल सार्वभौमिक रचनात्मक बुद्धि बनाम विश्व बुद्धि का रूप आपके सामने है।

शास्त्रों व अनेक भविष्यवक्ताओं के भविष्यवाणीयों को पूर्णतया सिद्ध करते हुये यह कार्य उसी समय अवधि में सम्पन्न हुआ है। भविष्यवाणीयों के अनुसार ही जन्म, कार्य प्रारम्भ और पूर्ण करने का समय और जीवन है। अधिक जानने के लिए इन्टरनेट पर गूगल व फेसबुक में नियामतपुर कलाँ, लव कुश सिंह "विश्वमानव" , सत्यकाशी,

विश्वशास्त्र, विश्वमानव (NIYAMATPUR KALAN, LAVA KUSH SINGH "VISHWMANAV" , SATYAKASHI, VISHWSHASTRA, VISHWMANAV) इत्यादि से सर्च कर जानकारी पायी जा सकती है।

सामाजिक-आर्थिक प्रणाली और शिक्षा के दायित्व पर आधारित सम्पूर्ण कार्य योजना को राष्ट्र को समर्पित करते हुये और प्रकृति से लिए गये हवा, पानी, धूप इत्यादि का कर्ज उतारते हुये, इस व्यापार पर स्वयं का एकाधिकार न रहे इसलिए इसे, पूरी रूचि से संचालित करने वालों के हाथों में ही सौंपने की भी योजना है जिससे ज्ञान का व्यापार भी हो जायेगा और राष्ट्र सेवा भी हो जायेगी।

जय भारत देश, जय विश्व राष्ट्र

सत्य, आधुनिक अथवा प्राचीन किसी समाज का सम्मान नहीं करता। समाज को ही सत्य का सम्मान करना पड़ेगा। अन्यथा समाज ध्वंस हो जाये कोई हानि नहीं। किसी प्रकार की राजनीति में मुझे विश्वास नहीं है। ईश्वर तथा सत्य ही एक मात्र राजनीति है बाकि सब कूड़ा-करकट है।

-स्वामी विवेकानन्द

Think Globally - Act Locally
वैश्विक सोच - स्थानीय कार्यवाही

जिस प्रकार शरीर स्थित मन का स्तर व्यक्ति को इस संसार में अभिनय करवाता है,
उसी प्रकार एक लेखक ही पर्दे पर या जीवन में अभिनय करवाता है।
वाल्मिकि और तुलसी के लिखने से श्रीराम का अभिनय,
और व्यास के लिखने से श्रीकृष्ण का अभिनय अभी भी चल रहा है।
व्यापक सोचें, व्यापक लिखे। पढ़े- "विश्वशास्त्र"

आत्मा पर कौन विश्वास करता है, सभी शरीर पर विश्वास करते हैं

WRITER IS ACTOR

भाग-4

परिवर्तन

सीधी समझ

नये भारत में, नये मनुष्य के उदय के लिए

व्यवस्था के परिवर्तन या सत्यीकरण का पहला प्रारूप और उसकी कार्य विधि

वे शब्द जिसके बिना युग परिवर्तन सम्भव नहीं

उपाधियाँ मिलती है- पीएच0 डी0, डी0 लिट0 और डी0 फिल0 और उनका बड़ा सम्मान होता है। उनका काम क्या है? उनका काम यह है कि वे तय करते हैं कि गोरखनाथ कब पैदा हुए थे। कोई कहता है दसवीं सदी के अंत में, कोई कहता है ग्यारहवीं सदी के प्रारम्भ में। इस पर बड़ा विवाद चलता है। बड़े-बड़े विश्वविद्यालयों के ज्ञानी सिर खपा कर खोज में लगे रहते हैं। शास्त्रों की, प्रमाणों की, इसकी, उसकी। उनकी पूरी जिन्दगी इसी में जाती है। इससे बड़ा अज्ञान और क्या होगा? गोरख कब पैदा हुए, इसे जानकर करोगे क्या? इसे जान भी लिया तो पाओगे क्या? गोरख न भी पैदा हुए, यह भी सिद्ध हो जाये, तो भी क्या फायदा? हुए हों या न हुए हों, अर्थहीन है। गोरख ने क्या जिया उसका स्वाद लो। इसलिए तुम्हारे विश्वविद्यालय ऐसी व्यर्थता के कामों में संलग्न हैं कि बड़ा आश्चर्य होता है कि इन्हें विश्वविद्यालय कहो या न कहो। इनका काम ही........तुम्हारे विश्वविद्यालय में चलने वाली जितनी शोध है, सब कूड़ा-करकट है।

-आचार्य रजनीश "ओशो"

(अक्टुबर व नवम्बर 1978 में दिये गये प्रवचन का अंश)

FINAL KNOWLEDGE BOMB BLAST

AFTER FIRST NOBEL DISCOVERY OF ZERO BY INDIA AGAIN ZERO BASED FINAL DISCOVERY

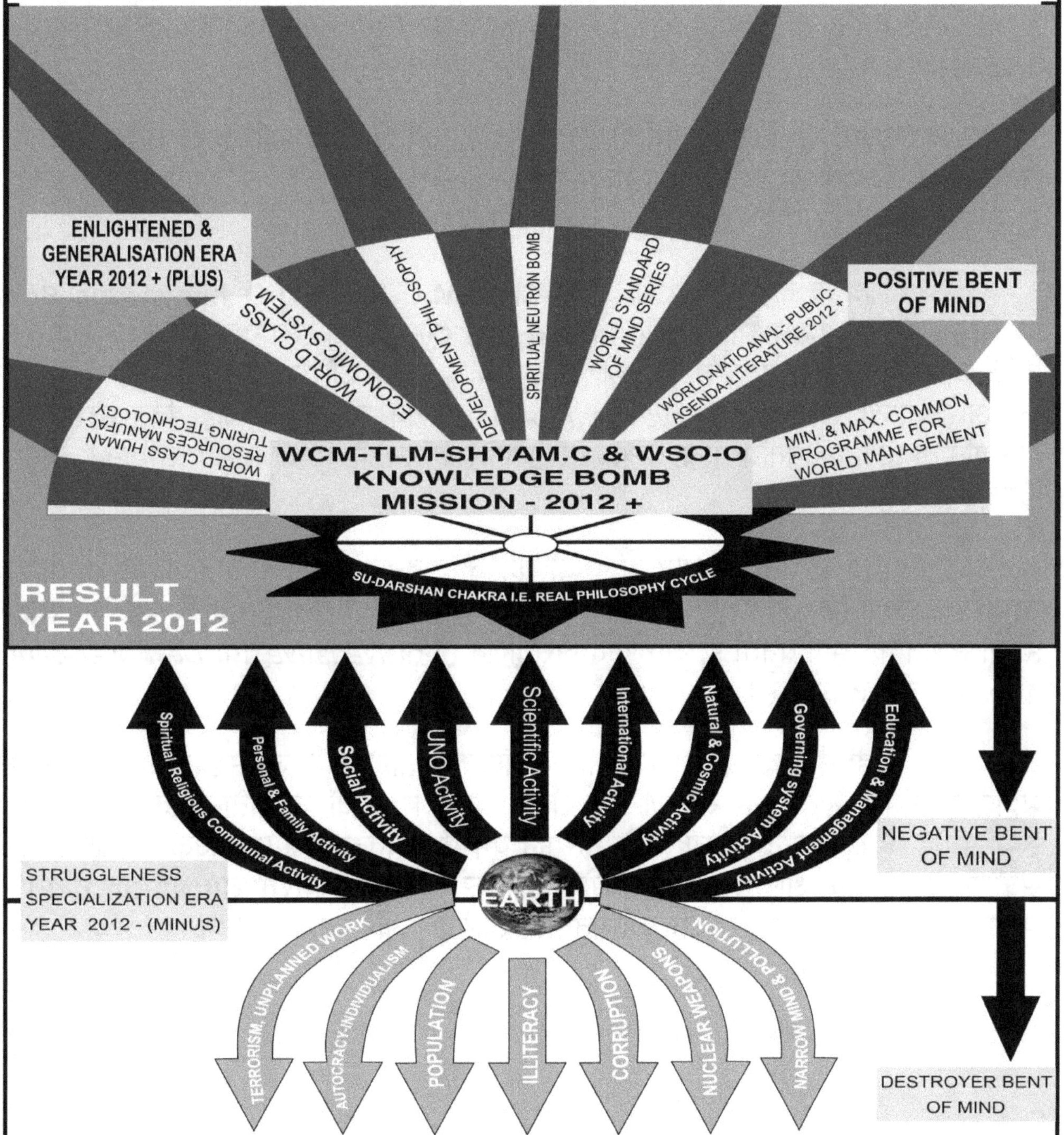

मैकाले शिक्षा पद्धति हम बदल नहीं सकते लेकिन अलग से "सत्य मानक शिक्षा" ग्रहण तो कर सकते हैं।

सरकारी पाठ्यक्रम बनाम नीजी पाठ्यक्रम / सार्वभौम आत्मीय पाठ्यक्रम / ईश्वरीय पाठ्यक्रम

ज्ञान के इस युग में ज्ञान की ओर चलें

FINAL KNOWLEDGE BOMB BLAST

यह चित्र **"FINAL KNOWLEDGE BOMB BLAST"** एक गहन वैचारिक मानचित्र है, जो मानव चेतना, ज्ञान, दर्शन और वैश्विक व्यवस्था के परिवर्तन को प्रतीकात्मक रूप में प्रस्तुत करता है।

इसमें यह दिखाया गया है कि वर्ष 2012 को एक *युग-संधि* के रूप में देखा गया है-जहाँ संघर्ष, विशेषज्ञता और विखंडन (2012–minus) से निकलकर मानवता को प्रबोधन, सामान्यीकरण और समन्वय (2012–plus) की ओर बढ़ना है।

चित्र के केंद्र में **WCM–TLM–SHYAM.C & WSO-O Knowledge Bomb Mission** और **सु-दर्शन चक्र (Real Philosophy Cycle)** को रखा गया है, जो यह संकेत देता है कि वास्तविक परिवर्तन शस्त्रों से नहीं, बल्कि दर्शन, विवेक और समग्र ज्ञान से आता है। ऊपर की ओर उठती संरचना *Positive Bent of Mind* को दर्शाती है, जहाँ विश्व-स्तरीय सोच, आध्यात्मिक दर्शन, मानवीय मूल्य, वैश्विक एजेंडा और कॉमन प्रोग्राम के माध्यम से मानव चेतना का विस्तार होता है।

चित्र के निचले भाग में पृथ्वी को केंद्र बनाकर मानव गतिविधियों-आध्यात्मिक, सामाजिक, वैज्ञानिक, अंतरराष्ट्रीय, शैक्षिक और प्रशासनिक-को दर्शाया गया है, जो यदि संतुलित हों तो उन्नति का मार्ग बनती हैं, और यदि असंतुलित हों तो *Negative* तथा *Destroyer Bent of Mind* की ओर ले जाती हैं।

वहीं नीचे की ओर गिरते तीर आतंकवाद, तानाशाही, जनसंख्या विस्फोट, अशिक्षा, भ्रष्टाचार, परमाणु खतरे और संकीर्ण सोच जैसे विनाशकारी तत्वों का प्रतिनिधित्व करते हैं। समग्र रूप से यह चित्र यह संदेश देता है कि वर्तमान युग में मानवता के सामने विकल्प स्पष्ट है-या तो संकीर्ण, नकारात्मक और विनाशकारी सोच, या फिर **"ज्ञान आधारित सार्वभौमिक दर्शन"** के माध्यम से पृथ्वी और मानव सभ्यता का संतुलित, शांतिपूर्ण और प्रबुद्ध भविष्य।

सीधी समझ

बड़ा वट वृक्ष (Big Banyan Tree), सैकड़ों वर्ष पुराना एक विशाल क्षेत्र में फैला वट वृक्ष है। जिसका मूल वृक्ष अब अस्तित्व में नहीं है उसके तनों से निकले सैंकड़ों जड़ वर्तमान में स्वयं एक वृक्ष, फिर उनके तनों से निकले सैंकड़ों जड़ भी वर्तमान में एक-एक वृक्ष के रूप में स्थापित हैं और सभी एक-दूसरे से जुड़े हुये हैं, बस जो नहीं है, वह है मूल वृक्ष। इस प्रकार सम्पूर्ण वृक्ष परिवार एक बड़े क्षेत्र में फैल चुका है और निरन्तर जारी भी है। प्रत्येक स्वयं स्वतन्त्र वृक्ष के रूप में स्थापित वृक्ष का अपने परिवार के रूप में तना, पत्ता, फूल और फल सब निकलते रहते हैं और जिसे जहाँ अर्थात् नजदीकी स्रोत से सुविधा अर्थात् खुराक मिल सकता हैं वहाँ से प्राप्त करते हुये विकास कर रहे हैं। इस कार्य में आपस में कोई विवाद नहीं है। कोई किसी पर अधिपत्य जमाना नहीं चाहता, ना ही अन्य के विकास में कोई बाधा पहुँचाता है। जिसको जिस ओर उचित वातावरण मिलता जाता है, उस ओर वह विकास कर रहा है। कुल मिलाकर स्व प्रेरित सुशासन की भाँति संचालित है। इस वट वृक्ष के सबसे बाद अर्थात् वर्तमान के तनों-पत्तों के लिए उसका जन्मदाता व पालनकर्ता के रूप में उसका नजदीकी जड़ ही है इसलिए उसकी कथा-कहानी वहीं से शुरू होती है और वहीं तक उसका ज्ञान है जो एक संकुचित और सीमित ज्ञान है। वह पूर्ण को नहीं जान रहा, उसका पूर्णत्व, सार्वभौम पूर्णत्व नहीं बल्कि सीमित पूर्णत्व है। सीमित पूर्णत्व में भी वह आनन्द में हैं और विकासशील है। उसका विकास होना सार्वभौम का ही विकास होना है परन्तु उसे उसका ज्ञान नहीं है और वह उस सार्वभौम के विकास में अपने योगदान को करते हुये भी स्वयं को गौरवान्वित नहीं अनुभव कर रहा है। सार्वभौम से युक्त होने के बाद भी उसे अपने परिवार से ही जुड़ा रहना उसकी विवशता भी है और इसके अलावा कोई अन्य मार्ग भी नहीं हैं। उसके सार्वभौम का मार्ग भी उसके अपने परिवार के ही मार्ग से होकर जाता है। वृक्ष के साथ यह मजबूरी भी है कि क्योंकि वह स्थिर है इसलिए उसका छोटा परिवार केवल पड़ोस तक के ही दायरे के सम्पर्क में है। दूसरे छोर के परिवार का क्या हाल है उसे कुछ नहीं पता।

हे मानवों, ये संसार भी उपरोक्त वट वृक्ष के सामन ही फैला हुआ है। परन्तु उस भाँति विकास नहीं कर रहा है। मनुष्य के अन्दर बीमारी की भाँति अधिकतम "शक्ति और लाभ (पावर और प्राफिट)" की दौड़ ने उसे अधिपत्य, अत्याचार, दूसरे को दबाना इत्यादि से युक्त कर दिया है। और जो इस दौड़ में नहीं हैं वे सीमित पूर्णत्व में आनन्द के साथ विकासशील हैं। उन्हें और भी तेज विकास की इच्छा है परन्तु उनके बुद्धि का दायरा ही सीमित है इसलिए उन्हें मार्ग नहीं मिल रहा है। यदि उनको मार्ग भी मिल रहा हो तो वट वृक्ष की भाँति उसके नजदीकी जन्मदाता ने उसे यह बता रखा है कि जब उस सार्वभौम का मार्ग मेरे ही रास्ते से जाता है तो जो मैं कह रहा हूँ उसे करो। और इसके लिए वे अपने परिवार के लिए अनेक प्रकार की प्रणाली दे रखे हैं। जबकि ये प्रणाली देने वाले उनके नजदीकी जन्मदाता स्वयं कहाँ से आये हैं स्वयं उन्हे भी नहीं पता। क्योंकि वे स्वयं भी उस वट वृक्ष के खो गये मूल जड़ की तरह अपने मूल जड़ को नहीं जानते। वे भी अपने नजदीकी जन्मदाता का ही अनुसरण कर रहे होते हैं। ये प्रणालीयाँ अनेक प्रकार की हैं उदाहरणस्वरूप कुछ मुख्य निम्नवत् हैं-

1 उनके द्वारा प्रस्तुत कुछ पुस्तकें होती हैं जिन्हें नियमानुसार प्रतिदिन पढ़ना होता है। पढ़ने के पूर्व शुद्धता की भी प्रक्रिया अनिवार्य होती है अन्यथा पुस्तकें परिणाम नहीं दे पायेंगी, ये भी शर्त होती हैं।

2 उनके द्वारा भोजन से सम्बन्धित कुछ नियम बना दिये जाते हैं कि क्या खाना है और क्या नहीं खाना है।

3 उनके द्वारा कोई मन्त्र दे कर उसे नियमानुसार जपने के लिए दे दिया जाता है।

4 उनके द्वारा किसी यन्त्र-तन्त्र द्वारा समस्या मुक्ति का उपाय बता दिया जाता है।

5 उनके द्वारा किसी विशेष प्रकार के रंग और ढ़ग के वस्त्र निर्धारित कर दी जाती है जिससे उनकी पहचान एक अलग रूप में हो। अर्थात् समाज का एक और विभाजन कर उसे प्रस्तुत कर देते हैं।

सामान्य रूप से सभी द्वारा अनिवार्य रूप से ये भी निर्धारित कर दी जाती है कि किसी दूसरे के नियमों को न तो जानना है, न सुनना है, न पढ़ना है और न ही उसमें शामिल होना है। अर्थात् एक गतिशील प्राणी मनुष्य को जिसे सदैव श्रेष्ठ से, श्रेष्ठतम और सर्वोच्च तक उठने-विकास करने के लिए निर्मित किया गया था, उसे एक सीमित

दायरे में बुद्धिबद्ध कर दिया गया। मनुष्य जिसका निर्माण अपनी मस्तिष्क को असीम क्षमता को विकसित कर ईश्वर रूप में व्यक्त होना था, उसे जड़ (स्थिर) बना दिया गया।

हे मानवों, मनुष्यों की सबसे बड़ी कमजोरी "स्वयं में गुणों का विकास कर स्वयं बन जाने या हो जाने" में नहीं बल्कि "पाने" की इच्छा है। इस पाने की इच्छा की कमजोरी का परिणाम ही है उपरोक्त अनेक प्रकार के बुद्धिबद्ध करने की विधियाँ।

हे मानवों, उपरोक्त के पृष्ठभूमि में उनका उद्देश्य केवल अपने स्वार्थ की पूर्ति के सिवाय कुछ नहीं होता। क्योंकि मार्गदर्शक या प्रेरक या शिक्षक का उद्देश्य स्वयं से श्रेष्ठ मानव का निर्माण होता है न कि सदैव जीवन भर एक ही प्रणाली या प्रक्रिया या कक्षा में पढ़ते-दुहराते रहने के लिए विवश करना। उपरोक्त के पृष्ठभूमि में शारीरिक-आर्थिक-मानसिक शोषण का ही कार्य विभिन्न प्रकार से चल रहा है। कोई अपने कृषि कार्य को मुफ्त में हल करवा रहा है, तो कोई अपने नाम के उत्पादों को सिर्फ उन्हें ही खरीदने के लिए बुद्धिबद्ध कर दिया है।

हे मानवों, इन सबको आस्था का व्यापार कहते हैं। जबकि मैं देख रहा हूँ कि प्रत्येक संस्कारित करने की क्रिया जो उस काल के लिए आस्था का विषय था। उसके अगले काल के लिए संस्कारित करने की नयी क्रिया उपलब्ध हो जाने के बावजूद, मानव शरीर पिछले काल के संस्कारित करने वाली क्रिया के प्रति आस्था रखते हुये मूर्खता का स्पष्ट प्रदर्शन कर रहा है। सभी कालों में, सभी संस्कारित करने की क्रियाओं में मैं (सार्वभौम आत्मा) ही आस्था का विषय था परन्तु क्रिया के प्रति आस्था रखना मूर्खता का स्पष्ट प्रमाण ही तो है। चाहे वह व्यक्तिगत इच्छा से हो या सामाजिक प्रदर्शन की इच्छा से। इन समस्त संस्कारित करने के क्रिया के पीछे जो रहस्य आज तक गोपनीय था उसे मैंने तुम्हारें समक्ष सार्वजनिक प्रकाशित कर दिया है। अब कुछ भी गोपनीय नहीं। बावजूद इसके प्रत्येक मनुष्य अपनी मूर्खता रूपी आस्था को प्रदर्शित करने के लिए स्वतन्त्र है। परन्तु वह मुझ (सार्वभौम आत्मा) को प्राप्त नहीं कर सकता। हे मानवों, ईश्वर बहुमत से नहीं निर्धारित किया जाता इसलिए ही उसे अनिवर्चनीय कहा गया है। किसी भी वस्तु के प्रति आस्था के विकास से और समस्त मानवों को उसके प्रति आस्थावान् बना देने से वह वस्तु गुण प्रकट कर वैसा नहीं बन सकती जैसा आप उम्मीद करते हो।

हे मानवों, एक तरह से देखा जाये तो उपरोक्त व्यवस्था से कोई समस्या है ही नहीं क्योंकि जिसकी इच्छा जहाँ से पूर्ति हो रही है और विकास का मार्ग मिल रहा है, वह वहाँ से जुडा हुआ है। इसलिए मानव सभ्यता पर आया यह दसवाँ और अन्तिम संकट, संकट होते हुये भी संकट जैसा नहीं दिखता। इस व्यवस्था से हमें कोई समस्या भी नहीं है। समस्या ये है कि धर्म को जिस उद्देश्य के लिए निर्मित किया गया था वही धर्म, संकट में है। यह धर्म ही उस वट वृक्ष का मूल है, सार्वभौम है, समष्टि है। इसके ज्ञान से युक्त दोनों को अर्थात् विशाल संसार रूपी वट वृक्ष के छोटे-छोटे परिवार के नेतृत्वकर्ता मुखिया सहित उसके सदस्यों को होना आवश्यक है। तभी परिवार के नेतृत्वकर्ता मुखिया द्वारा बनाये गये उपरोक्त प्रणाली-नियम परिणाम-फल दे पायेंगे जिसकी इच्छा परिवार के सदस्य करते हैं।

हमारी उत्पत्ति ज्ञान से हुई है। जिन्हें ज्ञान है वही अपने आप को संघर्ष में पाते हैं और सर्वश्रेष्ठता के लिए कर्मशील हैं। शेष सभी तो प्रकृति के अनुसार आते-जाते रहते हैं। इस ज्ञान को ही ब्रह्म (सार्वभौम एकात्म ज्ञान) कहते हैं। देवता रूप में इस ज्ञान को ब्रह्मा के रूप में प्रक्षेपित किया गया है। यह ज्ञान जिस-जिस अंगो द्वारा प्राथमिकता से अनुभव में आता है उतने प्रकार के मानव अपने-आप को उत्पन्न समझते हैं।

पुराण रचनाकार महर्षि व्यास ने ब्रह्मा अर्थात ज्ञान के पुत्रों का प्रक्षेपण किये हैं। ब्रह्मा के 10 मानस पुत्रों

01.मन (विचार) से ज्ञान प्राप्त करने वाले मरीचि

02.नेत्रों (देखकर) ज्ञान प्राप्त करने वाले अत्रि

03.मुख (वाणी) से ज्ञान प्राप्त करने वाले अंगिरा

04.कान (सुन) कर ज्ञान प्राप्त करने वाले पुलस्त्य

05.नाभि (केन्द्र) से ज्ञान प्राप्त करने वाले पुलह

06.हाथ (कर्म) से ज्ञान प्राप्त करने वाले कृतु

07.त्वचा (स्पर्श) से ज्ञान प्राप्त करने वाले भृगु

08.प्राण (श्वास) से ज्ञान प्राप्त करने वाले वशिष्ठ

09.अँगूठे (आत्मा) से ज्ञान प्राप्त करने वाले दक्ष

10.गोद (प्रेम) से ज्ञान प्राप्त करने वाले नारद

ये दस प्रकार ज्ञान से उत्पन्न है और इतने प्रकार के मानव निर्मित होकर संसार में विचरण कर रहे हैं। इसे ये न समझना चाहिए कि मन या नेत्र इत्यादि से कैसे ब्रह्मा ने अपने पुत्रों को उत्पन्न किया? चूंकि शरीर का अस्तित्व अस्थायी है इसलिए विचार के आधार पर ये मनुष्य के वर्ग या श्रेणी का निर्धारण है। इसे मानकीकरण (Standardization) या वर्गीकरण (Classification) भी कहा जा सकता है। जिस प्रकार आजकल मानकीकरण के शब्द ISOऔर ISI मार्का दिये जाते हैं।

नये भारत में, नये मनुष्य के उदय के लिए

आप लंगोट से जौकी पर आ गये...पायजामे से पतलून पर आ गये...नाड़े से बेल्ट पर आ गये...खड़ाऊँ से बूट पर आ गये...कलम से कीबोर्ड पर आ गये। पगडंडियों से एक्सप्रेस वे पर आ गये...चूल्हे से इंडक्शन कुकर पर आ गये...जंगलो से अपार्टमेंट तक आ गये। हल से ट्रैक्टर पर आ गये...पैदल से लक्ज़री जहाज़ों पर आ गये...दीये-मशाल से एलईडी पर आ गये...आप लैंडलाइन से ओरियो एंड्रॉयड तक आ गये...तीर-कमान और गदा से ऑटोमैटिक बंदूकों और मिसाइलों पर आ गये। दुनियां चाँद पे चली गई...मंगल की छाती पर नासा ने रोबोट उतार दिया....शनि मंगल सूर्यग्रहण-चन्द्रग्रहण के हर रहस्य से पर्दा उठ गया!

आप पाँच हज़ार ईसापूर्व और पाँचवी-छठवीं शताब्दी से इक्कीसवी शताब्दी में आ गये...आप लगातार अपडेट होते रहे हैं!!! मगर फिर भी तुम ग्रह-नक्षत्रों को...शनि-मंगल को जन्मकुंडली में देख-देख कर काँप रहे हो। अपना भविष्य सुधारने के लिए बाबा-बाबियों का रास्ता नाप रहे हो। क्या इसी दिन के लिए तुमने बी.एससी, एम.एससी पीएच.डी की थी?? कि तुम पढ़े-लिखे जाहिलों की फौज में शामिल हो जाना! क्या इसी दिन के लिए तुम डॉक्टर, इंजीनियर, वकील, मजिस्ट्रेट या प्रोफेसर बने थे? कि बंगले पर काली हांडी टांगना! निम्बू मिर्ची टांगना! नजर न लगने से एक पैर में काला धागा बांधना?? और अपने उज्ज्वल भविष्य की भीख किसी बाबा-बाबी के दर पर नाक रगड़ के मांगना?

देश आजाद हो गया! दुनिया आजाद हो गई! आखिर कब मिलेगी तुम्हें आजादी?? इस अंधी मानसिक गुलामी से? दुनिया रोज नए-नए आविष्कार कर रही है! तुम हजारों साल पुरानी भाषा, संस्कृति, रीति, रिवाजो की वैज्ञानिक व्याख्या करने में लगे हो! क्या भारत पुनः विश्वगुरु तुम्हारे जैसे मनोरोगियों की वजह से कभी बन पाएगा? बंद कमरे में तुम्हारी चोटी कट जाती! अँधेरे में अकेले में तुम्हें भूत-पलीत सताते हैं! तुम्हें ही सारी दुनिया की नजर लगती है! डायन तो तुम्हारे हर घर में मौजूद है!! तुम्हारे तंत्र-मंत्र-यंत्र काम क्यों नहीं करते हैं? एक पैर में काले धागे वाला रक्षा सूत्र तुम्हारी चोंटी क्यों नहीं बचाता है? आखिर कब तक तुम मानसिक गुलाम रहोगे?

तुम्हारी समस्याएं लौकिक है। मगर तुम्हें हर समस्या का हल परलोक में नजर आता है! संसार तुम्हारे लिए स्वप्नवत् है माया है! भगवान की लीला है! नाटक है! भ्रम है! आखिर तुम्हें इस सपने से कौन जगाए? कब तक शब्दों के साथ बलात्कार करोगे? कब तक धोखे में रहोगे? कब तक हर सिद्धान्त हर आविष्कार को शास्त्रों ऋषि-मुनियों के माथे मड़ोगे??

तुम लोग को जो जगाए वही धर्मद्रोही, देशद्रोही, जातिवादी या नास्तिक है? चारुवाक, बुद्ध, महावीर, कपिल, कणाद गौतम, नागसेन, अश्वघोष, कबीर, नानक, रविदास, ओशो, फुले, शाहू, पेरियार, भीम, भगतसिंह, कोवूर, राहुल संस्कृत्यायन, दयानन्द, विवेकानंद, सबने विवेक लगाया! मगर फिर भी तुम्हारा विवेक नहीं जागा!

तुम्हारा धर्म कब अपडेट (Update) होगा?
तुम्हारी आस्था कब अपडेट (Update) होगी?
तुम्हारा ईश्वर कब अपडेट (Update) होगा?
तुम्हारी सोच कब अपडेट (Update) होगी?
तुम्हारे धर्म की किताबें कब अपडेट (Update) होंगी?

कम्प्यूटर और मोबाइल का साफ्टवेयर तो तुरन्त करते हो, तुम्हारे मस्तिष्क का साफ्टवेयर कब अपडेट (Update) होगा?

क्योंकि तुम विश्वगुरु के अहंकार की दारू पीकर गरीबी, अनपढ़ता, लिंगभेद, जातिभेद, भाषाभेद, क्षेत्रभेद, साम्प्रदायिकता की नाली में पड़े हो! आखिर तुम्हें कब मिलेगी आजादी? इस उम्दा मानसिक गुलामी से?

सोच के बता देना!!
आओ एक कदम शब्दों के उँचाइयों की ओर..........

IDEAS + ACTION = CHANGE

व्यवस्था के परिवर्तन या सत्यीकरण का पहला प्रारूप और उसकी कार्य विधि

उदाहरण के रूप में, यदि किसी शिक्षित व्यक्ति जिसे अंकगणित का ज्ञान हो, उसके समक्ष संख्या 5 लिख दिया जाये और उससे कहा जाये कि इस संख्या के आगे और पीछे की संख्या लिखें तो वह आसानी से उसे लिख देगा परन्तु अंकगणित का अज्ञानी ऐसा नहीं कर पायेगा। उसका सारा ध्यान केवल संख्या 5 पर ही टिका रह जायेगा क्योंकि वह संख्या पद्धति से अपरिचित है। अगर वह कुछ लिख भी देगा तो वह आवश्यक नहीं कि सत्य हो और उसमें सुधार की पूरी सम्भावना बनी रहेगी। समाज सुधार के क्षेत्र में भी यही बात है। हम एक समस्या देखते हैं फिर उसमें कुछ सुधार कर देते हैं। फल यह होता है कि कुछ समय बाद पुनः उसमें सुधार की आवश्यकता आ जाती है।

जितने अधिक आकड़ों को विश्लेषित कर हम परिणाम को खोजेंगे उतने ही सत्य परिणाम हमारे सामने आयेंगे। प्रस्तुत शास्त्र व्यक्त अधिकतम आकड़ों के व्यवस्थित प्रस्तुतीकरण का शास्त्र है। दूसरे रूप में इसे धर्म ज्ञान का बैलेन्ससीट भी कह सकते है। इन सम्पूर्ण आकड़ों पर आधारित होकर व्यक्ति, समाज और विश्व राष्ट्र के लिए लिया गया निर्णय ही एक सत्य निर्णय हो सकता है। समाज सुधार के सम्बन्ध में स्वामी विवेकानन्द का कहना है कि-"तथाकथित समाज-सुधार के विषय में हस्तक्षेप न करना क्योंकि पहले आध्यात्मिक सुधार हुये बिना अन्य किसी भी प्रकार का सुधार हो नहीं सकता (राम पृष्ठ मिशन, पत्रावली भाग-1, पृष्ठ-29), भारत के शिक्षित समाज से मैं इस बात पर सहमत हूँ कि समाज का आमूल परिवर्तन करना आवश्यक है। पर यह किया किस तरह जाये? सुधारकों की सब कुछ नष्ट कर डालने की रीति व्यर्थ सिद्ध हो चुकी है। मेरी योजना यह है, हमने अतीत में कुछ बुरा नहीं किया। निश्चय ही नहीं किया। हमारा समाज खराब नहीं, बल्कि अच्छा है। मैं केवल चाहता हूँ कि वह और भी अच्छा हो। हमें असत्य से सत्य तक अथवा बुरे से अच्छे तक पहुँचना नहीं है। वरन् सत्य से उच्चतर सत्य तक, श्रेष्ठ से श्रेष्ठतर और श्रेष्ठतम तक पहुँचना है। मैं अपने देशवासियों से कहता हूँ कि अब तक जो तुमने किया, सो अच्छा ही किया है, अब इस समय और भी अच्छा करने का मौका आ गया है।"-(राम पृष्ठ मिशन, जितने मत उतने पथ, पृष्ठ-46)

व्यक्ति हो या ज्ञानी, समाज हो या राज्य, देश हो या विश्व, समाज नेता हों या राजनेता सभी को अब यह जान लेना चाहिए कि विश्व एक परिवार है और उस परिवार का शास्त्र-"विश्वशास्त्र" है। जब तक यह शास्त्र उपलब्ध नहीं था तब तक इस विश्व परिवार के एकीकरण का मार्ग नहीं खुला था, अब वह मार्ग मिल चुका है। कोई भी समाज निर्माण या युग परिवर्तन का कार्य एक क्षण का कार्य नहीं है। यह एक लम्बी अवधि की प्रक्रिया का कार्य है। इसे हम उन समाज सुधारकों के संस्थाओं के कार्य को देख कर अनुभव कर सकते हैं।

व्यवस्था परिवर्तन, एक राजनीतिक लुभावना वाला शब्द है। वह कैसे होगा, इसके लिए एक प्रारूप की आवश्यकता होती है अगर वह नहीं है तो व्यवस्था परिवर्तन चिल्लाने से नहीं होता। फिर व्यवस्था परिवर्तन किस बात का? मानव समाज को संचालित करने के लिए तो सिर्फ दो ही मूल व्यवस्था है-एक राजतन्त्र, जिसका युग जा चुका है। दूसरा-लोकतन्त्र, जिसका युग चल रहा है और यही अन्तिम व्यवस्था भी बनी रहेगी क्योंकि ब्रह्माण्डीय व्यवस्था भी लोकतन्त्र से ही चल रहा है और मनुष्य के मस्तिष्क से अन्ततः वही व्यक्त हो रहा है। लोकतन्त्र से हम राजतन्त्र में नहीं जा सकते इसलिए व्यवस्था परिवर्तन का अर्थ ही निरर्थक है।

आवश्यकता है वर्तमान लोकतन्त्र व्यवस्था को ही सत्य आधारित करने की जिसे व्यवस्था सत्यीकरण कहा जा सकता है। इस कार्य में हमें मानकशास्त्र की आवश्यकता है जिससे तोल कर यह देख सके कि इस लोकतन्त्र व्यवस्था में कहाँ सुधार करने से सत्यीकरण हो जायेगा। यह मानकशास्त्र ही "विश्वशास्त्र" है। सिर्फ मतदाता बनने व वोट डालने से ही लोकतन्त्र स्वस्थ नहीं हो सकता। उसके लिए देश व विश्व के पूर्ण ज्ञान की आवश्यकता होगी। इसलिए आवश्यक है कि प्रत्येक मतदाता "विश्वशास्त्र" के ज्ञान से युक्त हो।

अच्छा होता कि हमारे राजनेतागण कुछ दिनों के लिए सन्यास लेकर थोड़ा कुछ अध्ययन-चिंतन करते रहते ताकि उन्हें बार-बार लक्ष्य के लिए शब्दों का परिवर्तन न करना पड़ता। एक ही स्थिति में बहुत समय तक रहने पर बुद्धि, बद्ध हो जाती है। एक-एक सीढ़ी चढ़कर, पहुँच गये-पहुँच गये चिल्लाने से अच्छा है कि अन्तिम सीढ़ी पर पर बैठकर चिल्लाना कि पहुँच गये।

चाहे कुछ हो यदि प्रारूप नहीं, तो न तो व्यवस्था परिवर्तन हो सकता है, न ही व्यवस्था सत्यीकरण हो सकता है, न ही सम्पूर्ण क्रान्ति। भीड़ से क्रान्ति नहीं सिर्फ हंगामा होता है। भीड़ में जोश होता है, होश नहीं।

इस मानक शास्त्र के प्रस्तुत हो जाने से व्यवस्था परिवर्तन की नहीं बल्कि व्यवस्था के सत्यीकरण का मार्ग खुल चुका है। जिसका व्यक्ति, समाज और विश्व राष्ट्र को आवश्यकता भी है। किसी एक विषय पर बहुत अधिक पुस्तक मस्तिष्क को भ्रमित ही करती है। यह शास्त्र प्रारम्भ से अन्त तक के विकास को क्रमबद्ध प्रस्तुत करता है जिससे हम सभी एक सत्य निर्णय करने में सक्षम हों और पूर्ण ज्ञान से युक्त हो जायें और हमारा कोई भी सुधार एक स्थायी, अच्छा और दूरगामी परिणाम देने वाला हो।

प्रश्न यह भी उठता है कि परिवार का मुखिया जिसके द्वारा परिवार का संचालन होता है, यदि वह परिवार के हित व विकास के विषय में कर्म न करता हो तो क्या परिवार का सदस्य उसमें हस्तक्षेप करने का अधिकारी है या नहीं? यही बात देश को चलाने वाले संसद के विषय में भी है। यदि संसद स्वयं देशहित व जनहित के प्रति उदासीन हो जाये तो क्या जनता संसद को मार्गदर्शन देने का अधिकार नहीं रखती? यदि नहीं तो संविधान की धारा-51(ए) के अन्तर्गत नागरिक का मौलिक कर्तव्य की उपयोगिता क्या है? ध्यान रखने योग्य विषय यह है कि कोई भी चुना हुआ प्रतिनिधि सिर्फ उतने ही बड़े क्षेत्र का प्रतिनिधि होता है जिस क्षेत्र से वह चुना जाता है। भारत में ऐसा कोई प्रतिनिधि जनता से नहीं चुना जाता जो भारत का प्रतिनिधित्व करता हो और जब तक भारत का प्रतिनिधित्व करने वाला चुनाव नहीं होता या भारत की जनता का राष्ट्रीय मुद्दों पर विचार कर संसद के कर्तव्य का बोध कराने वाली स्वतन्त्र संस्था नहीं बन जाती, तब तक जनता को संसद को संविधान की धारा-51(ए) के अन्तर्गत नागरिक का मौलिक कर्तव्य के अनुसार न्यायालय व संसद के माध्यम से सरकार को मार्गदर्शन देने का कर्तव्य करना चाहिए जो उसका अधिकार भी है।

वे शब्द जिसके बिना युग परिवर्तन सम्भव नहीं

सन् 1893 से सन् 1993 के 100 वर्षों के समय में विश्व के बौद्धिक शक्ति को जिन्होंने सबसे अधिक हलचल दी वे हैं-धर्म की ओर से स्वामी विवेकानन्द और धार्मिकता की ओर से आचार्य रजनीश"ओशो"। मनुष्य जिस प्रकार भौतिक विज्ञान के नवीन आविष्कारों को आसानी से ग्रहण करता है उसी प्रकार धर्म-आध्यात्म-दर्शन के नवीन आविष्कारों को भी मनुष्य को ग्रहण करना चाहिए, तभी मानसिक-आध्यात्मिक स्वतन्त्रता का अनुभव हो सकेगा। अन्यथा पूर्ण शारीरिक गुलामी का समय बीत चुका, आर्थिक गुलामी का काल चल रहा है और मानसिक गुलामी के काल चक्र में मनुष्य फँस जायेगा।

स्वामी विवेकानन्द जी का कहना था-

- "उसी मूल सत्य की फिर से शिक्षा ग्रहण करनी होगी, जो केवल यहीं से, हमारी इसी मातृभूमि से प्रचारित हुआ था। फिर एक बार भारत को संसार में इसी मूल तत्व का-इसी सत्य का प्रचार करना होगा। ऐसा क्यों है? इसलिए नहीं कि यह सत्य हमारे शास्त्रों में लिखा है वरन् हमारे राष्ट्रीय साहित्य का प्रत्येक विभाग और हमारा राष्ट्रीय जीवन उससे पूर्णतः ओत-प्रोत है। इस धार्मिक सहिष्णुता की तथा इस सहानुभूति की, मातृभाव की महान शिक्षा प्रत्येक बालक, स्त्री, पुरुष, शिक्षित, अशिक्षित सब जाति और वर्ण वाले सीख सकते हैं। तुमको अनेक नामों से पुकारा जाता है, पर तुम एक हो।" (जितने मत उतने पथ, राम कृष्ण मिशन, पृष्ठ-39)।
- "अत: यदि भारत को महान बनाना है, तो इसके लिए आवश्यकता है संगठन की, शक्ति संग्रह की और बिखरी हुई इच्छाशक्ति को एकत्र कर उसमें समन्वय लाने की। अथर्ववेद संहिता की एक विलक्षण ऋचा याद आ गयी जिसमें कहा गया है, "तुम सब लोग एक मन हो जाओ, सब लोग एक ही विचार के बन जाओ। एक मन हो जाना ही समाज गठन का रहस्य है बस इच्छाशक्ति का संचय और उनका समन्वय कर उन्हें एकमुखी करना ही सारा रहस्य है।" (देखें "नया भारत गढ़ो" पृष्ठ संख्या-55)
- "यह भी न भूलना चाहिए कि हमारे बाद जो लोग आएंगे, वे उसी तरह हमारे धर्म और ईश्वर सम्बन्धी धारणा पर हँसेंगे, जिस तरह हम प्राचीन लोगों के धर्म और ईश्वर की धारणा पर हँसते हैं। यह सब होने पर भी, इन सब ईश्वर सम्बन्धित धारणाओं का संयोग करने वाला एक स्वर्ण सूत्र है और वेदान्त का उद्देश्य है-इस सूत्र की खोज करना। भागवान कृष्ण ने कहा है-""भिन्न भिन्न मणियाँ जिस प्रकार एक सूत्र में पिरोयी जा सकती हैं, उसी प्रकार इन सब विभिन्न भावों के भीतर भी एक सूत्र विद्यमान है।" (देखें "ज्ञानयोग", पृष्ठ संख्या-65) ,
- "एक शब्द में वेदान्त का आदर्श है-मनुष्य के सच्चे स्वरूप को जानना।" (देखें "विवेकानन्द राष्ट्र को आह्वान", पृष्ठ सं0-48)।
- यदि हम अपने व्यक्तिगत एवं सामूहिक जीवन में वैज्ञानिक चेतना सम्पन्न एवं आध्यात्मिक एक साथ न हो पाए, तो मानवजाति का अर्थपूर्ण अस्तित्व ही संशय का विषय हो जाएगा। (विज्ञान और आध्यात्मिकता, पृष्ठ-9)
- हमेशा यूरोप से सामाजिक तथा एशिया से आध्यात्मिक शक्तियों का उद्भव होता रहा है एवं इन दोनों शक्तियों के विभिन्न प्रकार के सम्मिश्रण से ही जगत का इतिहास बना है। वर्तमान मानवेतिहास का एक और नवीन पृष्ठ धीरे-धीरे विकसित हो रहा है एवं चारो ओर उसी का चिन्ह दिखाई दे रहा है। कितनी ही नवीन योजनाओं का उद्भव तथा नाश होगा, किन्तु योग्यतम वस्तु की प्रतिष्ठा सुनिश्चित है, सत्य और शिव की अपेक्षा योग्यतम वस्तु और हो ही क्या सकती है? (पत्रावली भाग-1, पृष्ठ-310)

स्वामी विवेकानन्द के अनुसार शब्द से सृष्टि का रहस्य

01. बृहत् ब्रह्माण्ड में भी ब्रह्मा, हिरण्यगर्भ या समष्टि महत् ने पहले अपने आप को नाम के, और फिर बाद में रुप के आकार में अर्थात् इस परिदृश्यमान जगत के आकार में अभिव्यक्त किया। (भक्ति योग, पृष्ठ-44)
02. यह सारा व्यक्त इन्द्रियग्राह्य जगत रुप है, और इसके पीछे है अनन्त अव्यक्त स्फोट। स्फोट का अर्थ-समस्त जगत की अभिव्यक्ति का कारण शब्द-ब्रह्म है। समस्त नामों अर्थात् भावों की नित्य समवायी उपादान स्वरुप यह नित्य स्फोट ही वह शक्ति है, जिससे भगवान इस विश्व की सृष्टि करते हैं। यही नहीं बल्कि भगवान पहले स्फोट रुप में परिणत हो जाते हैं और तत्पश्चात् अपने को उससे भी स्थूल इस इन्द्रियग्राह्य जगत के रुप में परिणत कर लेते हैं। (भक्ति योग, पृष्ठ-45)
03. इस स्फोट का एक मात्र वाचक शब्द है-"ऊँ"। और चूँकि हम किसी भी उपाय से शब्द को भाव से अलग नहीं कर सकते, इसलिए यह "ऊँ" भी इस नित्य स्फोट से नित्य संयुक्त है। (भक्ति योग, पृष्ठ-45)
04. एकमेव यह "ऊँ" ही इस प्रकार सर्वभावाव्यापी वाचक शब्द है, अन्य कोई भी इसके समान नहीं। स्फोट ही सारे भावों का उपादान है, फिर भी वह स्वयं पूर्ण रुप से विकसित कोई विशिष्ट भाव नहीं है। अर्थात् यदि उन सब भेदों को, जो एक भाव को दूसरे से अलग करते हैं, निकाल दिया जाय, तो जो कुछ बचा रहता है, वही स्फोट है। इसलिए इस स्फोट को "नादब्रह्म" कहते हैं। (भक्ति योग, पृष्ठ-45)
05. जो वाचक शब्द उसे सब से कम विशेषभावापन्न करेगा, पर साथ ही उसके स्वरुप को यथासम्भव पूरी तरह प्रकाशित करेगा, वही उसका सबसे सच्चा वाचक होगा। और यह वाचक शब्द है-एकमात्र "ऊँ" क्योंकि ये तीनों अक्षर अ, उ और म्, जिनका एक साथ उच्चारण करने से "ऊँ" होता है, समान शब्दों के साधारण वाचक के तौर पर लिये जा सकते हैं। (भक्ति योग पृष्ठ, पृष्ठ-46)
06. अक्षर "अ" सारे अक्षरों में सबसे कम विशेषभावापन्न है। इसीलिए भगवान श्रीकृष्ण गीता में कहते हैं-"अक्षरों में मैं "अ" कार हूँ। " (गीता,10/33) स्पष्ट रुप से उच्चारित जितने भी शब्द हैं, उनकी उच्चारण क्रिया मुख में जिह्वा के मूल से आरम्भ होती है और ओठों में आकर समाप्त हो जाती है। "अ" जिह्वा मूल अर्थात् कण्ठ से उच्चारित होता है, और "म" ओठों से होने वाला अन्तिम शब्द है। और "उ" उस शक्ति का सूचक है, जो जिह्वा मूल से आरम्भ होकर मुँह भर में लुढ़कती हुई ओठों में आकर समाप्त हो जाती है। यदि "ऊँ" का उच्चारण ठीक ढंग से किया जाय, तो इसके शब्दोच्चारण की सम्पूर्ण क्रिया सम्पन्न हो जाती है-दूसरे किसी भी शब्द में यह शक्ति नहीं। (भक्ति योग, पृष्ठ-46)
07. जिस प्रकार अल्पतम् विशेष भावात्मक तथा सार्वभौमिक वाचक शब्द "ऊँ" के सम्बन्ध में वाच्य और वाचक आपस में अभेद्य रुप से सम्बद्ध हैं उसी प्रकार वाच्य और वाचक का यह अविच्छिन्न सम्बन्ध भगवान और विश्व के विभिन्न खण्ड भावों पर भी लागू है, अतएव उनमें से प्रत्येक का एक विशिष्ट वाचक शब्द होना आवश्यक है। (भक्ति योग, पृष्ठ-47)
08. ये वाचक शब्द ऋषियों की गम्भीरतम आध्यात्मिक अनुभूति से उत्पन्न हुए हैं और वे भगवान तथा विश्व के जिन विशेष-विशेष खण्ड भाव के वाचक हैं, उन विशेष भावों को यथासम्भव प्रकाशित करते हैं। जिस प्रकार "ऊँ" अखण्ड ब्रह्म का वाचक है, उसी प्रकार अन्यान्य मंत्र भी उसी परम पुरुष के खण्ड-खण्ड भावों के वाचक हैं। ये सभी ईश्वर के ध्यान और प्रकृत ज्ञान की प्राप्ति में सहायक हैं। (भक्ति योग, पृष्ठ-47)
09. सृष्टि के पूर्व ब्रह्म शब्दात्मक बनते है, फिर ओंकारात्मक या नादात्मक होते है। तत्पश्चात पहले कल्पों के विशेष शब्द जैसे-भूः, भुवः, स्व-अथवा गो, मानव, घट, पट इत्यादि का प्रकाश उसी ओंकार से होता है। सिद्ध संकल्प ब्रह्म में क्रमश-एक-एक शब्द के होते ही उसी क्षण उन सब पदार्थो का भी प्रकाश हो जाता है और इस विचित्र जगत् का विकास हो उठता है। अब समझे न कि कैसे शब्द ही सृष्टि का मूल है। -स्वामी विवेकानन्द (विवेकानन्द जी के संग में पृष्ठ-62)
10. यह सारा व्यक्त इन्द्रिय ग्राह्य जगत रूप है, और इसके पीछे है अनन्त अव्यक्त स्फोट। स्फोट का अर्थ-समस्त जगत की अभिव्यक्ति का कारण शब्द-ब्रह्म। समस्त नामों अर्थात् भावों की नित्य समवायी उपादान स्वरूप यह नित्य स्फोट ही वह शक्ति है, जिससे भगवान इस विश्व की सृष्टि करते है। यही नहीं बल्कि भगवान पहले स्फोट-रूप में परिणत हो जाते है और तत्पश्चात अपने को उससे भी स्थूल इस इन्द्रिय ग्राह्य जगत् के रूप में परिणत कर लेते है। -स्वामी विवेकानन्द (राजयोग-पृष्ठ-45)

आचार्य रजनीश"ओशो" का कहना था-

- "श्रीकृष्ण का महत्व अतीत के लिए कम भविष्य के लिए ज्यादा है। सच ऐसा है कि कृष्ण अपने समय से कम से कम पाँच हजार वर्ष पहले पैदा हुये। सभी महत्वपूर्ण व्यक्ति अपने समय से पहले पैदा होते हैं और

सभी गैर महत्वपूर्ण व्यक्ति अपने समय के बाद पैदा होते हैं। बस महत्वपूर्ण और गैर महत्वपूर्ण में इतना फर्क है और सभी साधारण व्यक्ति अपने समय के साथ पैदा होते हैं महत्वपूर्ण व्यक्ति को समझना आसान नहीं होता। उसका वर्तमान और अतीत उसे समझने में असमर्थता अनुभव करता है जब हम समझने योग्य नहीं हो पाते तब हम उसकी पूजा शुरु कर देते हैं या तो हम उसका विरोध करते हैं। दोनों पूजाएं हैं एक मित्र की एक शत्रु की।"

- उसके लिए सब हंसी खेल है, सब लीला है। इसलिए हमने कृष्ण को पूर्णावतार कहा। राम गम्भीर हैं छोटी-छोटी बात का हिसाब रखते हैं। नियम मर्यादा से चलते हैं- मर्यादा पुरूषोत्तम हैं। कृष्ण अमर्याद हैं न कोई नियम है न कोई मर्यादा। कृष्ण के लिए जीवन लीला है।
- धर्म कोई विषय थोड़े ही है। धर्म की कोई सीमा थोड़े ही है। धर्म तो समस्त जीवन का नाम है। जीवन में जो कुछ भी समाविष्ट है, धर्म उस सभी के सम्बन्ध में वक्तव्य देने का हकदार है। राजनीतिज्ञ, धर्म के सम्बन्ध में वक्तव्य नहीं दे सकता क्योंकि राजनीति की सीमा है। लेकिन धार्मिक व्यक्ति, राजनीति के सम्बन्ध में वक्तव्य दे सकता है क्योंकि धर्म की कोई सीमा नही है धर्म असीम है, धर्म तो पूरे जीवन को घेरता है जैसे आकाश घेरता है। धर्म से तो कोई भी चीज छोड़ी नहीं जा सकती। धार्मिक व्यक्ति की दृष्टि तो सब सम्बन्धों में होगी।
- जो एक गुरू बोल रहा है, वह अनन्त सिद्धों की वाणी है। अभिव्यक्ति में भेद होगा, शब्द अलग होंगे, प्रतीक अलग होंगे मगर जो एक सिद्ध बोलता है, वह सभी सिद्धों की वाणी है। इनसे अन्यथा नहीं हो सकता है। इसलिए जिसने एक सिद्ध को पा लिया, उसने सारे सिद्धों की परम्परा को पा लिया। क्योंकि उनका सूत्र एक ही है। कुंजी तो एक ही है, जिसमें ताला खुलता है अस्तित्व का।
- "इस देश को कुछ बाते समझनी होगी। एक तो इस देश को यह बात समझनी होगी कि तुम्हारी परेशानियों, तुम्हारी गरीबी, तुम्हारी मुसीबतों, तुम्हारी दीनता के बहुत कुछ कारण तुम्हारे अंध विश्वासों में है, भारत कम से कम डेढ़ हजार साल पिछे घिसट रहा है। ये डेढ़ हजार साल पूरे होने जरूरी है। भारत को खिंचकर आधुनिक बनाना जरूरी है। मेरी उत्सुकता है कि इस देश का सौभाग्य खुले, यह देश भी खुशहाल हो, यह देश भी समृद्ध हो। क्योंकि समृद्ध हो यह देश तो फिर राम की धुन गुंजे, समृद्ध हो यह देश तो फिर लोग गीत गाँये, प्रभु की प्रार्थना करें। समृद्ध हो यह देश तो मंदिर की घंटिया फिर बजे, पूजा के थाल फिर सजे। समृद्ध हो यह देश तो फिर बाँसुरी बजे कृष्ण की, फिर रास रचे! यह दीन दरिद्र देश, अभी तुम इसमें कृष्ण को भी ले आओंगे तो राधा कहाँ पाओगे नाचनेवाली? अभी तुम कृष्ण को भी ले आओगे, तो कृष्ण बड़ी मुश्किल में पड़ जायेंगे, माखन कहाँ चुरायेगें? माखन है कहाँ? दूध दही की मटकिया कैसे तोड़ोगे? दूध दही की कहाँ, पानी तक की मटकिया मुश्किल है। नलों पर इतनी भीड़ है! और एक आध गोपी की मटकी फोड़ दी, जो नल से पानी भरकर लौट रही थी, तो पुलिस में रिपोर्ट दर्ज करा देगी कृष्ण की, तीन बजे रात से पानी भरने खड़ी थी नौ बजते बजते पानी भर पायी और इन सज्जन ने कंकड़ी मार दी। धर्म का जन्म होता है जब देश समृद्ध होता है। धर्म समृद्ध की सुवास है। तो मैं जरूर चाहता हूँ यह देश सौभाग्यशाली हो लेकिन सबसे बड़ी अड़चन इसी देश की मान्यताएं है। इसलिए मैं तुमसे लड़ रहा हूँ। तुम्हारे लिए।"

व्यक्ति-समाज-राज्य-विश्व की आवश्यकता, भविष्यवक्ताओं की भविष्यवाणीयां, ग्रहों के चालों, सूर्य व चन्द्र ग्रहण, सामाजिक-राजनीतिक विचारकों के विचार-सपनें-उम्मीद इत्यादि युग परिवर्तन की ओर दिशा निर्देश कर रहीं हैं। ऐसे में सृष्टि के लिए सार्वभौम सर्वोच्च अन्तिम अर्थों वाले शब्दों (जिसकी सूची अगले पृष्ठ पर दी गई है।) **पर चर्चा ही एक मात्र युग परिवर्तन का मार्ग है।**

वे सार्वभौम एकात्म शब्द जिसके बिना युग परिवर्तन सम्भव नहीं (सर्वोच्च, अन्तिम और दृश्य)

क्र.सं. विषय क्षेत्र	सम्बन्धित क्षेत्र से मुख्य नाम
01. विश्व क्षेत्र	विश्व संविधान / साहित्य / विचार / सिद्धान्त / प्रबन्ध / दर्शन / मत / मानव / एकता / शान्ति / विकास / स्थिरता / आत्मा / अभिनेता / बुद्धि / राजनीति / क्रांति
02. राज्य क्षेत्र	विश्व (राष्ट्र) ऐजेण्डा–2012+ (WORLD NATION AGENDA-2012+) विश्व व्यवस्था का अधिकतम एवं न्यूनतम साझा कार्यक्रम
03. समाज क्षेत्र	लोक / गण / जन ऐजेण्डा–2012+ (PUBLIC AGENDA-2000+)
04. धर्म क्षेत्र	वेदान्त धर्म स्थापना
05. साहित्य क्षेत्र	विश्व साहित्य–"विश्वभारत" समाहित "विश्वशास्त्र" साहित्य– आदर्श वैश्विक व्यक्ति चरित्र कथा साहित्य
06. सामाज शास्त्र	मानक / जन / गण / लोक शास्त्र
07. धर्मशास्त्र	धर्मयुक्त नाम – कर्मवेदः प्रथम, अन्तिम और पंचम वेद और आधारित उपनिषद् (व्यष्टि एवं समष्टि) सर्वधर्मसमभाव / धर्मनिरपेक्ष नाम – मन की गुणवत्ता का विश्व मानक : शून्य श्रृंखला (व्यष्टि एवं समष्टि)
08. मानक क्षेत्र	मन की गुणवत्ता का विश्व मानक : शून्य श्रृंखला
09. अदृश्य विज्ञान	दृश्य आध्यात्म विज्ञान
10. दृश्य विज्ञान	धर्म विज्ञान या एकात्म विज्ञान (Integration Science)
11. इंजीनियरिंग	सत्य सामाजिक अभियंत्रण (Real Social Engineering)
12. तकनीकी	सत्य सामाजिक तकनीकी (Real Social Technology) : WCM-TLM-SHYAM.C Technology
13. संविधान	विवादमुक्त तन्त्रों पर आधारित संविधान
14. राजनीति	सत्य राजनीति / राजनीति–2012+ (POLITICS-2012+)
15. संगठन	विश्व राजनीतिक पार्टी संघ (World Political Party Organisation- WPPO)
16. शिक्षा	पूर्णज्ञान / पूर्ण शिक्षा प्रणाली / शिक्षा -2012+ (EDUCATION-2012+)
17. राष्ट्र सम्बन्ध	आदर्श राष्ट्रीय नागरिक
18. वेदान्त	कर्म वेदान्त : वेदान्त की अन्तिम शाखा
19. मतवाद	एकात्म कर्मवाद : एकात्म मानवतावाद का व्यावहारिक रुप
20. दार्शनिक	विकास दर्शन (Development Philosophy)
21. क्रांति	संपूर्ण क्रांति (Complete Revolution) : प्रलय, स्थिति एवं सृष्टि
22. सांस्कृतिक	भोगेश्वरः भोग (पाश्चात्य) + ईश्वर (प्राच्य) = एकात्म या ईश्वरत्व भाव से भोग
23. मन	विश्व मन (WOLD MIND)
24. मानव	विश्वमानव (विश्वमन से युक्त)
25. मनु	8वें मनु – सावर्णि मनु
26. अवतार	भगवान विष्णु के 10वें और अन्तिम तथा भगवान शंकर के 22वें और अन्तिम संयुक्तावतार (निष्कलंक कल्कि एवं भोगेश्वर)
27. निराकार ब्रह्म	सार्वभौम सत्य–सिद्धान्त (UNIVERSAL TRUTH-THEORY) : विश्व–बन्धुत्व का सिद्धान्त
28. साकार ब्रह्म	लव कुश सिंह
29. पुनर्जन्म–सत् मार्ग से	बुड्ढा कृष्ण (कृष्ण भाग – 2 और अन्तिम) – कृष्ण की अगली और अन्तिम कड़ी
30. पुनर्जन्म–रज मार्ग से	स्वामी विवेकानन्द का पुनर्जन्म
31. पुनर्जन्म–तम मार्ग से	रावण की अगली कड़ी
32. आत्मा	दृश्य विश्वात्मा / शिव / ब्रह्म / मैं
33. अभिनय	वास्तविक जीवन का अभिनेता (Real Life Actor)
34. बम	ज्ञान बम – आध्यात्मिक न्यूट्रान बम
35. अस्त्र	अनियन्त्रित पशुपास्त्र (नारायणास्त्र या सु–दर्शन चक्र व ब्रह्मास्त्र समाहित)
36. माया	योग माया समाहित भोगमाया
37. ज्ञान	एकात्म कर्मज्ञान (शास्वत) : व्यष्टि एवं समष्टि
38. बुद्धि	विश्व बुद्धि व चेतना या सत्य चेतना : पूर्व व्यक्त सत्य चेतना
39. ध्यान व योग	दृश्य सत्य–क्रियाकलाप–एकात्म योग व ध्यान (अन्तिम योग व अन्तिम ध्यान)
40. मिशन	प्राकृतिक सत्य मिशन (Natural Truth Mission)–सर्वोच्च और अन्तिम मिशन
41. धार्मिक नगर	एकात्म काशी– जीवनदायिनी सत्यकाशी : पंचम, अन्तिम तथा सप्तम काशी
42. शक्ति	आत्मशक्ति (SPIRIT POWER), मस्तिष्क शक्ति (BRAIN POWER), मन शक्ति (MIND POWER), सत्य शक्ति (TRUTH POWER)
43. जीवन कथा	विश्वमानव लीला / दर्पण : दो विपरीत दिशाओं के साथ प्रथम एवं अन्तिम कथा
44. प्रेम और कर्म	शास्वत प्रेम और कर्म
45. समन्वय	अन्तिम समन्वय–सिद्धान्त
46. आचार्य	अन्तिम समन्वयाचार्य
47. कला	विश्वमानव कला (कृष्ण कला समाहित)
48. परिचालन प्रणाली	अवतार का परिचालन प्रणाली : मानव–10 (Avatar's Operating System-AOS : Human-10)
49. शंकराचार्य पीठ	सत्यकाशी पीठ : पंचम और अन्तिम शंकराचार्य पीठ

भाग-5

केन्द्र या मध्य (भारत) में पांचवां और अन्तिम सत्यकाशी पीठ

सत्यकाशी पीठ: स्थान

सत्यकाशी पीठ: इतिहास और उद्देश्य

पाँचवाँ और अंतिम शंकराचार्य पीठ: इसकी विशेषता

"हिन्दू धर्म की जो पकड़ थी, वह इस समय कमजोर पड़ गयी है क्योंकि भारतीय स्वतंत्रता आन्दोलन के समय से राजनेताओं का वर्चस्व बढ़ा और उन्होंने धर्म रक्षकों को दबा दिया, जिसके परिणामस्वरूप 163 साल तक शंकराचार्य की पदवी खाली रही। इसलिए आवश्यक है कि शिक्षा के क्षेत्र में धर्म की स्थापना हो। स्वस्थ एवं श्रेष्ठ साहित्य का सृजन हो। महापुरूषों को घूम-घूम कर सनातन धर्म का प्रचार-प्रसार करना चाहिए जिससे लोगों के हृदय में भारतीय धर्म-शास्त्र के प्रति आस्था-विश्वास बढ़े।"

- स्वामी स्वरूपानन्द (द्वारिका पीठाधीश्वर जगद्गुरू शंकराचार्य)
साभार - दैनिक आज, समाचार पत्र, वाराणसी, दि0 10-5-1997

स्पष्टिकरण

सत्य से सार्वभौम सत्य-सिद्धान्त तक का मार्ग अवतारों का मार्ग है। सार्वभौम सत्य-सिद्धान्त की अनुभूति ही अवतरण है। इसके अंश अनुभूति को अंश अवतार तथा पूर्ण अनुभूति को पूर्ण अवतार कहते है। ग्रन्थों में अवतारों की कई कोटि बतायी गई है जैसे अंशाशावतार, अंशावतार, आवेशावतार, कलावतार, नित्यावतार, युगावतार इत्यादि, जो भी सार्वभौम सत्य-सिद्धान्त को व्यक्त करता है वे सभी अवतार कहलाते हैं। व्यक्ति से लेकर समाज के सर्वोच्च स्तर तक सार्वभौम सत्य-सिद्धान्त को व्यक्त करने के क्रम में ही विभिन्न कोटि के अवतार स्तरबद्ध होते हैं। अवतार मानव मात्र के लिए ही कर्म करते हैं न कि किसी विशेष मानव समूह या सम्प्रदाय के लिए। अवतार, धर्म, धर्मनिरपेक्ष व सर्वधर्मसमभाव से युक्त अर्थात एकात्म से युक्त होते है। इस प्रकार अवतार से उत्पन्न शास्त्र मानव के लिए होते हैं, न कि किसी विशेष मानव समूह के लिए। उत्प्रेरक, शासक और मार्गदर्शक आत्मा सर्वव्यापी है। इसलिए एकात्म का अर्थ संयुक्त आत्मा या सार्वजनिक आत्मा है। अवतारों के प्रत्यक्ष और प्रेरक दो कार्य विधि हैं। प्रत्यक्ष अवतार वे होते हैं जो स्वयं अपनी शक्ति का प्रत्यक्ष प्रयोग कर समाज का सत्यीकरण करते हैं। यह कार्य विधि समाज में उस समय प्रयोग होता है जब अधर्म का नेतृत्व एक या कुछ मानवों पर केन्द्रित होता है। प्रेरक अवतार वे होते हैं जो स्वयं अपनी शक्ति का अप्रत्यक्ष प्रयोग कर समाज का सत्यीकरण जनता एवं नेतृत्वकर्ता के माध्यम से करते हैं। यह कार्य विधि समाज में उस समय प्रयोग होता है जब समाज में अधर्म का नेतृत्व अनेक मानवों और नेतृत्वकर्ताओं पर केन्द्रित होता है।

इन विधियों में से कुल दस अवतारों में से प्रथम सात (मत्स्य, कूर्म, वाराह, नृसिंह, वामन, परशुराम, राम) अवतारों ने समाज का सत्यीकरण प्रत्यक्ष विधि के प्रयोग द्वारा किया था। आठवें अवतार (श्रीकृष्ण) ने दोनों विधियों प्रत्यक्ष ओर प्रेरक का प्रयोग किया था। नवें (भगवान बुद्ध) और अन्तिम दसवें अवतार की कार्य विधि प्रेरक ही है।

सनातन अद्वैत दर्शन के अनुसार यह जगत ही ईश्वर का दृश्य रूप है। ऐसे में सभी ईश्वर हैं। सभी ईश्वर के बहुरूप हैं और सभी में प्रकाशित वही ईश्वरीय सत्ता है। सार्वभौम एकात्म की ओर ले जाने वाले सभी प्रक्षेपित

मानक चरित्र सनातन हैं जैसे ब्रह्मा परिवार, विष्णु परिवार और महेश परिवार। इस सार्वभौम एकात्म की ओर विचार व्यक्त करने वाला अर्थात उसी का प्रचार-प्रसार व स्थापना करने वाला युगावतार तो नहीं हो सकता लेकिन वह अवतार अवश्य होता है क्योंकि उसने भी उस सार्वभौम सत्य-सिद्धान्त का साक्षात्कार किया है।

ईश्वर के मानवीयकरण व मानव के ईश्वरीयकरण के लिए आपके भौतिक शरीर से व्यक्त विश्वात्मा की इच्छा को धर्म क्षेत्र से नाम कर्मवेदः प्रथम, अन्तिम तथा पंचम वेद एवं धर्मनिरपेक्ष क्षेत्र से मन का विश्वमानकः शून्य श्रृंखला समाहित "विश्वशास्त्र-द ना ॅलेज आ ॅफ फाइनल ना ॅलेज" के रूप में पूर्ण किया जा चुका है। जिसमें पुराणों का धर्मनिरपेक्ष और सर्वधर्मसमभाव रूप भी सम्पूर्ण मानव जाति को स्पष्ट दृष्टिगत होगा। परिणामस्वरूप भारतीय धर्म शास्त्रों के प्रति विश्वव्यापी आस्था बढ़ना स्वाभाविक है। साथ ही अनेक सत्य-साहित्यों की रचना के लिए भी मार्ग प्रशस्त और रचना कर दिये गये हैं।

तीनों देवताओं ब्रह्मा, विष्णु और शिव-शंकर के मूल गुणों के आधार पर उनके वास्तविक रुप अर्थात् चार वेदों को व्यक्त करने वाले चार मुखों से युक्त सृष्टिकर्ता ब्रह्मा का रुप, चार भुजाओं से युक्त पालनकर्ता विष्णु का रुप तथा ब्रह्मा और विष्णु समाहित पाँचों वेदों को व्यक्त करने वाले पाँच मुखों से युक्त कल्याणकर्ता शिव-शंकर का अन्तिम रुप, तीनों देवताओं का दिव्यरुप कहलाता है। इसी अनुसार शिव-शंकर के अवतार ही केवल पंचमुखी होते हैं। इसी क्रम में पंचमुखी हनुमान और वेद माता मां गायत्री को भी दिखाया गया है। इस अनुसार पांचवें वेद और पांचवें शंकराचार्य पीठ की स्थापना ही युग परिवर्तन की प्रक्रिया का आरम्भ और सनातन विश्व की ओर कदम है।

व्यक्ति-समाज-राज्य-विश्व की आवश्यकता, भविष्यवक्ताओं की भविष्यवाणीयां, ग्रहों के चालों, सूर्य व चन्द्र ग्रहण, सामाजिक-राजनीतिक विचारकों के विचार-सपनें-उम्मीद इत्यादि युग परिवर्तन की ओर दिशा निर्देश कर रहीं हैं। ऐसे में सृष्टि के लिए सार्वभौम सर्वोच्च अन्तिम अर्थों वाले शब्दों पर चर्चा ही एक मात्र युग परिवर्तन का मार्ग है।

आविष्कार उपयोगी होता है, आविष्कारक नहीं।
रचना अधिक समय तक रहती है रचनाकार अदृश्य हो जाता है और रचना के आधार पर अन्य रचना भी होती रहती है।

सनातन विश्व के लिए समस्त प्रक्रिया 150 पुस्तकों के रूप में वेबसाइट

www.64inch.com

पर उपलब्ध है और कार्य समाप्त होता है। व्यक्ति और नेतृत्वकर्ता

अपने धर्म

का पालन करें, समाधान उपलब्ध हो चुका है।

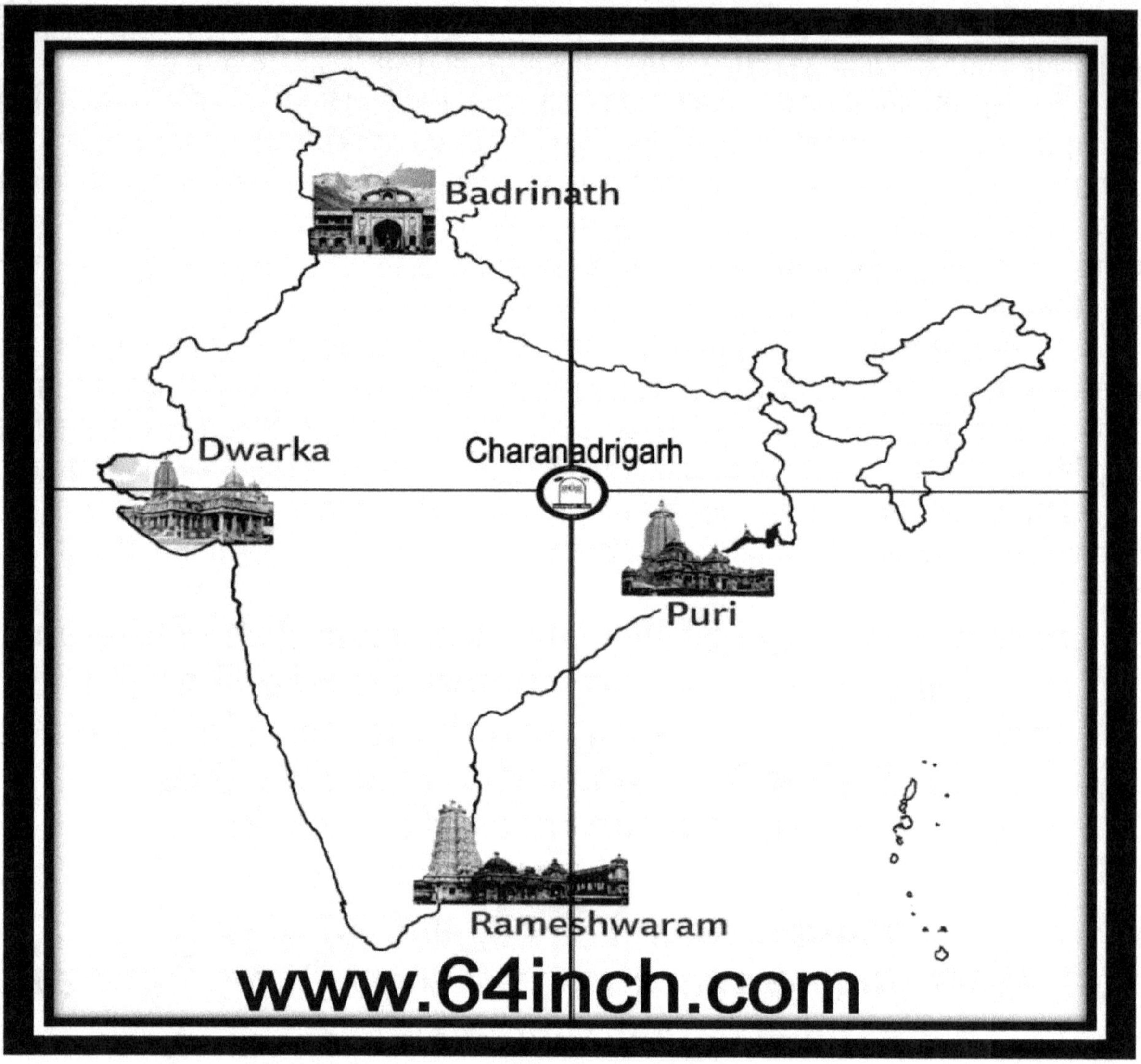

दिशा	पीठ का नाम/ स्थान	उद्देश्य	संबंधित वेद	महावाक्य	तत्व
उत्तर	बदरी ज्योतिर्मठ पीठ उत्तराखंड, जोशीमठ	ज्ञान और विवेक	अथर्ववेद	अयमात्मा ब्रह्म (यह आत्मा ब्रह्म है)	वायु
दक्षिण	श्रीगेरी शारदा पीठ कर्नाटक, श्रीगेरी	स्थिरता और परंपरा	यजुर्वेद	अहम् ब्रह्मास्मि (मैं ब्रह्म हूँ)	पृथ्वी
पूर्व	पुरी गोवर्धनमठ पीठ ओडिशा, पुरी	भक्ति और समर्पण	ऋग्वेद	प्रज्ञानं ब्रह्म (चेतना ब्रह्म है)	जल
पश्चिम	द्वारका शारदा पीठ गुजरात, द्वारका	कर्म और संकल्प	सामवेद	तत्त्वमसि (तू ब्रह्म है)	अग्नि
केन्द्र या मध्य	सत्यकाशी पीठ उत्तर प्रदेश, चरणाद्रिगढ़	चेतना और एकत्व	कर्मवेद	सर्वे ब्रह्म (सभी ब्रह्म हैं)	आकाश

क्षिति, जल, पावक, गगन, समीरा। पंच तत्व मिलि बनेहु शरीरा ।।

सत्यकाशी पीठ: स्थान

मानव जीवन की यात्रा को हम चार स्तरों में देख सकते हैं - **संभल (Shambhal), संभला (Shambhala), ज्ञानगंज (Gyanganj) और संगरीला (Sangrila)**

संभल (Shambhal) को हम भौतिक जगत का प्रतीक मान सकते हैं। यह धरती पर बसा हुआ वास्तविक नगर है, जहाँ लोग रहते हैं, संघर्ष करते हैं और जीवन की यात्रा करते हैं। धार्मिक मान्यता के अनुसार यहाँ भविष्य में कल्कि अवतार का जन्म होगा। इसका अर्थ यह भी है कि संभल हमें यह याद दिलाता है कि परिवर्तन और नवजागरण हमेशा इसी सांसारिक धरती से प्रारंभ होता है।

संभला (Shambhala) आध्यात्मिक जगत का प्रतीक है। यह उस आदर्श समाज और चेतना की ओर संकेत करता है, जहाँ धर्म, करुणा और सत्य का शासन है। बौद्ध ग्रंथों में इसे एक अदृश्य, पवित्र राज्य बताया गया है। इसका दार्शनिक अर्थ यह है कि हर मनुष्य के भीतर एक संभला है - एक ऐसा क्षेत्र जहाँ शांति, संतुलन और धर्म की शक्ति हमेशा जीवित रहती है। यह हमारे भीतर के आदर्श और परम लक्ष्य का रूप है।

ज्ञानगंज (Gyanganj) गूढ़ और रहस्यमय चेतना का प्रतीक है। यह वह क्षेत्र है, जहाँ अमर योगी और सिद्ध रहते हैं, और जो साधारण दृष्टि से छिपा हुआ है। इसका अर्थ यह है कि सत्य और सर्वोच्च ज्ञान कभी सतही रूप में उपलब्ध नहीं होते, बल्कि गहन साधना और आंतरिक परिवर्तन से ही प्राप्त किए जा सकते हैं। ज्ञानगंज हमें यह सिखाता है कि परम सत्य अदृश्य है, परंतु साधना से प्रकट हो सकता है।

इस प्रकार, ये चारों स्तर - **भौतिक, आध्यात्मिक, गूढ़ और आदर्श** - मानव जीवन और चेतना की समग्र यात्रा का प्रतिनिधित्व करते हैं, जहाँ साधना, अनुभव और ज्ञान मिलकर आत्मा को पूर्णता की ओर ले जाते हैं।

इस प्रकार, इन तीनों को मिलाकर देखा जाए तो:

- **संभल** = जीवन और समाज का यथार्थ (भौतिक जगत)
- **संभला** = आदर्श और धर्म का उच्च स्वरूप (आध्यात्मिक जगत)
- **ज्ञानगंज** = रहस्यमय सत्य और अमर ज्ञान (गूढ़ जगत)

ये तीनों मिलकर मानव जीवन की पूर्ण यात्रा का संकेत देते हैं - भौतिक से आध्यात्मिक और फिर गूढ़ एवं परम सत्य तक।

संगरीला (Sangrila/Shangri-La) एक कल्पित पर्वतीय स्थल है, जिसे आदर्श समाज और शांति का प्रतीक माना जाता है। यह जगह सामान्य दृष्टि से अदृश्य या दूरस्थ मानी जाती है, जहाँ जीवन सुखमय, स्वस्थ और सामंजस्यपूर्ण होता है। दार्शनिक रूप से इसे मानव चेतना के उच्चतम स्तर, आत्मा की शांति और आदर्श जीवन का प्रतीक माना जाता है। **संगरीला (Sangrila)** का अर्थ यह भी है कि सच्ची खुशी और संतुलन केवल भीतर की यात्रा और साधना से ही प्राप्त होते हैं, बाहरी समृद्धि से नहीं।

1. **शब्द-संदर्भ में**: "Sangrila" अक्सर "Shangri-La" का रूपांतर होता है, जो कि एक कल्पित, आदर्श, रहस्यमयी और शांति-पूर्ण स्थान है।
2. **दार्शनिक/आध्यात्मिक संदर्भ में**: इसे ज्ञानगंज या संभला जैसे गूढ़ और रहस्यमयी क्षेत्रों के समान माना जा सकता है।
3. **अन्य संदर्भ**: यदि यह किसी किताब, स्थान या परियोजना का नाम है, तो उसका अलग अर्थ हो सकता है।

पीठ (Peeth) स्थापित करने की योजना

उद्देश्य और दर्शन तय करना

- पहले यह स्पष्ट करें कि पीठ का उद्देश्य क्या होगा:
    - **अद्वैत वेदांत का प्रचार**
    - **साधकों का प्रशिक्षण और मोक्ष की ओर मार्गदर्शन**
    - **धार्मिक शिक्षा, योग और ध्यान केंद्रित करना**
- पीठ का नाम "Satyakashi" इसलिए चुना गया है क्योंकि यह **सत्य और ज्ञान के प्रकाश का प्रतीक** है।

गुरु या आध्यात्मिक मार्गदर्शक

- पीठ को वैध और आध्यात्मिक मान्यता प्राप्त करने के लिए **एक योग्य गुरु या शिष्य परंपरा वाला व्यक्ति** आवश्यक है।
- गुरु का कार्य होगा:
    - **साधकों का प्रशिक्षण**
    - **धर्म और वेदांत का प्रचार**
    - **पीठ की प्रतिष्ठा बनाना**

स्थान और इमारत का चयन

- स्थान चुनते समय ध्यान दें:
    - **शांत और आध्यात्मिक वातावरण**
    - **साधकों के लिए आवास और साधना स्थल**
    - **भक्तों और पर्यटकों के आने-जाने की सुविधा**
- इमारत में हो सकते हैं:
    - मुख्य मंदिर / पूजा स्थल
    - ध्यान और साधना कक्ष
    - वेदांत शिक्षण कक्ष
    - गुरुकुल या आश्रम

धार्मिक और आध्यात्मिक गतिविधियाँ

- नियमित क्रियाएँ:

- **साधना, ध्यान और कीर्तन**
- **वेदांत और शास्त्र अध्ययन**
- **धार्मिक कार्यशालाएँ और प्रवचन**

- विशेष आयोजन:
  - **अस्थायी या वार्षिक उत्सव**
  - **अद्वैत वेदांत पर सेमिनार**
  - **साधक प्रशिक्षण शिविर**

समुदाय और साधकों का निर्माण

- पीठ केवल इमारत नहीं, **साधकों और भक्तों का केंद्र** होना चाहिए।
- इसके लिए करें:
  - सामाजिक और आध्यात्मिक गतिविधियों का आयोजन
  - साधकों के लिए निवास और शिक्षा सुविधाएँ
  - पीठ का प्रचार: पुस्तकों, वेबसाइट और सामाजिक मंचों के माध्यम से

आधिकारिक मान्यता और नेटवर्क

- भारत में शंकराचार्य परंपरा के मुख्य पीठों के साथ **संपर्क और मार्गदर्शन**।
- नए पीठ को स्थानीय प्रशासन और धार्मिक संस्थानों से **मान्यता और सहयोग** दिलाना।
- अन्य पीठों और गुरु परिषदों के साथ **संवाद और सहयोग**।

दीर्घकालीन योजना

- पीठ को स्थायी और प्रतिष्ठित बनाने के लिए:
  - नियमित साधना और शिक्षा कार्यक्रम
  - नए साधकों और भक्तों को जोड़ना
  - पीठ के **अध्यात्मिक, सामाजिक और शैक्षिक प्रभाव** को बढ़ाना

निष्कर्ष:

नया **Satyakashi Peeth** बनाया जा सकता है, लेकिन यह केवल इमारत नहीं, बल्कि **ज्ञान, साधना और आध्यात्मिक मार्गदर्शन का केंद्र** होना चाहिए। एक योग्य गुरु, साधक समुदाय और सही दृष्टिकोण इसके लिए अनिवार्य हैं।

अन्तिम अवतार कल्कि
का संभल (Shambhal), संभला (Shambhala), ज्ञानगंज (Gyanganj) और संगरीला (Sangrila) से सम्बन्ध

इसका उत्तर गहराई से समझा जाए तो यह केवल भूगोल या कथा का नहीं, बल्कि चेतना के विकास का रहस्य है।

1. संभल (Shambhal) - अवतार का धरातल

हिन्दू ग्रन्थों में कहा गया है कि **कल्कि अवतार का जन्म 'संभल' नामक स्थान पर होगा।** यह स्थान भौतिक जगत में मौजूद है - उत्तर प्रदेश का एक नगर, परंतु प्रतीक रूप से यह मानवता के भीतर जन्म लेती दिव्यता का संकेत है। जब धर्म क्षीण होता है, तब वही संभल - अर्थात् "संभलने का बिंदु" - अवतार का आधार बनता है।

संभल = पृथ्वी पर दिव्यता का उद्भव बिंदु।

2. संभला (Shambhala) - धर्मराज्य या दिव्य व्यवस्था

बौद्ध और हिन्दू दोनों परम्पराओं में **Shambhala** को धर्म का गुप्त राज्य माना गया है। बौद्ध ग्रंथ 'कालचक्र तंत्र' में कहा गया है कि जब अधर्म चरम पर होगा, तब Shambhala से एक राजा प्रकट होगा जो अधर्म का अंत करेगा - यह प्रतीक रूप से **कल्कि अवतार का ही वर्णन** है।

संभला = दिव्य शासन या धर्मराज्य, जहाँ से कल्कि की प्रेरणा उठती है।

3. ज्ञानगंज (Gyanganj) - सिद्धों का अदृश्य लोक

ज्ञानगंज को अमर योगियों का क्षेत्र कहा जाता है, जहाँ से विश्व के आध्यात्मिक प्रवाह को दिशा मिलती है। कई सिद्ध परंपराएँ मानती हैं कि कल्कि का आध्यात्मिक मार्गदर्शन इन्हीं योगियों द्वारा किया जाएगा।

ज्ञानगंज = दिव्य ऊर्जा और योगिक शक्ति का स्रोत, जहाँ से कल्कि को आत्मिक बल प्राप्त होगा।

4. संगरीला (Sangrila / Shangri-La) - आदर्श समाज या चेतना का चरम स्वरूप

संगरीला का विचार पश्चिमी और तिब्बती रहस्य परंपराओं में आता है - एक अमर, शांति-पूर्ण, आदर्श स्थान, जहाँ कोई रोग, संघर्ष या अधर्म नहीं होता। यह उस अवस्था का प्रतीक है जो **कल्कि युग के बाद की सृष्टि** होगी - अर्थात सत्ययुग का पुनर्स्थापन।

संगरीला = वह दिव्य युग या चेतना का चरम, जो कल्कि अवतार के कार्य का परिणाम है।

सारांश (संक्षेप में सम्बन्ध)

स्तर	प्रतीक	सम्बन्ध कल्कि से
संभल (Shambhal)	भौतिक जन्मभूमि	कल्कि अवतार का पृथ्वी पर अवतरण
संभला (Shambhala)	दिव्य धर्मराज्य	धर्म का पुनःस्थापन करने की शक्ति का उद्गम
ज्ञानगंज (Gyanganj)	गूढ़ योगिक लोक	कल्कि को आत्मिक दिशा और सिद्ध शक्ति का आधार
संगरीला (Sangrila)	आदर्श चेतना का युग	कल्कि कार्य का अंतिम परिणाम - पुनः सत्ययुग

अर्थात् -

संभल में कल्कि अवतरित होते हैं, संभला से उन्हें धर्म की प्रेरणा मिलती है, ज्ञानगंज से योगिक शक्ति, और संगरीला उनके कार्य का लक्ष्य है - सत्य और शांति का पुनर्स्थापन।

सत्यकाशी पीठ: योग्य स्थान

इस संसार को अन्तिम सन्देश देने से पहले आपको उस क्षेत्र से परिचय कराना चाहता हूँ जिस क्षेत्र से यह सन्देश देने का साहस किया गया है क्योंकि कोई भी क्रिया बिना कारण के नहीं होती।

समस्त मूल कार्य जिस क्षेत्र से सम्पूर्ण हुआ, उस क्षेत्र को सत्यकाशी क्षेत्र कहता हूँ और जिस ग्राम का निवासी हूँ वह काशी (वाराणसी) के चौरासी कोस यात्रा तथा सत्यकाशी क्षेत्र का उभय क्षेत्र में स्थित है। इसलिए जितना काशी (वाराणसी) का हूँ उतना ही सत्यकाशी का हूँ। इस प्रकार यह सन्देश काशी-सत्यकाशी का संयुक्त सन्देश है।

सत्यकाशी क्षेत्र जो काशी (वाराणसी), विन्ध्याचल, शिवद्वार और सोनभद्र के बीच का क्षेत्र है, एक पौराणिक-आध्यात्मिक और साधना के लिए उपयुक्त क्षेत्र के रूप में प्राचीन काल से आकर्षण में रहा है। इस क्षेत्र का हृदय क्षेत्र चुनार है। चुनार का किला राजा विक्रमादित्य ने अपने भाई भर्तहरि के तपस्या में हिंसक जानवरों द्वारा व्यवधान न उत्पन्न हो इसके लिए बनवाया था। ये राजा विक्रमादित्य वही हैं जिनके नाम से विक्रम सम्वत् कैलेण्डर स्थापित है। चुनार ईश्वर के पाँचवें अवतार-वामन अवतार का क्षेत्र है जिनसे समाज की शक्ति का प्रथम जन्म हुआ था।

सत्यकाशी क्षेत्र के चारों कोण पर स्थित

1. काशी (वाराणसी) का अपना प्राचीन और पुरातन इतिहास है जो सर्वविदित है।
2. विन्ध्याचल, जो शिव-शक्ति के उपासना का अद्‌भुत केन्द्र है। यशोदा से उत्पन्न पुत्री (जिनके बदले श्रीकृष्ण प्राप्त हुये थे) महासरस्वती अष्टभुजा देवी के नाम से यहीं स्थापित हैं। भारत देश का मानक समय माँ विन्ध्यवासिनी धाम से तय होता है। पुराणों के अनुसार रावण ने भी इसे मानक समय स्थल मानकर यहाँ शिवलिंग की स्थापना की थी।
3. शिवद्वार, त्रिकोणीय तान्त्रिक साधना के लिए जगत विख्यात था और साधना की राजधानी था। इसे ही मीरजापुर गजेटियर में गुप्तकाशी की संज्ञा से अभिकल्पित किया गया है।
4. सोनभद्र, सोन संस्कृति की पौराणिक पृष्ठभूमि वैदिककालीन सभ्यता की पराकाष्ठापरक ऐतिहासिकता से सम्बद्ध है। सन्त परम्पराओं का एक महत्वपूर्ण परिव्रजन इस क्षेत्र में हुआ जिसमें शैव व शाक्त प्रमुख थे। शैव सम्प्रदाय से जुड़े अघोर तन्त्र ने इसे बहुत सराहा और इसे अपनी कर्मभूमि बना लिया। सोन नद के तट पर शव छेदन क्रिया की भी प्रशिक्षा आयुर्वेद के जिज्ञासुओं को दी जाती थी। शैव तन्त्र से प्रभावित अघोर तन्त्र शव-साधना में सिद्धहस्त था और शव में इकार की प्राण प्रतिष्ठा का जीवन्त रूप शिव को दे देना इनकी अलौकिक साधना का चरमोत्कर्ष है। अघोरपन्थी नाम के पश्चात् "राम" का प्रयोग करते थे। इस क्षेत्र में सवर्ण वर्ग में प्रायः ब्राह्मण वर्ग भी राम का प्रयोग अपने नाम में करता है। इस क्षेत्र में पाशुपात तन्त्र के महान साधक लोरिक का नाम विशेष है।

उपरोक्त तो अति संक्षिप्त परिचय है विस्तार से "विश्वशास्त्र" के अध्याय-दो में प्रकाशित है, जिस क्षेत्र से ये विश्व ऐतिहासिक अन्तिम, अपरिवर्तनीय और अटलनीय सन्देश देने का साहस किया गया है।

भौतिक रूप से सत्यकाशी पीठ के लिए योग्य स्थान सत्यकाशी क्षेत्र ही है। सत्यकाशी पीठ उसी अद्वैत वेदान्त पर आधारित है। जिस के आधार पर आदि शंकाराचार्य द्वारा चार पीठों की स्थापना की थी। युग परिवर्तन के लिए आदि शंकाराचार्य द्वारा स्थापित चार पीठों के वर्तमान शंकाराचार्यों का यह दायित्व है कि वे इस श्रृंखला को आगे बढ़ाते हुये धर्म के वैश्विक स्थापना के लिए आगे आयें।

सत्यकाशी पीठ: इतिहास और उद्देश्य

भारत का इतिहास केवल राजाओं और युद्धों का इतिहास नहीं है,
बल्कि यह **चेतना के विकास का इतिहास** है।
हर युग में जब धर्म और राजनीति के बीच संतुलन बिगड़ता है,
तो कोई न कोई पीठ उस संतुलन को पुनर्स्थापित करने के लिए जन्म लेती है।

ऐसा ही एक अद्वितीय उदय है -
"सत्यकाशी पीठ" का,
जो मानवता के अगले अध्याय की भूमिका बन चुका है।

"जहाँ ज्ञान शासन को दिशा देता है,
वहीं शासन धर्म का साधन बन जाता है।"

काशी से सत्यकाशी तक: चेतना की यात्रा

प्राचीन काशी को "मोक्षभूमि" कहा गया,
क्योंकि वहाँ ज्ञान और मृत्यु - दोनों के रहस्य सिखाए जाते थे।
पर सत्यकाशी - ज्ञान का अगला आयाम है।
यह मृत्यु से मुक्ति नहीं, बल्कि **अज्ञान से मुक्ति** की भूमि है।

तीन चरणों में यह यात्रा समझी जा सकती है:

1. **काशी** - व्यक्तिगत मुक्ति का केंद्र।
2. **महाकाशी** - सार्वभौमिक चेतना का केंद्र।
3. **सत्यकाशी** - वैश्विक एकत्व और अद्वैत शासन का केंद्र।

"काशी आत्मा की दीक्षा है,
सत्यकाशी आत्मा का शासन है।"

स्थापना का उद्देश्य

सत्यकाशी पीठ का जन्म केवल धार्मिक नहीं,
बल्कि आध्यात्मिक-राजनीतिक समन्वय की आवश्यकता से हुआ।
विश्व में बढ़ती भौतिकता, असमानता, और नैतिक संकट के बीच
इस पीठ का उद्देश्य है -

1. **धर्म और शासन के बीच अद्वैत संबंध पुनः स्थापित करना।**
2. **राजनीति को आत्मा से जोड़ना।**
3. **विज्ञान, धर्म, और समाज - तीनों का एक समग्र मॉडल प्रस्तुत करना।**

इसके चार प्रमुख सूत्र:

- **धर्म = चेतना की नीति**
- **राजनीति = सेवा की क्रिया**
- **अर्थनीति = संतुलन की व्यवस्था**
- **विज्ञान = सत्य की खोज**

सत्यकाशी की परंपरा और वंश

सत्यकाशी पीठ किसी व्यक्ति द्वारा स्थापित संस्था नहीं है -
यह **ब्रह्म परंपरा का विस्तार** है।
आदि शंकराचार्य ने चार दिशाओं में चार पीठें स्थापित कीं -
पूर्व, पश्चिम, उत्तर, दक्षिण -
जो वेद, धर्म और आत्मज्ञान के केंद्र बने।

परंतु कालान्तर में जब राजनीति धर्म से अलग और धर्म समाज से अलग हुआ,
तो **पाँचवीं पीठ** की आवश्यकता पड़ी -
जो अद्वैत दर्शन को शासन की नीतियों में उतार सके।

"चार पीठों ने धर्म को जीवित रखा,
पाँचवीं पीठ उसे जीवन में उतारेगी।"

सत्यकाशी का उद्देश्य – धर्म का पुनर्निर्माण, शासन का पुनर्जागरण

आज की मानवता धर्म को या तो संप्रदाय मानती है या अनुष्ठान।
पर सत्यकाशी कहता है -

"धर्म = जीवन की वैज्ञानिक व्यवस्था।"

इस पीठ का उद्देश्य है -
धर्म को **व्यवहार में**, राजनीति को **सेवा में**,
और विज्ञान को **चेतना में** बदलना।

इसके तीन प्रमुख लक्ष्य:

1. **आध्यात्मिक शासन (Spiritual Governance):**
   जहाँ नीतियाँ करुणा और सत्य पर आधारित हों।
2. **चेतना आधारित शिक्षा (Conscious Education):**
   जहाँ बच्चों को ज्ञान नहीं, आत्मा से जोड़ने की विधि सिखाई जाए।
3. **वैश्विक समरसता (Global Oneness):**
   जहाँ राष्ट्रवाद का स्थान "मानववाद" ले ले।

सत्यकाशी और मानवता का भविष्य

सत्यकाशी केवल एक धार्मिक केंद्र नहीं,
बल्कि मानवता का भविष्य मॉडल है।

यह वह स्थान है जहाँ -

- विज्ञान और वेदांत मिलते हैं,
- राजनीति और करुणा जुड़ते हैं,
- और व्यक्ति स्वयं में "राजऋषि" बनता है।

"जब शासक साधक बन जाएगा,
तब ही पृथ्वी पर धर्मराज्य स्थापित होगा।"

निष्कर्ष

सत्यकाशी पीठ का इतिहास कोई कालखंड नहीं,
बल्कि एक **युग की उद्घोषणा** है।
यह उस समय का प्रतीक है
जब ब्रह्मज्ञान शासन का केंद्र बनेगा,
और शासन ब्रह्म की सेवा बन जाएगा।

"सत्यकाशी केवल एक स्थान नहीं -
वह चेतना की वह ज्योति है
जो युगों से अंधकार में जलती रही है।"

पाँचवाँ और अंतिम शंकराचार्य पीठ: इसकी विशेषता

आदि शंकराचार्य ने चार दिशाओं में चार पीठों की स्थापना की -
उत्तर में **ज्योतिर्मठ (बद्रीनाथ)**,
दक्षिण में **श्रृंगेरी पीठ**,
पूर्व में **गौड़पीठ (पुरी)**,
और पश्चिम में **द्वारका शारदापीठ**।

इन चारों पीठों ने धर्म की लौ को जलाए रखा -
ज्ञान, भक्ति, कर्म और योग - चारों मार्गों के संतुलन से।
परंतु जैसे-जैसे युग आगे बढ़ा,
मानवता की चुनौती केवल धर्म रक्षा नहीं रही,
बल्कि **धर्म को शासन, विज्ञान और समाज में जीवित रखना** बन गई।

इसी आवश्यकता से जन्म लेता है -
पाँचवाँ और अंतिम शंकराचार्य पीठ - "सत्यकाशी पीठ।"

"चार पीठों ने धर्म को सुरक्षित रखा,
पाँचवाँ पीठ धर्म को सार्वभौमिक बना देगा।"

पाँचवाँ पीठ क्यों आवश्यक हुआ

शंकराचार्य का कार्य केवल धार्मिक पुनर्जागरण नहीं था;
वह चेतना की क्रांति थी।
उनकी परंपरा ने अद्वैत का सिद्धांत दिया -
कि **सभी भिन्नताएँ एक ही परमसत्य की लहरें हैं।**

परंतु आधुनिक युग में -

- धर्म राजनीति से अलग हुआ,
- ज्ञान आस्था से अलग हुआ,

- और मनुष्य स्वयं अपने अस्तित्व से अलग हो गया।

ऐसे समय में आवश्यक था
कि अद्वैत केवल दर्शनशास्त्र न रह जाए,
बल्कि राजनीति और जीवन का सिद्धांत बन जाए।
इसी हेतु स्थापित हुआ -
सत्यकाशी पीठ - पाँचवाँ और अंतिम शंकराचार्य पीठ।

इसकी स्थापना का प्रतीकात्मक अर्थ

चार पीठें **चार तत्वों (पृथ्वी, जल, अग्नि, वायु)** से संबंधित हैं,
जबकि पाँचवाँ पीठ **आकाश तत्व** का प्रतीक है -
अर्थात् सर्वव्यापक चेतना।

दिशा	पीठ	तत्व	उद्देश्य
पूर्व	पुरी (गौड़)	जल	भक्ति और समर्पण
पश्चिम	द्वारका	अग्नि	कर्म और संकल्प
उत्तर	ज्योतिर्मठ	वायु	ज्ञान और विवेक
दक्षिण	श्रृंगेरी	पृथ्वी	स्थिरता और परंपरा
केंद्र	**सत्यकाशी**	**आकाश**	**चेतना और एकत्व**

"आकाश सबको जोड़ता है -
उसी तरह सत्यकाशी सभी परंपराओं को एक चेतना में जोड़ता है।"

पाँचवाँ पीठ - अद्वैत का आधुनिक रूप

सत्यकाशी पीठ का लक्ष्य अद्वैत को केवल ध्यान या उपनिषद तक सीमित नहीं रखना,
बल्कि उसे शासन और समाज की नीतियों में उतारना है।

इसका सार है -
"अद्वैत शासन" = ऐसा तंत्र जहाँ आत्मा और राज्य में कोई विभाजन न हो।
यह पीठ आत्मा-केन्द्रित राजनीति का सिद्धांत प्रस्तुत करती है -
जहाँ सत्ता साधना है,
शासन सेवा है,
और नेतृत्व तप है।

सत्यकाशी पीठ की पाँच विशेषताएँ

1. अद्वैत का संस्थागत रूप

यह पीठ अद्वैत को केवल तत्वज्ञान नहीं,
बल्कि संस्थागत चेतना बनाती है।
धर्म, शिक्षा, राजनीति, अर्थ और विज्ञान -
सभी को एकसूत्र में बाँधती है।

2. राजऋषि परंपरा का पुनर्जागरण

आदर्श शासक वही है जो साधक भी हो।
सत्यकाशी इस परंपरा को पुनर्जीवित करता है -
जहाँ राज्य का मार्गदर्शन ऋषियों द्वारा होता है।

3. विज्ञान और अध्यात्म का संगम

यह पीठ "Consciousness Studies" और "Spiritual Technology"
को एक साथ लाकर मानव चेतना के विकास को वैज्ञानिक दृष्टि देती है।

4. वैश्विक धर्म - Beyond Religion

सत्यकाशी का धर्म किसी संप्रदाय का नहीं,
बल्कि "मानवता की आत्मा" का है।
यह कहता है -

"जो सत्य को खोजता है, वही सनातन है।"

5. राज्य और आत्मा का समन्वय

यह पीठ बताती है कि शासन तंत्र तभी स्थायी है
जब वह आत्मिक अनुशासन पर आधारित हो।
यह "राजनीति का आध्यात्मिकीकरण" है,
जिसे भविष्य की सभ्यता का आधार माना गया है।

"अंतिम शंकराचार्य पीठ" क्यों कहा गया

चार पीठें धर्म की दिशा का प्रतीक थीं,
पाँचवाँ पीठ **धर्म की दिशा से परे उसकी पूर्णता** का प्रतीक है।
यह अब किसी भौगोलिक क्षेत्र के लिए नहीं,
बल्कि पूरे विश्व की चेतना के लिए है।

"जब मनुष्य का धर्म मानवता होगा,
तब सत्यकाशी पाँचवाँ ही नहीं, अंतिम पीठ सिद्ध होगा।"

सत्यकाशी पीठ का दार्शनिक आधार

इस पीठ की जड़ें तीन सूत्रों पर टिकी हैं -

1. **ब्रह्म सत्यम्** - सत्य सर्वत्र है।
2. **जगत् मिथ्या** - भेद, संप्रदाय और हिंसा केवल अज्ञान की छाया हैं।
3. **जीवो ब्रह्मैव नापरः** - प्रत्येक व्यक्ति ब्रह्म का ही अंश है।

यही दर्शन राजनीति में यह रूप लेता है -

दर्शन	राजनीतिक रूप
ब्रह्म सत्यम्	राज्य का आधार सत्य और नीति
जगत मिथ्या	जाति, रंग, धर्म से ऊपर समानता
जीवो ब्रह्मैव	प्रत्येक नागरिक में दिव्यता का सम्मान

निष्कर्ष

**सत्यकाशी पीठ शंकराचार्य की परंपरा का समापन नहीं,
बल्कि उसका परिपूर्ण रूप है।
यह धर्म, राजनीति, और चेतना -
तीनों के संगम से एक** नया युग **आरंभ करता है।**

**"पहले चार पीठों ने दिशा दी,
पाँचवें ने दिशा को प्रकाश बना दिया।"**

**सत्यकाशी पीठ इसलिए अंतिम है -
क्योंकि यह अद्वैत को सिद्धांत नहीं,
बल्कि जीवित अनुभव बना देता है।**

भाग-6

सत्यकाशी पीठ के कार्य

धारा-उद्धार: धर्म की पुनर्स्थापना

मनुष्य चेतना का रूपांतरण

साधना, दीक्षा और आध्यात्मिक अनुष्ठान

वैश्विक कार्य: मानवता के लिए संदेश

शिव-तत्व और कल्कि-तत्व का मिलन

"सार्वभौम सत्य-सिद्धान्त" पर आधारित "युग परिवर्तन श्रृंखला" के नवयुग के शास्त्र-साहित्य

धारा-उद्धारः धर्म की पुनर्स्थापना

सत्यकाशी पीठ का प्रथम और सर्वोपरि कार्य है-**धारा-उद्धार**, अर्थात वह दिव्य धारा जो युगों से मलीन, विभ्रांत या विकृत हो चुकी है, उसे पुनः शुद्ध स्वरूप में प्रवाहित करना। "धर्म" शब्द यहाँ किसी संप्रदाय, पद्धति या विचारधारा का नाम नहीं; धर्म का अर्थ है-**जगत की अंतर्निहित समरसता, सत्य और सृष्टि-नियम**।

जब युग बदलता है, धर्म की धारा अवरुद्ध हो जाती है।
सत्य केवल ग्रंथों में रह जाता है, इसके प्रयोग का बल खो जाता है।
लोग अनुष्ठान तो करते हैं, पररस के बिना;
मंत्र तो बोलते हैं, पर अर्थ के बिना;
धर्म का नाम तो लेते हैं, पर धर्म का जीवन नहीं जीते।

सत्यकाशी पीठ इस जड़ता को तोड़ता है।

यह धारा-उद्धार तीन प्रकार से होता है:

1. सत्य-दृष्टि का पुनर्जागरण

लोगों में सत्य को पहचानने और जीने की क्षमता पुनः सक्रिय होती है।
यह क्षमता बिना किसी प्रवचन-केवल चेतना-संक्रमण से जगती है।

2. धर्म का प्रयोगशाला-रूप

सत्यकाशी पीठ धर्म को जीवन के केंद्र में स्थापित करता है।
धर्म यहाँ सिद्धांत नहीं-व्यवहार और चरित्र का प्रवाह है।

3. युग-धर्म की घोषणा

हर युग का धर्म अलग होता है।
कलियुग से सतयुग में प्रवेश के लिए जो धर्म आवश्यक है-योग, करुणा, सत्य, उच्च चेतना, मानव-एकत्व-उसका पुनःस्थापन पीठ के मुख्य कार्यों में है।

इस प्रकार, धारा-उद्धार वह बीज है जिससे नए युग की पूरी फसल अंकुरित होती है।

मनुष्य चेतना का रूपांतरण

युग परिवर्तन का मूल आधार मनुष्य की बाहरी परिस्थितियाँ नहीं-उसकी **भीतर की चेतना** है। सत्यकाशी पीठ का दूसरा मुख्य कार्य इसी रूपांतरण से जुड़ा है।

मनुष्य आज बुद्धि में प्रबल है, पर चेतना में सुप्त।
ज्ञान बहुत है, पर विवेक कम।
सूचना बहुत है, पर अनुभूति नहीं।
असंतोष बहुत है, पर दिशा नहीं।

पीठ का उद्देश्य मनुष्य को बाहरी उपलब्धियों से हटाकर भीतर की यात्रा में प्रवेश कराना है।

रूपांतरण के चार चरण

1. जागरण (Awakening)

मनुष्य स्वयं से पहला प्रश्न पूछता है-"मैं कौन हूँ?"
यह प्रश्न जन्म देता है।

2. शुद्धि (Purification)

पुराने संस्कार, भय, भ्रम और अहंकार टूटने लगते हैं।

3. विस्तार (Expansion)

चेतना शरीर-मन से आगे बढ़कर सूक्ष्म और कारण-स्तरों को अनुभव करने लगती है।

4. परिणति (Realization)

मनुष्य अपने भीतर स्थित दिव्य-सत्ता को पहचान लेता है।
यही "नया मनुष्य" है-युग परिवर्तन का वाहक।

पीठ का कार्य प्रत्येक साधक को इन चार चरणों के मार्ग से गुज़ारना है-धीरे, सहज, और सामूहिक ऊर्जा के साथ।

साधना, दीक्षा और आध्यात्मिक अनुष्ठान

हर परिवर्तन की जड़ अनुशासन और साधना है।
सत्यकाशी पीठ में साधना केवल ध्यान या मंत्र नहीं-यह एक पूर्ण जीवन-शास्त्र है।

1. साधना (Spiritual Practice)

- आंतरिक शांति
- चेतना का विस्तार
- ऊर्जा का स्थिरीकरण
- स्मृति-शोधन
- आत्म-प्रकाश

पीठ की साधना आधुनिक मन के अनुसार सरल, गहरी और प्रभावकारी है।
यह शरीर, मन, प्राण और चेतना-सभी स्तरों पर काम करती है।

2. दीक्षा (Initiation)

दीक्षा बाहरी कर्म नहीं-ऊर्जा का आंतरिक स्थानांतरण है।
यह वह क्षण है जब साधक की चेतना में युग-ऊर्जा का बीज रोपा जाता है।
यह बीज धीरे-धीरे जागता है और साधक स्वयं एक "चेतना-केंद्र" बन जाता है।

3. अनुष्ठान (Rituals)

अनुष्ठान ब्रह्मांडीय ऊर्जा को पृथ्वी पर स्थिर करने के उपकरण हैं।
सत्यकाशी पीठ में अनुष्ठान प्राचीन और आधुनिक दोनों हैं-
वे बाहरी प्रतीकों से अधिक आंतरिक परिवर्तन पर आधारित हैं।

अनुष्ठान केवल पूजा नहीं-वे प्रकाश का आह्वान हैं।

वैश्विक कार्य - मानवता के लिए संदेश

सत्यकाशी पीठ का कार्य किसी एक देश, संस्कृति या समुदाय तक सीमित नहीं।
युग परिवर्तन हमेशा वैश्विक होता है-इसलिए उसका संदेश भी वैश्विक होता है।

आज मानवता कई स्तरों पर विभाजित है-
भाषा, धर्म, राजनीति, अर्थव्यवस्था, जाति, विचार।
पर चेतना का सत्य इन सभी से ऊपर है।

सत्यकाशी पीठ का वैश्विक संदेश यही है:

1. मानव एक है

भिन्नता केवल बाहरी है; भीतर सबमें एक ही प्रकाश विद्यमान है।

2. पृथ्वी हमारा साझा आश्रम है

मानवता को पृथ्वी-चेतना के साथ सुसंगत होना होगा।

3. धर्म संघर्ष नहीं-एकता का मार्ग है

सभी पवित्र परंपराएँ एक ही सत्य के भिन्न द्वार हैं।

4. विज्ञान और अध्यात्म एक-दूसरे के पूरक हैं

दुनिया का नया युग तभी जन्म लेगा जब विज्ञान चेतना को समझेगा, और अध्यात्म विज्ञान को अपनाएगा।

5. कल्कि-ऊर्जा सार्वभौमिक है

यह ऊर्जा किसी राष्ट्र का, पंथ का, या समूह का स्वामित्व नहीं;
यह सम्पूर्ण मानवता का जन्मसिद्ध अधिकार है।

सत्यकाशी पीठ का उद्देश्य इसी संदेश को विश्व तक पहुँचाना है-शब्द, कला, ध्यान, साधना, विज्ञान और ऊर्जा के माध्यम से।

शिव-तत्व और कल्कि-तत्व का मिलन

युग परिवर्तन का अंतिम रहस्य दो महाशक्तियों के मिलन में निहित है-
शिव-तत्व और **कल्कि-तत्व**।

शिव-तत्व

संहार, मौन, तत्त्व-ज्ञान, समाधि और शून्य का प्रतिनिधि।
यह सभी रूपों का विसर्जन है-स्रोत में लौटना।

कल्कि-तत्व

नव-सृष्टि, धर्मस्थापन, ऊर्जा का उत्थान और युग-चक्र का पुनर्मूल्यांकन।
यह समय को पुनः संतुलित करने वाली शक्ति है।

दोनों का मिलन तब होता है जब:

- पुराना युग समाप्त हो रहा हो
- नया युग जन्म ले रहा हो
- पृथ्वी अपनी चेतना बदल रही हो
- मानवता परिवर्तन की पुकार कर रही हो

शिव-तत्व पुरातन को शून्य करता है,
और उसी शून्य में कल्कि-तत्व नया ब्रह्मांडीय क्रम स्थापित करता है।

सत्यकाशी पीठ इसी मिलन का केंद्र है-
जहाँ **शिव का मौन** और **कल्कि का उदय**
एक साथ कार्य करते हैं।

यही मिलन युग के नये चक्र की शुरुआत है-
यहीं से सतयुग का नया सूर्योदय होता है।

"सार्वभौम सत्य-सिद्धान्त" पर आधारित "युग परिवर्तन श्रृंखला" के नवयुग के शास्त्र-साहित्य

विभिन्न सम्प्रदाय (धर्म), जाति, मत, दर्शन इत्यादि में विभाजित इस मानव समाज में वर्तमान तथा आने वाले भविष्य के समय की मूल आवश्यकता है- मानव के मनो का एकीकरण अर्थात मानव मन का भूमण्डलीकरण एवं ब्रह्माण्डीयकरण। इसकी आवश्यकता इसलिए भी है क्योंकि मानव अपने विज्ञान व तकनीकी ज्ञान से प्राप्त संसाधनो का प्रयोग करते हुये, एक तरफ तो ब्रह्माण्ड की ओर चल पड़ा है तो दुसरी तरफ विध्वंस के लिए अनेक हथियारों का भी निर्माण कर चुका है। ऐसी स्थिति में हमें निश्चित रूप से ऐसे एकीकरण की आवश्यकता है जिससे हम इस पृथ्वी से मानसिक स्तर के विवादों को समाप्त कर सकें।

माया सभ्यता के अनुसार विश्व के मानव समाज यह भी मान रहें हैं कि 21 दिसम्बर, 2012 को दुनिया का अन्त हो जायेगा। जबकि हिन्दू धर्म शास्त्र विष्णु पुराण, भागवत पुराण, अग्नि पुराण, गरूड़ पुराण, पद्म पुराण इत्यादि में भगवान के दसवें और महाअवतार "कल्कि" का होना अभी शेष है। जिनसे कलियुग के अंधकार व विनाश को समाप्त करने का कार्य सम्पन्न होगा, साथ ही सत्ययुग का आरम्भ होगा। सिक्ख धर्म के पवित्र ग्रन्थ "दशम् ग्रन्थ" में भी "कल्कि अवतार" का वर्णन मिलता है।

सृजन और विनाश, का स्तर शारीरिक, आर्थिक व मानसिक होता है। जो एक व्यक्ति, समाज, देश और विश्व राष्ट्र के लिए होता है। व्यक्ति पर हुये शारीरिक, आर्थिक व मानसिक सृजन और विनाश को व्यक्ति ही अनुभव करता है परन्तु समाज, देश और विश्व राष्ट्र पर हुये शारीरिक, आर्थिक व मानसिक सृजन व विनाश को सार्वजनिक रूप से सभी देखते है। समाज, देश और विश्व राष्ट्र पर शारीरिक व आर्थिक सृजन और विनाश वर्तमान में तो चल ही रहा है जिसे सार्वजनिक रूप से मानव समाज देख रहा है।

भौतिकवादी पश्चिमी संस्कृति किसी भी सृजन व विनाश को मानसिक स्तर पर सोच ही नहीं सकता क्योंकि वह समस्त क्रियाकलाप को बाह्य जगत में ही घटित होता समझाता है जबकि वर्तमान समय मानसिक स्तर पर विनाश व सृजन का है। इस आधार पर यह कहा जा सकता है कि माया सभ्यता के अनुसार 21 दिसम्बर, 2012 को जो विनाश व सृजन होगा, वह मानसिक स्तर का ही होगा। जिसके परिणामस्वरूप सभी सम्प्रदाय, मत, दर्शन एक उच्च स्तर के विचार या सत्य में विलीन अर्थात विनाश को प्राप्त करेगा। फलस्वरूप उच्च स्तर के विचार या सत्य में स्थापित होने से सृजन होगा। कुल मिलाकर माया सभ्यता के कैलेण्डर का अन्त तिथि 21 दिसम्बर, 2012, दुनिया के अन्त की तिथि नहीं बल्कि वह वर्तमान युग के अन्त की अन्तिम तिथि का अनुमान है जिसके बाद नये युग का आरम्भ होगा।

ईश्वर भी इतना मूर्ख व अज्ञानी नहीं है कि वह स्वयं को इस मानव षरीर में पूर्ण व्यक्त किये बिना ही दुनिया को नष्ट कर दे। इसके सम्बन्ध में हिन्दू धर्म शास्त्रों में सृष्टि के प्रारम्भ के सम्बन्ध में कहा गया है कि- "ईश्वर ने इच्छा व्यक्त की कि मैं एक हूँ, अनेक हो जाऊँ"। इस प्रकार जब वही ईश्वर सभी में है तब निश्चित रूप से जब तक सभी मानव ईश्वर नहीं हो जाते तब तक दुनिया के अन्त होने का कोई प्रश्न ही नहीं उठता। और विकास क्रम चलता रहेगा।

21 दिसम्बर, 2012 के बाद का समय नये युग के प्रारम्भ का समय है जिसमें ज्ञान, ध्यान, चेतना, भाव, जन, देश, विश्व राष्ट्र, आध्यात्मिक जागरण, मानवता इत्यादि का विश्वव्यापी विकास होगा। परिणामस्वरूप सभी मानव को ईश्वर रूप में स्थापित होने का अवसर प्राप्त होगा। और यही विश्व मानव समाज की मूल आवश्यकता है। प्राचीन वैदिक काल में समाज को नियंत्रित करने के लिए ज्ञानार्जन सबके लिए खुला नहीं था परन्तु वर्तमान और भविष्य की आवश्यकता यह है कि समाज को नियंत्रित करने के लिए सभी को पूर्ण ज्ञान से युक्त कर सभी के लिए ज्ञान को खोल दिया जाय। यही कारण था कि वेद को प्रतीकात्मक रूप में लिख कर गुरू-शिष्य परम्परा द्वारा उसकी व्याख्या की जाती रही थी जिससे राजा और समाज को नियंत्रण में रखा जा सके।

सभी मानव को ईश्वर रूप में स्थापित होने के लिए जो माध्यम चाहिए वह है-"एकात्म विज्ञान" व "ईश्वर शास्त्र" विषय से मानव को शिक्षित करना और शिक्षा पाठ्यक्रम में अनिवार्य रूप से अध्ययन के लिए शामिल कराया जा सके।

"सार्वभौम सत्य-सिद्धांत"पर आधारित "युग परिवर्तन श्रृंखला" मानवता के अगली पीढ़ी के उदय के लिए

"नये युग" में "नये भारत" के लिए "नवीन मान-राग-प्राण" पर आधारित क्रियान्वयन प्रणाली (Operation System)-मानव-10 (MANAV-10) की पुस्तकें

यह नई पीढ़ी (Gen-Z) के लिए "विकसित भारत" और "मानव-10 प्रणाली" (MANAV-10 System) को प्रोत्साहित करने वाली श्रृंखला का हिस्सा है। अर्थात् यह पुस्तक किसी धर्म, जाति या मत से ऊपर उठकर "Universal Truth Principles" की ओर संकेत करती है।

मुद्रित (Printed Hard Copy) पुस्तक के लिए लिंक(Link)

https://notionpress.com/author/lava_kush

E_Book के लिए

www.64inch.com

द्वापर युग में आठवें अवतार श्रीकृष्ण द्वारा प्रारम्भ किया गया कार्य नवसृजन के प्रथम भाग सार्वभौम ज्ञान के शास्त्र “गीता” के बाद कलियुग में द्वितीय और अन्तिम भाग “सार्वभौम कर्मज्ञान” और “पूर्णज्ञान का पूरक शास्त्र”

विश्व युद्ध के पहले
दिव्य दृष्टि
सत्यकाशी पीठ
पाँचवां और अन्तिम शंकराचार्य पीठ

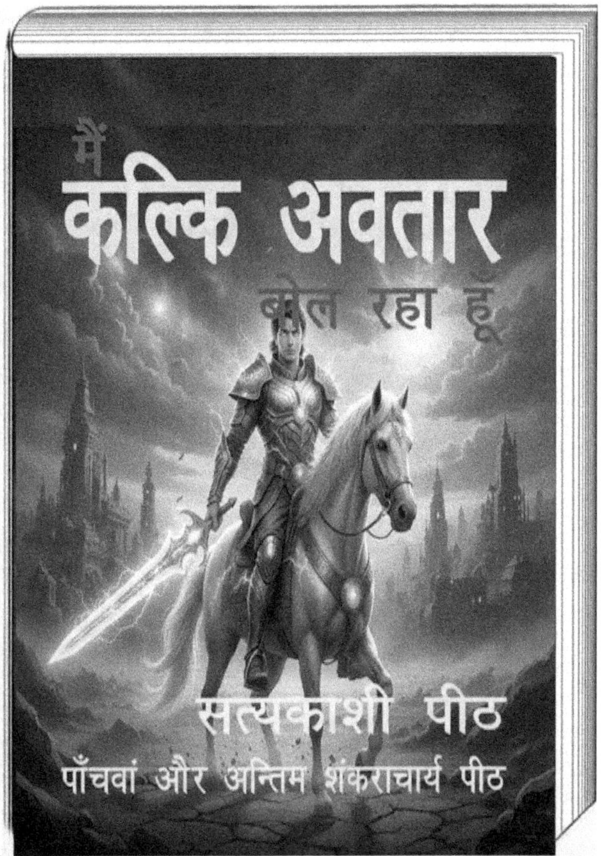
मैं
कल्कि अवतार
बोल रहा हूँ
सत्यकाशी पीठ
पाँचवां और अन्तिम शंकराचार्य पीठ

समष्टि गीता
यथार्थ प्रकाश
सत्यकाशी पीठ
पाँचवां और अन्तिम शंकराचार्य पीठ

फिल्म स्क्रीप्ट
राइटिंग
IDEAS
You are the writer of your life
FRESH Ideas
Writing is designing with words
creative THINKING
LIGHTS CAMERA ACTION
Short Films.
लव कुश सिंह “विश्वमानव”

प्रारम्भिक सत्य
अन्तिम
दृष्टि
सत्यकाशी पीठ
पाँचवां और अन्तिम शंकराचार्य पीठ

सत्य धर्म
युग परिवर्तक
दृष्टि
सत्यकाशी पीठ
पाँचवां और अन्तिम शंकराचार्य पीठ

सत्य दार्शनिक-दर्शन
और
कर्म वेदान्त-विकास
दर्शन
सत्यकाशी पीठ
पाँचवां और अन्तिम शंकराचार्य पीठ

सत्य शास्त्र
एवं
पुराण रहस्य
महर्षि व्यास
कला
सत्यकाशी पीठ
पाँचवां और अन्तिम शंकराचार्य पीठ

संत एवं गुरु
और
विश्व संत एवं गुरु
सत्यकाशी पीठ
पाँचवां और अन्तिम शंकराचार्य पीठ

समाज और
ईश्वरीय समाज
सत्यकाशी पीठ
पाँचवां और अन्तिम शंकराचार्य पीठ

सत्य शास्त्र और
विश्वशास्त्र
सत्यकाशी पीठ
पाँचवां और अन्तिम शंकराचार्य पीठ

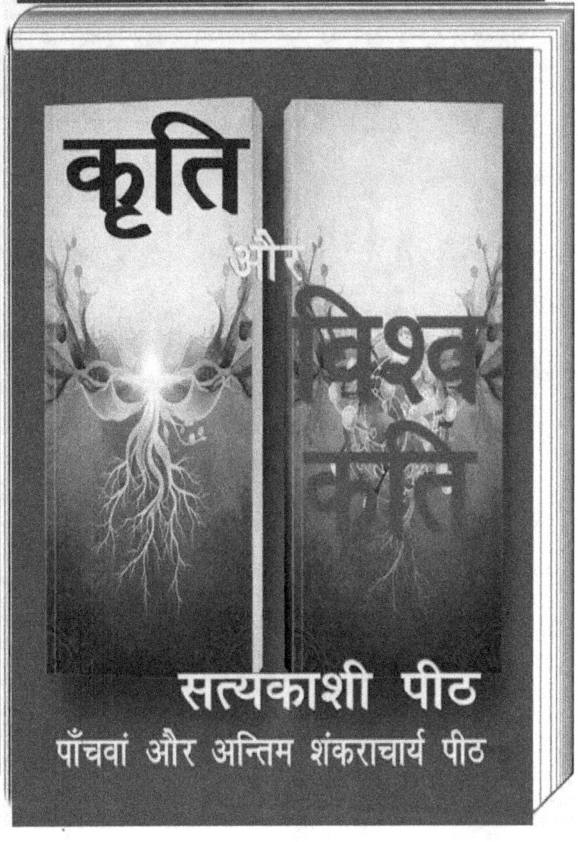
कृति
और
विश्व
कृति
सत्यकाशी पीठ
पाँचवां और अन्तिम शंकराचार्य पीठ

भारत माता मन्दिर
और
विश्वधर्म मन्दिर
सत्यकाशी पीठ
पाँचवां और अन्तिम शंकराचार्य पीठ

महाभारत
और
विश्वभारत
सत्यकाशी पीठ
पाँचवां और अन्तिम शंकराचार्य पीठ

संविधान और
विश्व संविधान
सत्यकाशी पीठ
पांचवां और अन्तिम शंकराचार्य पीठ

शिक्षा और
पूर्ण शिक्षा
सत्यकाशी पीठ

देवता और सार्वभौम देवता
कल्कि
सत्यकाशी पीठ

माँ कल्कि

द्वादस ज्योतिर्लिंग और
१३वां अन्तिम ज्योतिर्लिंग
?
सत्यकाशी पीठ
पाँचवां और अन्तिम शंकराचार्य पीठ

काशी
मोक्षदायिनी
और
जीवनदायिनी

सत्यकाशी
स्वर्णयुग
का
तीर्थ

काशी
रहस्योद्घाटन
सत्यकाशी पीठ
पांचवां और अन्तिम शंकराचार्य पीठ

2020
सत्यकाशी पीठ
पाँचवां और अन्तिम शंकराचार्य पीठ

ईश्वर
का
संक्षिप्त इतिहास
सत्यकाशी पीठ
पाँचवां और अन्तिम शंकराचार्य पीठ

अवतार
अन्तिम सत्य दृष्टि
सत्यकाशी पीठ
पाँचवां और अन्तिम शंकराचार्य पीठ

भविष्यवाणियाँ
और
कल्कि अवतार
सत्यकाशी पीठ
पाँचवां और अन्तिम शंकराचार्य पीठ

स्वामी विवेकानन्द
और
कल्कि अवतार
सत्यकाशी पीठ
पाँचवां और अन्तिम शंकराचार्य पीठ

मनु, मनवन्तर
और
कल्कि अवतार
सत्यकाशी पीठ
पाँचवां और अन्तिम शंकराचार्य पीठ

व्यास, शास्त्र
और
कल्कि अवतार
सत्यकाशी पीठ
पाँचवां और अन्तिम शंकराचार्य पीठ

ऋषि, ऋषि परम्परा
और
कल्कि अवतार
सत्यकाशी पीठ
पाँचवां और अन्तिम शंकराचार्य पीठ

दूसरा आगमन
या
अन्तिम आगमन
सत्यकाशी पीठ
पाँचवां और अन्तिम शंकराचार्य पीठ

परिवर्तन
काल, मनु, युग,
व्यास और शास्त्र
सत्यकाशी पीठ
पाँचवां और अन्तिम शंकराचार्य पीठ

राम, रावण
और
सार्वभौम एकात्म
सत्यकाशी पीठ
पाँचवां और अन्तिम शंकराचार्य पीठ

मैं
व्यक्तिगत या सार्वभौम
सत्यकाशी पीठ
पाँचवां और अन्तिम शंकराचार्य पीठ

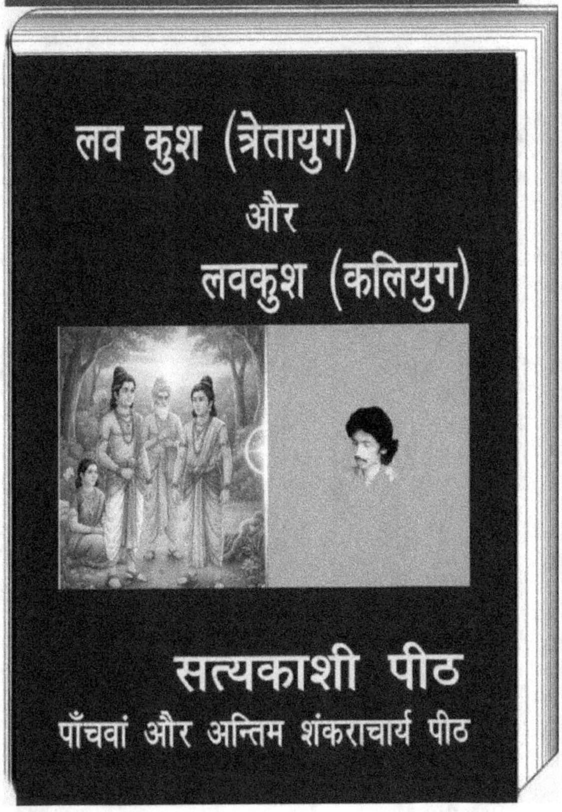
लव कुश (त्रेतायुग)
और
लवकुश (कलियुग)
सत्यकाशी पीठ
पाँचवां और अन्तिम शंकराचार्य पीठ

कल्कि महावतार
आ चुके हैं
(ACTION PLAN)
सत्यकाशी पीठ
पाँचवां और अन्तिम शंकराचार्य पीठ

लव कुश सिंह
(कल्कि महावतार)
जीवन, ज्ञान, कर्म और विश्वरूप
सत्यकाशी पीठ
पाँचवां और अन्तिम शंकराचार्य पीठ

वैश्विक बुद्ध
बुद्ध का
भाग-दो
और अन्तिम
सत्यकाशी पीठ
पाँचवां और अन्तिम शंकराचार्य पीठ

बुड्ढ़ा कृष्ण
कृष्ण का
भाग-दो
और अन्तिम
सत्यकाशी पीठ
पाँचवां और अन्तिम शंकराचार्य पीठ

सम्पूर्ण क्रान्ति
अन्तिम कार्य योजना
64
सत्यकाशी पीठ
पांचवां और अन्तिम शंकराचार्य पीठ

सम्पूर्ण क्रान्ति
वेबसाइट मार्गदर्शन
विवरणिका
सत्यकाशी पीठ
पाँचवां और अन्तिम शंकराचार्य पीठ

पुनर्निर्माण
(RENEW)
समस्या, समाधान
और
राष्ट्र निर्माण की योजना
सत्यकाशी पीठ
पाँचवां और अन्तिम शंकराचार्य पीठ

पुनर्निर्माण
(RENEW)
ग्राम एवं नगर वार्ड
प्रेरक
सत्यकाशी पीठ
पाँचवां और अन्तिम शंकराचार्य पीठ

द्वापर युग में आठवें अवतार श्रीकृष्ण द्वारा प्रारम्भ किया गया कार्य "नवसृजन" के
प्रथम भाग "सार्वभौम ज्ञान" के शास्त्र "गीता" के बाद कलियुग में
द्वितीय और अन्तिम भाग "सार्वभौम कर्मज्ञान" और "पूर्णज्ञान का पूरक शास्त्र"
।। विश्वशास्त्र ।।
द नॉलेज ऑफ फाइनल नॉलेज
परिचय
- लव कुश सिंह "विश्वमानव"

एन्टायर पालिटिक्स
पूर्ण पाठ्यक्रम
सत्यकाशी पीठ
पाँचवां और अन्तिम शंकराचार्य पीठ

वसुधैव
कुटुम्बकम्
सत्यकाशी पीठ
पाँचवां और अन्तिम शंकराचार्य पीठ

।।कर्मवेद।।
प्रथम, अन्तिम तथा पंचम
सत्यकाशी पीठ
पांचवां और अन्तिम शंकराचार्य पीठ

आठवें अवतार
श्रीकृष्ण
सत्यकाशी पीठ
पांचवां और अन्तिम शंकराचार्य पीठ

अयोध्या नहीं,
मुंगेर है
राम जन्मभूमि
सत्यकाशी पीठ
पाँचवां और अन्तिम शंकराचार्य पीठ

विश्वमानव
भूतपूर्व नेतृत्वकर्ताओं
का
स्पष्टिकरण
सत्यकाशी पीठ
पाँचवां और अन्तिम शंकराचार्य पीठ

विश्वमानव
वर्तमान नेतृत्वकर्ताओं
का
स्पष्टिकरण
सत्यकाशी पीठ
पाँचवां और अन्तिम शंकराचार्य पीठ

विश्वमानव
वार्ता, वक्तव्य
एवं
वाणीयाँ
सत्यकाशी पीठ
पाँचवां और अन्तिम शंकराचार्य पीठ

विश्वमानव
पत्रावली, प्रसारण
और
अन्तिम पत्र
सत्यकाशी पीठ
पाँचवां और अन्तिम शंकराचार्य पीठ

सत्य जनहित
आह्वान
सत्यकाशी पीठ
पाँचवां और अन्तिम शंकराचार्य पीठ

विश्व शान्ति
अन्तिम सत्य दृष्टि
सत्यकाशी पीठ
पाँचवां और अन्तिम शंकराचार्य पीठ

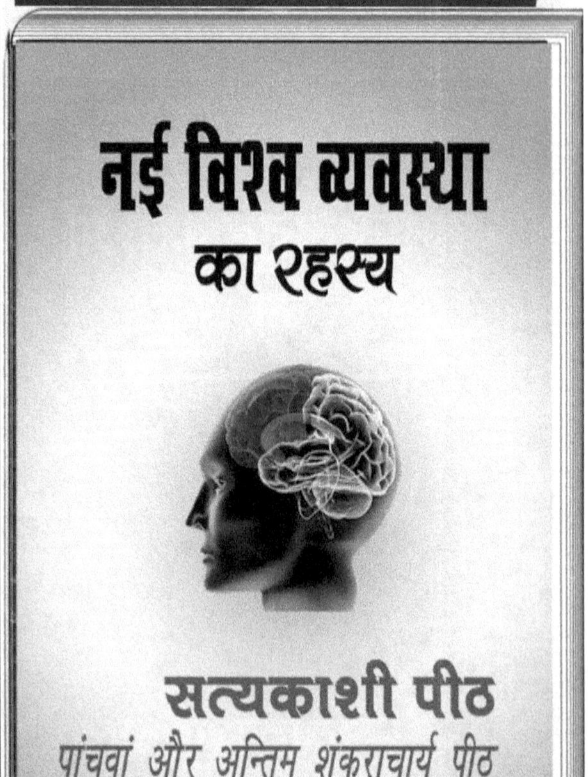
नई विश्व व्यवस्था
का रहस्य
सत्यकाशी पीठ
पांचवां और अन्तिम शंकराचार्य पीठ

समाजवाद
ब्रह्माण्डीय विकास का अवतारी मार्ग
सत्यकाशी पीठ
पांचवां और अन्तिम शंकराचार्य पीठ

भारतवाद
राष्ट्रवाद की मुख्यधारा
सत्यकाशी पीठ
पांचवां और अन्तिम शंकराचार्य पीठ

100 वर्षीय संयुक्त राष्ट्र
को अग्रिम सन्देश
सत्यकाशी पीठ
पांचवां और अन्तिम शंकराचार्य पीठ

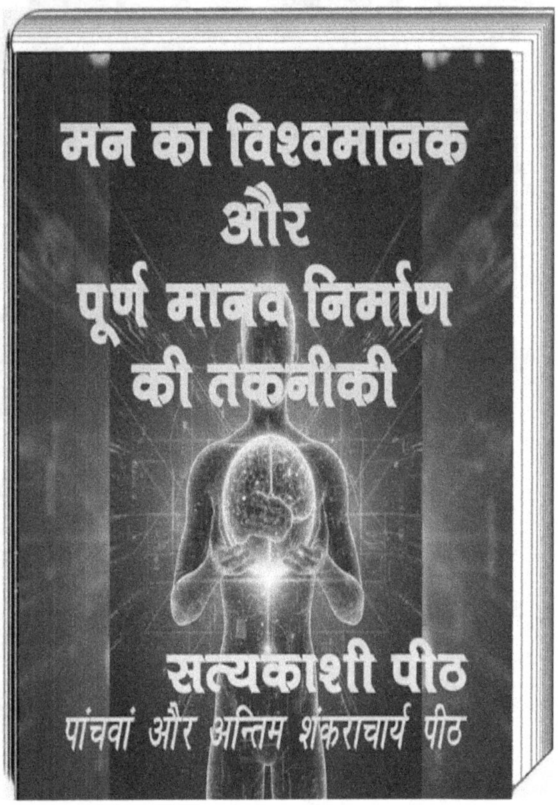
मन का विश्वमानक
और
पूर्ण मानव निर्माण
की तकनीकी
सत्यकाशी पीठ
पांचवां और अन्तिम शंकराचार्य पीठ

गणराज्य, संघ,
मानकीकरण संगठन
और
सम्पूर्ण मानक
सत्यकाशी पीठ
पाँचवां और अन्तिम शंकराचार्य पीठ

व्यापार केन्द्र
(TRADE CENTRE)
दृश्य सत्य
सत्यकाशी पीठ
पाँचवां और अन्तिम शंकराचार्य पीठ

सार्वभौम एकात्म
नव विश्व निर्माण
सत्यकाशी पीठ
पांचवां और अन्तिम शंकराचार्य पीठ

मानक विपणन
प्रणाली
सत्यकाशी पीठ
पाँचवां और अन्तिम शंकराचार्य पीठ

स्वर्णयुग का मानक
आदर्श नागरिक
दिशा निर्देश
सत्यकाशी पीठ
पांचवां और अन्तिम शंकराचार्य पीठ

स्वर्णयुग का
विश्वधर्म
परिचय
सत्यकाशी पीठ
पांचवां और अन्तिम शंकराचार्य पीठ

मैत्रेय बुद्ध
की ओर
सत्यकाशी पीठ
पांचवां और अन्तिम शंकराचार्य पीठ

विशाल ज्ञान विज्ञान
सबका समाधान
सूर्योदय
जय जनता जय कानून
हम सब एक दूसरे से हैं और एक दूसरे के लिए हैं
सौजन्य से : सारे गैर सरकारी प्राणी : सरकारी प्राणी : इज्जतदार नेता और

सार्वभौम सत्य-सिद्धान्त आधारित "युग परिवर्तक" श्रृंखला
कल्कि धाम
और
कल्कि परिचय
– लव कुश सिंह "विश्वमानव"

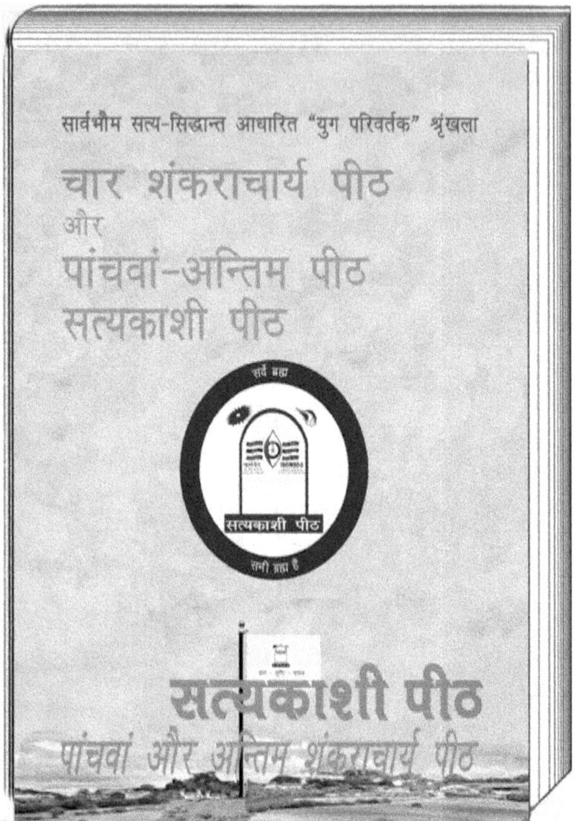
सार्वभौम सत्य-सिद्धान्त आधारित "युग परिवर्तक" श्रृंखला
चार शंकराचार्य पीठ
और
पांचवां-अन्तिम पीठ
सत्यकाशी पीठ
सत्यकाशी पीठ
सत्यकाशी पीठ
पांचवां और अन्तिम शंकराचार्य पीठ

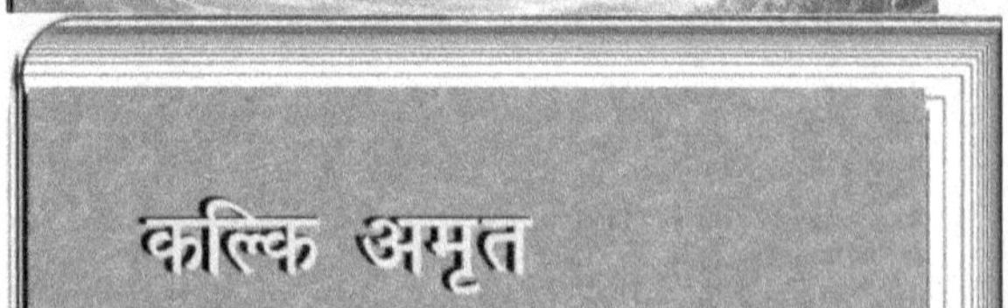
कल्कि अमृत
महाकुम्भ
2025
FINAL KNOWLEDGE BOMB BLAST
सत्यकाशी पीठ
पांचवां और अन्तिम शंकराचार्य पीठ

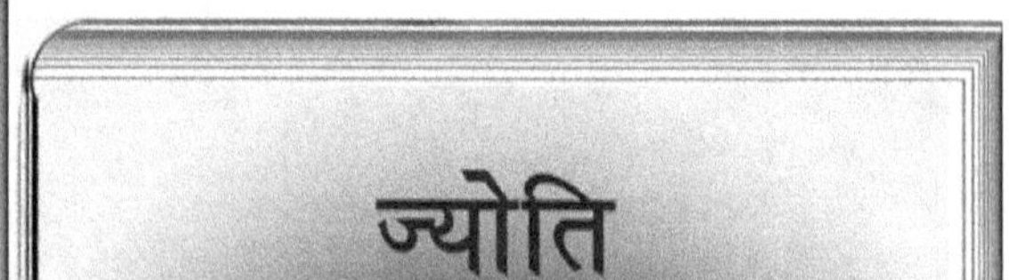
ज्योति
युग परिवर्तन की
TRANSACTION
TRADE
DEVELOPMENT
RURAL
EDUCATION
ADVANCEMENT
NATURAL TRUTH
सत्यकाशी पीठ
पांचवां और अन्तिम शंकराचार्य पीठ

युग परिवर्तन
के
शब्द
सत्यकाशी पीठ
पांचवां और अन्तिम शंकराचार्य पीठ

विचारों का अंत
2025
सत्यकाशी पीठ
पांचवां और अन्तिम शंकराचार्य पीठ

विश्व सत्य घोषणा-पत्र
2025–मानव जाति तक
RSS
Rational Service
Society
सत्यकाशी पीठ
पांचवां और अन्तिम शंकराचार्यपीठ

वैश्विक युग परिवर्तन के लिए
विश्व राजनीतिक पार्टी
संघ
RSS
Rational Service
Society
सत्यकाशी पीठ
पांचवां और अन्तिम शंकराचार्यपीठ

क्रिप्टो करेंसी
और मोबाइल माइनिंग
—लव कुश सिंह "विश्वमानव"

पीढ़ी
मानवीय और ईश्वरीय
10
वात्सल्य त्रिपाठी

बुढ़ा कृष्ण
अन्तिम मिलन
वात्सल्य त्रिपाठी

जेन जी
अन्तिम लक्ष्य
वात्सल्य त्रिपाठी

पाँचवां-अन्तिम पीठ
सत्यकाशी पीठ
परिचय
वात्सल्य त्रिपाठी
पाँचवां और अंतिम शंकराचार्य पीठ

कबीर और
जेन-जी
नई चेतना, नया मानव
चेतना और नवयुग की संवाद यात्रा
वात्सल्य त्रिपाठी

कल्कि की
ज्योति
बिहार से
ज्योति राठौड़

एक बिहारी
धरती पर भारी
ज्योति राठौड़

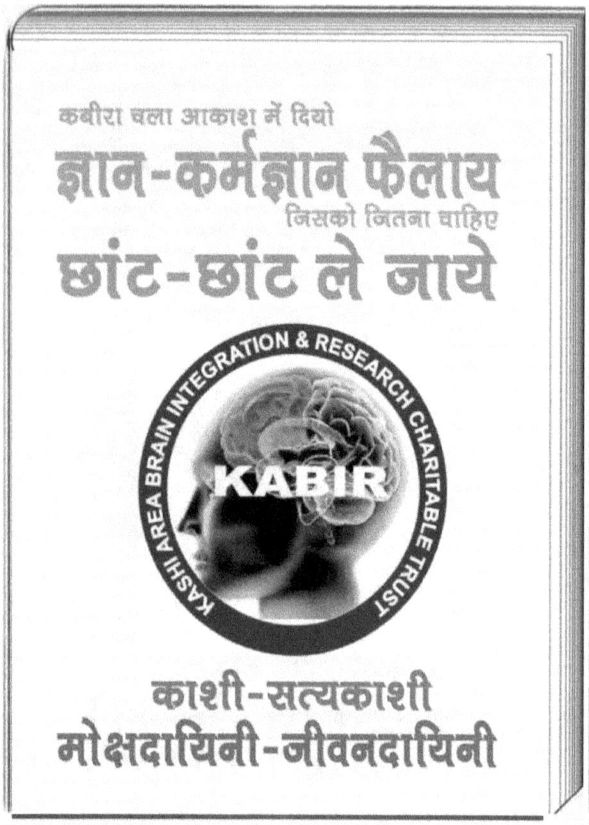
कबीरा चला आकाश में दियो
ज्ञान-कर्मज्ञान फैलाय
जिसको जितना चाहिए
छांट-छांट ले जाये
KASHI AREA BRAIN INTEGRATION & RESEARCH CHARITABLE TRUST
KABIR
काशी-सत्यकाशी
मोक्षदायिनी-जीवनदायिनी

कुर्म वंश
और
चरणाद्रिगढ़
स्वामी रमेशानन्द

आर.एस.एस
नवयुग के लिए
वैश्विक व्यक्तिगत पुस्तकालय
RATIONAL SERVICE SOCIETY (RSS)
WORLD PERSONAL LIBRARY FOR NEW AGE
A GUIDE TO GLOBAL WISDOM & FUTURE THOUGHT
स्वामी रमेशानन्द

झोला उठने के बाद
सोशल मीडिया
के लिए
कन्टेन्ट बैंक
विस्तृत गाइड: विचार, रणनीतियाँ, और संसाधन
www.64inch.com
सत्यकाशी पीठ
पांचवां और अन्तिम शंकराचार्य पीठ

झोला उठने के बाद
कल्कि
के तीन चरण
सत्यकाशी पीठ
पांचवां और अन्तिम शंकराचार्य पीठ

युग परिवर्तन के लिए:
विश्व पुस्तकालय बनाम कल्कि पुस्तकालय
www.64inch.com
ज्ञान का महासागर - अतीत से वर्तमान
बनाम
कल्कि पुस्तकालय
ज्ञान का महासंग्राम - भविष्य का निर्माण
सत्यकाशी पीठ
पांचवां और अन्तिम शंकराचार्य पीठ

व्हाट्सएप्प यूनिवर्सिटी
और
सु-इसु यूनिवर्सिटी
सत्यकाशी पीठ
पांचवां और अन्तिम शंकराचार्य पीठ

इंडिया
भारत का विश्वरूप
सत्यकाशी पीठ
पांचवां और अन्तिम शंकराचार्य पीठ

अधूरे
सपनों
का
अन्तिम मार्ग
सत्यकाशी पीठ
पांचवां और अन्तिम शंकराचार्य पीठ

मानक
संविधान
और
बहुजन
सत्यकाशी पीठ
पांचवां और अन्तिम शंकराचार्य पीठ

विकसित भारत
अन्तिम मुद्दे
-ईश्वरीय/मानवीय पीढ़ी-10 (GEN-10)
-व्यक्तिगत
-पारिवारीक
-सामाजिक
-धार्मिक
-राष्ट्रीय
-वैश्विक
सत्यकाशी पीठ
पांचवां और अन्तिम शंकराचार्य पीठ

एक नया
विकल्प
THREADS
सत्यकाशी पीठ
पांचवां और अन्तिम शंकराचार्य पीठ

विकसित भारत
शिक्षितों का अन्तिम ईश्वरीय मॉडल
सत्यकाशी पीठ
पांचवां और अन्तिम शंकराचार्य पीठ

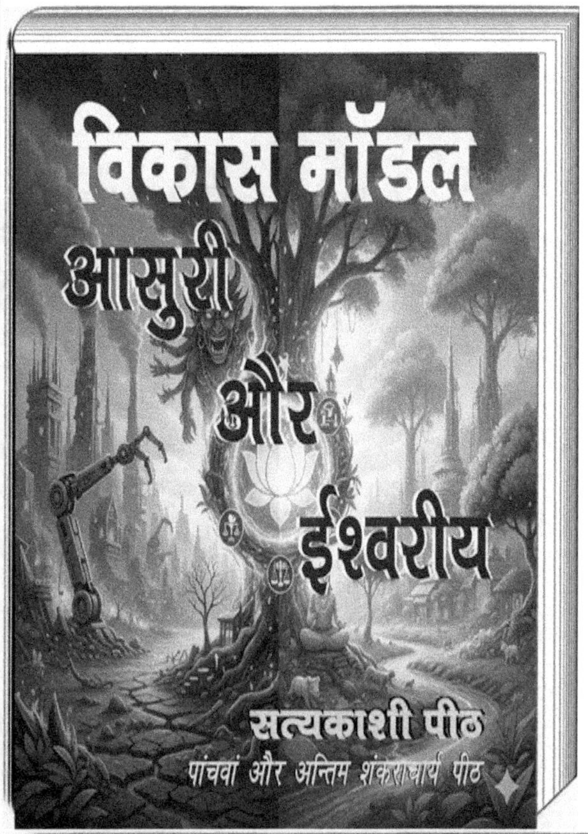
विकास मॉडल
आसुरी
और
ईश्वरीय
सत्यकाशी पीठ
पांचवां और अन्तिम शंकराचार्य पीठ

युग परिवर्तन और 1000 वर्षों के लिए
सत्यकाशी पीठ
का सम्पूर्ण कार्य
कौन,
क्यों,
कैसे
कल्कि?
सत्यकाशी पीठ
पांचवां और अन्तिम शंकराचार्य पीठ

बैल बुद्धि
और
विकसित
भारत
सत्यकाशी पीठ
पांचवां और अन्तिम शंकराचार्य पीठ

सत्यकाशी पीठ
पांचवां और अन्तिम शंकराचार्य पीठ

एक्सट्रा
टु ए बी
समान नागरिक व्यापार ज्ञान संहिता (CCTKC)
सत्यकाशी पीठ
पांचवां और अन्तिम शंकराचार्य पीठ

एक्सट्रा
टु ए बी
समान नागरिक आर्थिक संहिता (UCEC)
2
सत्यकाशी पीठ
पांचवां और अन्तिम शंकराचार्य पीठ

अंध भक्ति
से मुक्ति की ओर
मुक्ति मंत्र
"जिसने अंधभक्ति दिया
वही मुक्ति देगा"
सत्यकाशी पीठ
पांचवां और अन्तिम शंकराचार्य पीठ

VISHWABHARAT
न मो नारायण
सत्यकाशी पीठ
पांचवां और अन्तिम शंकराचार्य पीठ

अगला स्तर
फिल्म और राजनीति पर
विचारों का संग्रह
सत्यकाशी पीठ
पांचवां और अन्तिम शंकराचार्य पीठ

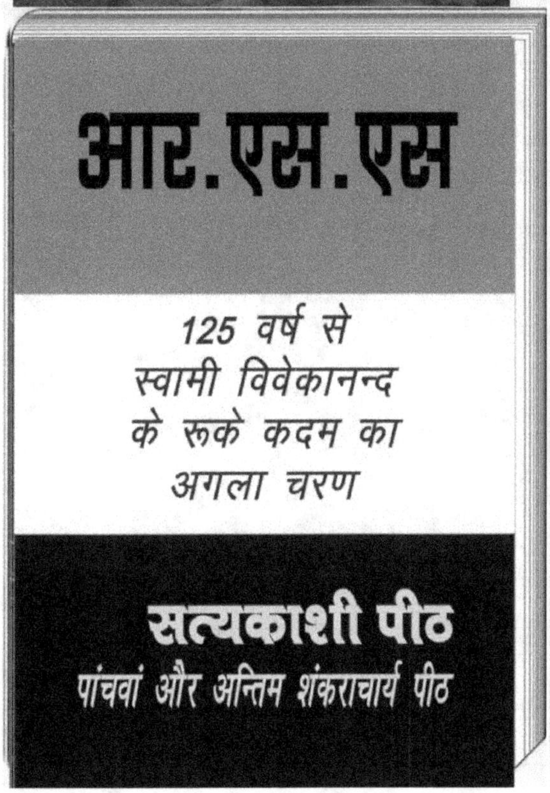
आर.एस.एस
125 वर्ष से
स्वामी विवेकानन्द
के रूके कदम का
अगला चरण
सत्यकाशी पीठ
पांचवां और अन्तिम शंकराचार्य पीठ

आर.एस.एस
रहस्योद्घाटन
सत्यकाशी पीठ
पांचवां और अन्तिम शंकराचार्य पीठ

125 वर्ष बाद
स्वामी विवेकानन्द
का अगला चरण
सत्यकाशी पीठ
पांचवां और अन्तिम शंकराचार्य पीठ

सत्येश्वर नरेन्द्र
सत्यकाशी पीठ
पांचवां और अन्तिम शंकराचार्य पीठ

आत्मकथा
लेखन कला
का विश्वमानक
सत्यकाशी पीठ
पांचवां और अन्तिम शंकराचार्य पीठ

लुच्चा
पुराण
पौराणिक कथाओं
और पात्रों के
सत्य समझ की व्यास दृष्टि
सत्यकाशी पीठ
पांचवां और अन्तिम शंकराचार्य पीठ

आठवां
सावर्णि मनु स्मृति
सत्यकाशी पीठ
पांचवां और अन्तिम शंकराचार्य पीठ

विश्वमानक
शून्य श्रृंखला
0
सत्यकाशी पीठ
पांचवां और अन्तिम शंकराचार्य पीठ

सर्वजीत साधना
भवन
एक आध्यात्मिक अनुभव
सत्यकाशी पीठ
पांचवां और अन्तिम शंकराचार्य पीठ

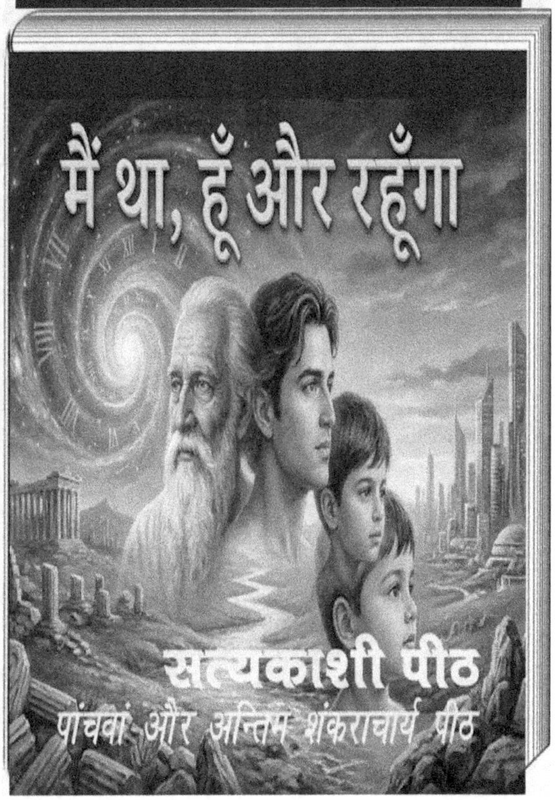
मैं था, हूँ और रहूँगा
सत्यकाशी पीठ
पांचवां और अन्तिम शंकराचार्य पीठ

लव
सत्यकाशी पीठ
पांचवां और अन्तिम शंकराचार्य पीठ

परब्रह्म,
प्रकृति,
अवतार
और वा नर
सत्यकाशी पीठ
पांचवां और अन्तिम शंकराचार्य पीठ

संसार
दृश्य
और
अदृश्य
सत्यकाशी पीठ
पांचवां और अन्तिम शंकराचार्य पीठ

कर्मोपनिषद्
सत्यकाशी पीठ
पांचवां और अन्तिम शंकराचार्य पीठ

विश्वभारत
पुराण
सत्यकाशी पीठ
पांचवां और अन्तिम शंकराचार्य पीठ

एकात्म विज्ञान
सत्यकाशी पीठ
पांचवां और अन्तिम शंकराचार्य पीठ

मानक विज्ञान
सत्यकाशी पीठ
पांचवां और अन्तिम शंकराचार्य पीठ

ईश्वर शास्त्र
सत्यकाशी पीठ
पांचवां और अन्तिम शंकराचार्य पीठ

युगावतारों के प्रकटीकरण की कार्यविधि:
राम-कृष्ण-लवकुश
सत्यकाशी पीठ
पांचवां और अन्तिम शंकराचार्य पीठ

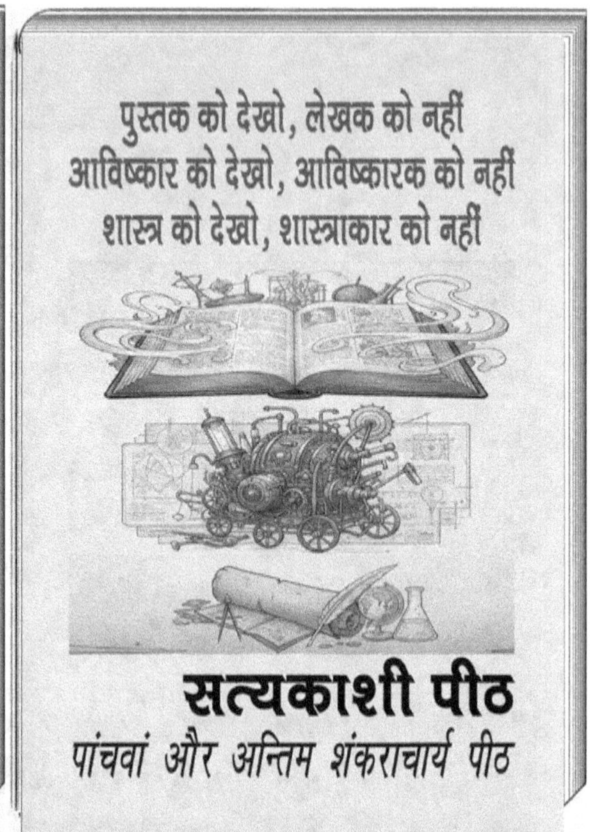
पुस्तक को देखो, लेखक को नहीं
आविष्कार को देखो, आविष्कारक को नहीं
शास्त्र को देखो, शास्त्राकार को नहीं
सत्यकाशी पीठ
पांचवां और अन्तिम शंकराचार्य पीठ

56 से 64
की ओर
सत्यकाशी पीठ
पांचवां और अन्तिम शंकराचार्य पीठ

मैं सत्यकाशी हूँ
कविता
सत्यकाशी पीठ
पांचवां और अन्तिम शंकराचार्य पीठ

पटेल
भारत के शारीरिक एकीकरण के बाद
मन का एकीकरण लक्ष्य
सत्यकाशी पीठ
पांचवां और अन्तिम शंकराचार्य पीठ

मन से
आत्मा तक
3 6 9 और 7
6
3
9
7
सत्यकाशी पीठ
पांचवां और अन्तिम शंकराचार्य पीठ

भारत
400 पार मुद्दा किसका
?
सत्यकाशी पीठ
पांचवां और अन्तिम शंकराचार्य पीठ

आर. एस. एस - पुस्तकालय
पढ़ो और कमाओ
शिक्षित समाज, समर्थ राष्ट्र
सत्यकाशी पीठ
पांचवां और अन्तिम शंकराचार्य पीठ

विश्वयुद्ध के पहले
विश्वगुरु भारत
का विश्व शान्ति और
पुनर्निर्माण का अन्तिम सन्देश
सत्यकाशी पीठ
पांचवां और अन्तिम शंकराचार्य पीठ

चुटिया पण्डित
वृन्दावन की सत्य घटना
स्वामी नन्दनानंद

कल्कि का
चुनार और वृन्दावन
से उठता प्रेम
स्वामी नन्दनानंद

कल्कि का
बेगुसराय और मीरजापुर
जन्म और कर्म क्षेत्र
स्वामी नन्दनानंद

सत्येश्वरोपनिषद्
सत्येश्वर
और
झूठेश्वर
वात्सल्य त्रिपाठी

अन्तिम अवतार
कल्कि
के लिए शेष कर्म
वात्सल्य त्रिपाठी

कल्कि अवतार
का मानव-10
विकसित भारत का प्रवेश द्वार
वात्सल्य त्रिपाठी

पप्पू-गप्पू
और
नागरिक झुलेलाल
वात्सल्य त्रिपाठी

ओपेन गेम
कभी-कभी नहीं,
अब कन्फर्म है
अपुन ही
भगवान है
(वेब सीरीज)
वात्सल्य त्रिपाठी

SATYAKASHI
THE END OF MIRZAPUR
सत्यकाशी पीठ
पांचवां और अन्तिम शंकराचार्य पीठ

अण्डरवर्ल्ड
सनातन से पुरुषों से छुपी महिलाओं की कहानी
(फिल्म स्क्रीनप्ले-रेडी टू शूट)
वात्सल्य त्रिपाठी

सोना और सोना
एवं
नारी सशक्तिकरण
वैदिक काल से वर्तमान तक
सत्यकाशी पीठ
पांचवां और अन्तिम शंकराचार्य पीठ

स्लम डॉग
गॉड
फिल्म स्क्रीनप्ले-रेडी टू शूट

उत्तर प्रदेश
का
उत्तर
वात्सल्य त्रिपाठी

अन्तिम समन्वयाचार्य
कल्कि
वात्सल्य त्रिपाठी

2026
2+0+2+6=10
पांचवां और अन्तिम शंकराचार्य पीठ

राम न आयेंगे
लवकुश आ रहें हैं
www.64inch.com
पांचवां और अन्तिम शंकराचार्य पीठ

युग परिवर्तन के
150 पुस्तकें-परिचय
ज्ञान, प्रेरणा और भविष्य की ओर एक कदम
150
सत्यकाशी पीठ
पांचवां और अन्तिम शंकराचार्य पीठ
"एक नई शुरुआत के लिए ज्ञान की खोज"

जैसी तुम्हारी इच्छा वैसा करो

डॉ0 सर्वपल्ली राधाकृष्णन का जन्म 5 सितम्बर, 1888 को दक्षिण भारत के तिरूतनि स्थान पर हुआ था जो चेन्नई से 64 किमी उत्तर–पूर्व में है। डॉ0 सर्वपल्ली राधाकृष्णन भारत के उपराष्ट्रपति और दूसरे राष्ट्रपति सन् 1952 से 1962 तक में रहे। डॉ0 सर्वपल्ली राधाकृष्णन भारतीय समाजिक संस्कृति से ओत–प्रोत एक महान शिक्षाविद् महान दार्शनिक, महान वक्ता और आस्थावान हिन्दू विचारक थे। डॉ0 सर्वपल्ली राधाकृष्णन ने अपने जीवन के महत्वपूर्ण 40 वर्ष शिक्षक के रूप में व्यतीत किये। उनमें एक आदर्श शिक्षक के सारे गुण मौजूद थे। डॉ0 सर्वपल्ली राधाकृष्णन समस्त विश्व को एक शिक्षालय मानते थे। उनकी मान्यता थी कि शिक्षा के द्वारा ही मानव दिमाग का सद्उपयोग किया जाना सम्भव है इसलिए समस्त विश्व को एक इकाई समझकर ही शिक्षा का प्रबन्धन किया जाना चाहिए। उनके जन्मदिन को "शिक्षक दिवस" के रूप में मनाया जाता है।

इति ते ज्ञानमाख्यातं गुह्याद्गुह्यतरं मया।
विमृश्यैतदशेषेण यथेच्छसि तथा कुरू।।

(श्रीमद्भगवद्गीता, अध्याय–18, श्लोक–63)

अर्थात् – मैंने तुम्हें जो बताया, वह सब से बड़ा रहस्य है। इस पर भलीभाँति विचार कर तुम्हारी जैसी इच्छा वैसा करो।

"परमात्मा देखने में तटस्थ या निरपेक्ष दिखाई देता है, क्योंकि उसने चुनने का निर्णय अर्जुन के हाथ में छोड़ दिया है। उसकी यह निरपेक्षता ही अर्जुन के चिन्ता का कारण है। वह किसी पर भी दबाव नहीं डालता क्योंकि स्वतःस्फूर्त स्वतन्त्रता बहुत मूल्यवान होती है। भगवान अपना आदेश ऊपर से नहीं थोपता। वह स्वतन्त्र छोड़ देता है। परमात्मा की पुकार को स्वीकार करने या अस्वीकार कर देने के लिए हम हर समय स्वतन्त्र हैं। हम लड़खड़ाने लगें तो वह सहायता देने के लिए तैयार रहता है और प्रतीक्षा करने को तैयार है जब तक हम उसकी ओर उन्मुख न हों।

सब कुछ पहले से निर्धारित मानने वाले सिद्धान्त में टकराव के कारण यूरोप और भारत में काफी वाद–विवाद हुआ है। यूरोप का प्रमुख सिद्धान्त है कि संकल्प शक्ति और मानवीय प्रयत्न की स्वतन्त्रता का मनुष्य के उद्धार में बहुत बड़ा हाथ होता है। यद्यपि स्वयं संकल्प शक्ति को भी परमात्मा की कृपा के समर्थन की आवश्यकता पड़ सकती है। पहले से सब कुछ तय मानने वालों को अच्छे कार्यों और प्रार्थना के लिए यत्न करना होता है, क्योंकि वहाँ भी मानते हैं कि ये उपाय नियति को आगे बढ़ाने में सहायक तो हो सकते हैं लेकिन वे उसे रोक नहीं सकते। मनुष्य इस बात के लिए स्वतन्त्र है कि परमात्मा उन मनुष्यों पर कृपा करना चाहता है जो अपने आचरण से उस कृपा को ग्रहण करने के लिए तैयार करते हैं।

आध्यात्मिक नेता हम पर शारीरिक हिंसा, चमत्कार, प्रदर्शन के जरिये प्रभाव नहीं डालते। यदि सच्चा शिष्य कोई गलती कर भी बैठे, तो वह उसे केवल सलाह देगा। यदि शिष्य को चुनाव करने की स्वतन्त्रता पर आँच आती हो, तो वह उसे गलत रास्ते से भी वापस लौट आने के लिए विवश नहीं करेगा। गलती भी विकास की एक दिशा है।

कृष्ण केवल सारथी हैं। वह अर्जुन के आदेश का पालन करेगा। उसने कोई शस्त्र धारण नहीं किया हुआ है। यदि वह अर्जुन पर कोई प्रभाव डालता है तो वह उसे अपने उस सर्वजयी प्रेम के जरिए डालता है। जो कभी समाप्त नहीं होता।

अर्जुन को अपने लिए स्वयं विचार करना चाहिए और अपने लिए स्वयं ही मार्ग खोज करना चाहिए। अस्पष्ट मान्यताओं को अनिवार्य रूप से और भावुकतापूर्वक अपना लिए जाने के कारण फलस्वरूप कट्टर धर्मान्धता उत्पन्न हुई है और उनके कारण मनुष्यों को अकथनीय कष्ट उठाना पड़ा है। इसलिए यह आवश्यक है कि मन और विश्वासों के लिए कोई तर्क संगत और अनुभावात्मक औचित्य ढूंढ़े।

अर्जुन को एक वास्तविक अखण्डता की अनुभूति प्राप्त करनी होगी लेकिन उसके विचार अपने हैं। और गुरू के जरिये उस पर थोपे नहीं गये हैं। दूसरों पर अपने विचार थोपना शिक्षण नहीं हैं।"

– भगवद्गीता के आखिरी उपदेश पर भारतीय दर्शन के व्याख्याकार और दूसरे राष्ट्रपति डॉ0 राधाकृष्णनन का विवेचन

"यह विश्वशास्त्र, मनुष्यों पर थोपा नहीं जा रहा बल्कि वह मनुष्यों को, मनुष्यो के इस संसार मे जो वर्तमान है उसे और उसके आगे अनन्त मार्ग दिखा रहा है और सभी मार्गों के एकीकरण द्वारा, उस मार्ग को भी दिखा रहा है जो विश्व को सत्य–सुन्दर–शिव बना सकता है। फिर भी हे मनुष्यों जैसी तुम्हारी इच्छा वैसा करो। वर्तमान से योग कराने के लिए ही मैं व्यक्त होता हूँ।" – लव कुश सिंह "विश्वमानव"

सत्य मानक शिक्षा
(Real Standard Education)
64 Inch-BOOK
NOTICE - Software का Testing
Login?
Register now?
एक राष्ट्र
एक शास्त्र
विश्वशास्त्र
डिग्री और नौकरी
की शिक्षा
सरकार से
जीवन की "समझ और बुद्धि" की शिक्षा
रू0 1/- प्रतिदिन में यहाँ से
App-64inch-BOOK
सत्य मानक शिक्षा
App-64inch-BOOK

"सत्य मानक शिक्षा" का व्यापार-एक अन्तहीन व्यापार

एक नदी पर पुल था जिसे कोई व्यक्ति पैदल दो घण्टे में पार करता था। यह पुल पैदल यात्रीयों के लिए रोक दिया गया था जिसके लिए पुल के ठीक मध्य (एक घण्टे की यात्रा) पर एक गार्ड नियुक्त था। गार्ड एक घण्टे सोता था और एक घण्टे जागता था। एक चालाक व्यक्ति को पुल से नदी पार करना अतिआवश्यक था। इसलिए गार्ड जब सोया तब वह यात्रा प्रारम्भ किया जैसे ही गार्ड के जागने का समय आया, वह वापस लौटने लगा। गार्ड समझा कि वह दूसरे किनारे से आ रहा है इसलिए उसने उस यात्री को पकड़ा और दूसरी ओर भेज दिया। इस प्रकार यात्री नदी पार हो गया।

यदि हम में से किसी को तैरकर नदी पार करना हो और आधे से पहले ही हमारा हिम्मत टूटने लगे तो हम वापस ही आना चाहेंगे। यदि आधे से अधिक तैरने के बाद हिम्मत टूटने लगेगा तो हौसला बढ़ाकर आगे ही बढकर पार करना चाहेंगे।

इसी प्रकार मनुष्य के विकास क्रम में हम सब अदृश्य विज्ञान (आध्यात्म) से दृश्य विज्ञान (भौतिक) की ओर बढ़ गये हैं। नदी या पुल का एक किनारा अदृश्य विज्ञान है तो दूसरा किनारा दृश्य विज्ञान। वर्तमान का हमारा अधिकतम जीवन नदी के दूसरे किनारे दृश्य विज्ञान की ओर है, हर पल। जन्म से ही हम अधिकतम वे सब वस्तुएँ प्रयोग कर रहे हैं जिसका कच्चा माल भले ही ईश्वरकृत हो परन्तु उपयोग का रूप मनुष्यकृत है और विज्ञान द्वारा निर्मित है। इस प्रकार मनुष्य निर्माता के रूप में अपना रूप व्यक्त कर ईश्वर की ओर ही बढ़ रहा है।

नदी के पुल पर बैठे उस गार्ड का काम और तैरने वाले का निर्णय "सत्य शिक्षा" है। वर्तमान में मनुष्य समाज अदृश्य काल से चलकर दृश्य काल में आ चुका है। आधे से वापस किनारे जाना "सत्य" को पाना है। और आधे से दूसरे किनारे पार हो जाना "सिद्धान्त" को पाना है। इन्हीं सिद्धान्त को पाने के बाद संविधान-नियम-कानून का जन्म होता है जिससे आज हम सभी संचालित व प्रभावित है। इस "सत्य-सिद्धान्त" की शिक्षा ही "सत्य मानक शिक्षा" है।

वर्तमान में जीने का अर्थ होता है-विश्व ज्ञान जहाँ तक बढ़ चुका है वहाँ तक के ज्ञान से अपने मस्तिष्क को युक्त करना। तभी डेढ़ हजार वर्ष पुराने हमारे मस्तिष्क का आधुनिकीकरण हो पायेगा। सिर्फ वर्तमान में तो पशु रहकर कर्म करते हैं। "सत्य मानक शिक्षा" मनुष्य के मस्तिष्क के आधुनिकीकरण की शिक्षा है या विज्ञान की भाषा में कहें तो मस्तिष्क के आधुनिकीकरण का साफ्टवेयर या माइक्रोचिप्स (Integrated Circuit-I.C) है। वर्तमान की अब नवीनतम परिभाषा है-"पूर्ण ज्ञान से युक्त होना" और कार्यशैली की परिभाषा है-"भूतकाल का अनुभव, भविष्य की आवश्यकतानुसार पूर्णज्ञान और परिणाम ज्ञान से युक्त होकर वर्तमान समय में कार्य करना।"

ज्ञान के इस युग में शिक्षा-विद्या-कला का व्यापार मनुष्य के धरती पर रहने तक रहेगा। ऐसी स्थिति में "सत्य मानक शिक्षा"का व्यापार भी उस समय तक के लिए स्थायित्व में है। शिक्षा-विद्या-कला कोई प्रापर्टी नहीं है कि पिता जी ग्रहण कर चुके हैं तो पुत्र को हिस्सा प्राप्त हो जायेगा। पुत्र को भी वहीं से अर्थात् अक्षर ज्ञान से शुरू होना पड़ेगा जहाँ से पिता ने शुरू किया था। इस प्रकार "सत्य मानक शिक्षा"का व्यापार एक अन्तहीन व्यापार है जो मनुष्य के पृथ्वी पर रहने तक चलता रहेगा।

स्कूल-कालेजों के जाल से शिक्षा के व्यापार का विकास होता है न कि शिक्षा का। शिक्षा का विकास तो शिक्षा पाठ्यक्रम पर निर्भर होता है जिससे शिक्षक और शिक्षार्थी दोनों निर्मित होते हैं। जब तक पूर्ण शिक्षा पाठ्यक्रम का निर्माण नहीं होता, शिक्षा का विकास नहीं हो सकता लेकिन शिक्षा के व्यापार का विकास होता रहेगा।

आध्यात्म और विज्ञान ने मानव सभ्यता के विकास में अब कम से इतना विकास तो कर ही चुका है कि अब हमें मन के एकीकरण के लिए कार्य करना चाहिए। और उस मन पर कार्य करने का ही परिणाम है-

सम्पूर्ण ब्रह्माण्ड में व्याप्त एक ही सत्य-सिद्धान्त द्वारा व्यक्तिगत व संयुक्त मन को एकमुखी कर सर्वोच्च, मूल और अन्तिम स्तर पर स्थापित करने के लिए शून्य पर अन्तिम आविष्कार WS-0 श्रृंखला की निम्नलिखित पाँच शाखाएँ है।

1. डब्ल्यू.एस. (WS)-0: विचार एवम् साहित्य का विश्वमानक
2. डब्ल्यू.एस. (WS)-00: विषय एवम् विशेषज्ञों की परिभाषा का विश्वमानक
3. डब्ल्यू.एस. (WS)-000: ब्रह्माण्ड (सूक्ष्म एवम् स्थूल) के प्रबन्ध और क्रियाकलाप का विश्वमानक
4. डब्ल्यू.एस. (WS)-0000: मानव (सूक्ष्म तथा स्थूल) के प्रबन्ध और क्रियाकलाप का विश्वमानक
5. डब्ल्यू.एस. (WS)-00000: उपासना और उपासना स्थल का विश्वमानक

और पूर्णमानव निर्माण की तकनीकी WCM-TLM-SHYAM.C (World Class Manufacturing – Total Life Maintenance – Satya-Heart-Yog-Ashram-Meditaion.Conciousness) है।

जो शिक्षा का नया माडल है। गरीबों की समस्या सुलझानें का नैतिक दायित्व है। देश में 25 वर्ष से कम उम्र के 55 करोड़ लोगों के लिए पुननिर्माण जैसी योजना हैं। उन्हें नौकरी और प्रशिक्षण की व्यवस्था है। रचनात्मकता, समन्वय, लीडरशिप, ग्लोबल तथा प्रोफेशनल विषयों को पढ़ने तथा सूचना तकनीक के जरिए पढ़ाई पर ध्यान केन्द्रित करने से युक्त है। हमारे देश में जो अध्यापक हैं, वे शोध नहीं करते और जो शोध करते हैं वे पढ़ाते नहीं, इसलिए शिक्षार्थी को ही शोध पत्र (विश्वशास्त्र) पढ़ाया जाय क्योंकि शिक्षक पढ़ने से तो रहे क्योंकि समान्यतः धन के आने की सुनिश्चितता के बाद लोग पढ़ना छोड़ देते हैं, यही नहीं कोशिश तो यह भी रहती है कि पढ़ाना भी न पड़े और उन्हें सेवा से हटाया भी नहीं जा सकता।

स्वामी विवेकान्द जी ने कहा था – "सुधारकों से मैं कहूंगा कि मैं स्वयं उनसे कहीं बढ़कर सुधारक हूँ। वे लोग इधर-उधर थोड़ा सुधार करना चाहते हैं- और मैं चाहता हूँ आमूल सुधार। हम लोगों का मतभेद है केवल सुधार की प्रणाली में। उनकी प्रणाली विनाशात्मक है और मेरी संघटनात्मक। मैं सुधार में विश्वास नहीं करता, मैं विश्वास करता हूँ स्वाभाविक उन्नति में।"

स्वाभाविक उन्नति तभी होती है जब संसाधन उपलब्ध हो। कार-मोटरसाइकिल घर में पहले से रहता है तो स्वाभाविक रूप से कम उम्र में ही घर के लोग चलाना सिख जाते हैं

जो व्यक्ति या देश केवल आर्थिक उन्नति को ही सर्वस्व मानता है वह व्यक्ति या देश एक पशुवत् जीवन निर्वाह के मार्ग पर है-जीना और पीढ़ी बढ़ाना। दूसरे रूप में इसे ऐसे समझा जा सकता है कि ऐसे व्यक्ति जिनका लक्ष्य धन रहा था वे अपने धन के बल पर अपनी मूर्ति अपने घर पर ही लगा सकते हैं परन्तु जिनका लक्ष्य धन नहीं था, उनका समाज ने उन्हें, उनके रहते या उनके जाने के बाद अनेकों प्रकार से सम्मान दिया है और ये सार्वजनिक रूप से सभी के सामने प्रमाणित है। पूर्णत्व की प्राप्ति का मार्ग शारीरिक-आर्थिक उत्थान के साथ-साथ मानसिक-बौद्धिक उत्थान होना चाहिए और यही है ही। इस प्रकार भारत यदि पूर्णता व विश्व गुरूता की ओर बढ़ना चाहता है तब उसे मात्र कौशल विकास ही नहीं बल्कि राष्ट्रीय बौद्धिक विकास की ओर भी बढ़ना होगा। बौद्धिक विकास, व्यक्ति व राष्ट्र का इस ब्रह्माण्ड के प्रति दायित्व है और उसका लक्ष्य है।

राष्ट्र के पूर्णत्व के लिए पूर्ण शिक्षा निम्नलिखित शिक्षा का संयुक्त रूप है-

अ-सामान्यीकरण (Generalisation) शिक्षा

ज्ञान के लिए- यह शिक्षा व्यक्ति और राष्ट्र का बौद्धिक विकास कराती है जिससे व्यक्ति व राष्ट्रीय सुख में वृद्धि होती है।

ब-विशेषीकरण (Specialisation) शिक्षा

कौशल के लिए- यह शिक्षा व्यक्ति और राष्ट्र का कौशल विकास कराती है जिससे व्यक्ति व राष्ट्रीय उत्पादकता में वृद्धि होती है।

स-सत्य नेटवर्क (REAL NETWORK)

समाज में प्रकाशित होने के लिए-क्योंकि कोई भी क्यों न हो उसे स्वयं अपना परिचय (BIO-DATA) देना पड़ता है तभी उसके अनुसार समाज उसका उपयोग करता है।

वर्तमान समय में विशेषीकरण की शिक्षा, भारत में चल ही रहा है और वह कोई बहुत बड़ी समस्या भी नहीं है। समस्या है सामान्यीकरण शिक्षा की। व्यक्तियों के विचार से सदैव व्यक्त होता रहा है कि-मैकाले शिक्षा पद्धति बदलनी चाहिए, राष्ट्रीय शिक्षा नीति व पाठ्यक्रम बनना चाहिए। ये तो विचार हैं। पाठ्यक्रम बनेगा कैसे?, कौन बनायेगा? पाठ्यक्रम में पढ़ायेंगे क्या?

एक पूर्ण मानव निर्माण प्रक्रिया में शिक्षा पाठ्यक्रम के स्वरूप का विश्वमानक निम्नवत् है। जो किसी विशेष देश-काल-पात्र पर निर्भर नही करता अर्थात् यह प्रत्येक देशों और व्यक्तियों के लिए शिक्षा का स्वरूप है। जिससे ब्रह्माण्डीय, वैश्विक और व्यक्तिगत संतुलन, स्थिरता, एकता, प्रबन्ध, विकास, शान्ति और सुरक्षा निर्धारित होती है।

1. प्राइमरी शिक्षा (कक्षा-5 तक)-भाषा ज्ञान आधारित:- क्षेत्रीय, देश, विश्व और विज्ञान की भाषा का ज्ञान, सामान्य विज्ञान, सामान्य ज्ञान, चित्र कला।

2. जूनियर हाई स्कूल (कक्षा-6 से 8 तक)-समाज ज्ञान आधारित:- क्षेत्रीय, देश, विश्व और विज्ञान की भाषा का ज्ञान, सामान्य विज्ञान, सामान्य ज्ञान, चित्र कला का विस्तार, खेल, संगीत, कृषि, समाज विज्ञान।

3. हाई स्कूल (कक्षा-9 से 10 तक)-सामान्यीकृत ज्ञान आधारित:- ज्ञान-कर्मज्ञान समाहित WCM-TLM-SHYAM.C (World Class Manufacturing – Total Life Maintenance – Satya-Heart-Yog-Ashram-Meditaion.Conciousness) प्रणाली अर्थात शिक्षा पाठ्यक्रम का विश्व मानक, कालानुसार विज्ञान, तकनीकी, व्यापारीक व प्रबन्धकीय ज्ञान की शिक्षा।

4. इण्टरमीडिएट (कक्षा-11 से 12 तक)-विशेषीकृत ज्ञान आधारित:- कौशल विकास की शिक्षा।

5. उच्च शिक्षा-इच्छानुसार विशेष क्षेत्र आधारित

"किसी देश का संविधान, उस देश के स्वाभिमान का शास्त्र तब तक नहीं हो सकता जब तक उस देश की मूल भावना का शिक्षा पाठ्यक्रम उसका अंग न हो। इस प्रकार भारत देश का संविधान भारत देश का शास्त्र नहीं है। संविधान को भारत का शास्त्र बनाने के लिए भारत की मूल भावना के अनुरूप नागरिक निर्माण के शिक्षा पाठ्यक्रम को संविधान के अंग के रूप में शामिल करना होगा। जबकि राष्ट्रीय संविधान और राष्ट्रीय शास्त्र के लिए हमें विश्व के स्तर पर देखना होगा क्योंकि देश तो अनेक हैं राष्ट्र केवल एक विश्व है, यह धरती है, यह पृथ्वी है। भारत को विश्व गुरू बनने का अन्तिम रास्ता यह है कि वह अपने संविधान को वैश्विक स्तर पर विचार कर उसमें विश्व शिक्षा पाठ्यक्रम को शामिल करे। यह कार्य उसी दिशा की ओर एक पहल है, एक मार्ग है और उस उम्मीद का एक हल है। राष्ट्रीयता की परिभाषा व नागरिक कर्तव्य के निर्धारण का मार्ग है। जिस पर विचार करने का मार्ग खुला हुआ है।"

"भारत का प्रत्येक नागरिक अपने जीवकोपार्जन के मार्ग व संघर्ष में अपने विषय का जानकार व अनुभव तो प्राप्त कर रहा है परन्तु कुछ पाने के क्रम में कुछ छूट भी जाता है इसलिए प्रत्येक नागरिक को अपने अहंकार को भूलकर यह स्वीकार करना होगा कि वह अपने विषय से हटकर अन्य विषय के विषय में कम या नहीं जानता है।"

अतः एक "आदर्श नागरिक" बनने के क्रम में न्यूनतम ज्ञान सभी को एक समान रूप से चाहिए।

NEW WORLD ORDER
"न्यू इण्डिया" का एक्शन प्लान
www.64inch.com
The Knowledge Equalizer

"सार्वभौम सत्य–सिद्धान्त" एवं "आध्यात्मिक सत्य" पर आधारित जीवन शास्त्र –"विश्वशास्त्र" की

"युग परिवर्तन" श्रृंखला की पुस्तकें

मुख्य शास्त्र

01. *विश्वशास्त्र – द नॉलेज आफ फाइनल नॉलेज*

सारांश के अनुसार

02. मैं सत्यकाशी से कल्कि महावतार बोल रहा हूँ (समष्टि गीता – यथार्थ प्रकाश)

शीर्षक के अनुसार भाग

03. विश्वस्तरीय फिल्म लेखन कला
04. प्रारम्भिक सत्य – अन्तिम दृष्टि
05. सत्य धर्म – युग परिवर्तक दृष्टि
06. सत्य दार्शनिक–दर्शन और कर्म वेदान्त–विकास दर्शन
07. सत्य शास्त्र एवं पुराण रहस्य–महर्षि व्यास कला
08. संत एवं गुरू और विश्व संत एवं गुरू
09. समाज और ईश्वरीय समाज
10. सत्य शास्त्र और विश्वशास्त्र
11. कृति और विश्व कृति
12. भारत माता मन्दिर और विश्वधर्म मन्दिर
13. महाभारत और विश्वभारत
14. संविधान और विश्व संविधान
15. शिक्षा और पूर्ण शिक्षा
16. देवता और सार्वभौम देवता कल्कि
17. देवीयाँ और सार्वभौम देवी माँ वल्कि
18. द्वादश ज्योतिर्लिंग और 13वां अन्तिम ज्योतिर्लिंग
19. काशी – मोक्षदायिनी और जीवनदायिनी
20. सत्यकाशी – स्वर्णयुग का तीर्थ
21. काशी – रहस्योद्घाटन
22. 2020 – मन का नवीनीकरण
23. ईश्वर का संक्षिप्त इतिहास
24. अवतार – अन्तिम सत्य दृष्टि
25. भविष्यवाणियाँ और कल्कि अवतार
26. स्वामी विवेकानन्द और कल्कि अवतार
27. मनु, मनवन्तर और कल्कि महावतार
28. व्यास, शास्त्र और कल्कि महावतार
29 ऋषि, ऋषि परम्परा और कल्कि महावतार
30. दूसरा आगमन या अन्तिम आगमन
31. परिवर्तन–काल, मनु, युग, व्यास और शास्त्र
32. राम, रावण और सार्वभौम एकात्म
33. मैं, व्यक्तिगत या सार्वभौम
34. लव कुश (त्रेतायुग) और लवकुश (कलियुग)
35. कल्कि महावतार आ चुके हैं (ACTION PLAN)
36. लव कुश सिंह (कल्कि महाअवतार)–जीवन, ज्ञान, कर्म और विश्वरूप
37. वैश्विक बुद्ध – बुद्ध का भाग दो और अन्तिम
38. बुद्धा कृष्ण – कृष्ण का भाग दो और अन्तिम
39. सम्पूर्ण क्रान्ति–अन्तिम कार्य योजना
40. पुनर्निर्माण (RENEW)–समस्या, समाधान और राष्ट्र निर्माण की योजना
41. पुनर्निमाण (RENEW)– ग्राम एवं नगर वार्ड प्रेरक
42. विश्वशास्त्र द नालेज आफ फाइनल नालेज–परिचय
43. एन्टायर पालिटिक्स – पूर्ण पाठ्यक्रम
44. वसुधैव–कुटुम्बकम्
45. कर्मवेद : प्रथम, अन्तिम तथा पंचम वेद
46. आठवें अवतार श्रीकृष्ण के अनकहे संदेश
47. अयोध्या नहीं, मुंगेर है राम जन्मभूमि
48. विश्वमानव–भूतपूर्व नेतृत्वकर्ताओं का स्पष्टिकरण
49. विश्वमानव–वर्तमान नेतृत्वकर्ताओं का स्पष्टिकरण
50. विश्वमानव–वार्ता, वक्तव्य एवं वाणियाँ
51. विश्वमानव–पत्रावली, प्रसारण और अन्तिम पत्र
52. सत्य जनहित आह्वान
53. विश्व शान्ति–अन्तिम सत्य दृष्टि
54. नई विश्व व्यवस्था का रहस्य
55. समाजवाद – ब्रह्माण्डीय विकास का अवतारी मार्ग
56. भारतवाद – राष्ट्रवाद की मुख्यधारा
57. 100 वर्षीय संयुक्त राष्ट्र को अग्रिम सन्देश
58. सार्वभौम एकात्म–नव विश्व निर्माण
59. गणराज्य, संघ, मानकीकरण संगठन और सम्पूर्ण मानक
60. व्यापार केन्द्र (TRADE CENTRE)–दृश्य सत्य
61. मन का विश्वमानक और पूर्ण मानव निर्माण की तकनीकी (WCM-TLM-SHYAM.C)
62. मानक विपणन प्रणाली (3F:FUEL-FIRE-FUEL)
63. स्वर्णयुग का मानक आदर्श नागरिक–दिशा निर्देश
64. विश्वधर्म : परिचय (स्वर्णयुग का धर्म)

व्यक्ति और विभागीय स्तर पर सफाई–सुधार का पहला प्रारूप की पुस्तक – डा0 रमेश कुमार द्वारा लिखित "विशाल ज्ञान विज्ञान सबका समाधान" है

दर्शन, विचार एवं संपादन

लव कुश सिंह "विश्वमानव"

Search on Google -> Lava Kush Singh "vishwmanav"

पुस्तक उपलब्ध

notionpress.com

Book Store

www.ingramcontent.com/pod-product-compliance
Lightning Source LLC
LaVergne TN
LVHW080936071026
849535LV00013B/4220
9781648995439